明治・大正・昭和を生きた
船乗りの遺した記録

船長 藤田徹

藤田操
Misao Fujita

中央公論事業出版

浅間丸船長、藤田徹
昭和 15 年 2 月 6 日浅間丸船橋にて

浅間丸

浅間丸船客記念写真　昭和 15 年
中央が船長藤田徹

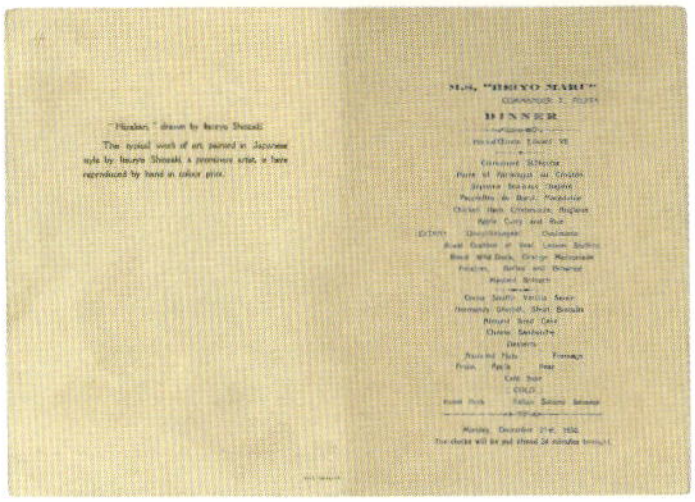

昭和 12 年正月 5 日和子宛
中面は 1936 年 12 月 21 日平洋丸のディナーメニュー（本文 P. 335）

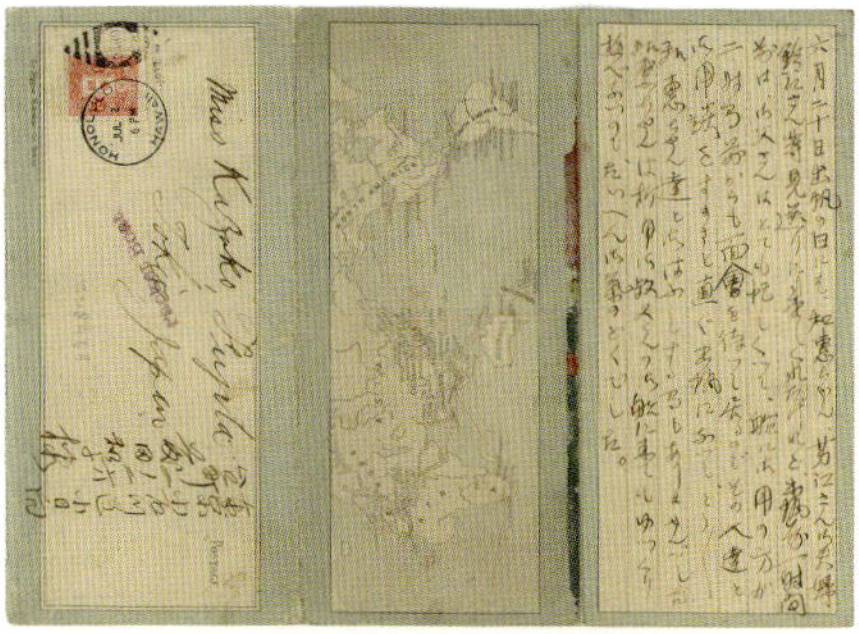

昭和 8 年 7 月 2 日和子宛
中面は 1933 年 6 月 23 日楽洋丸のディナーメニュー（本文 P. 306）

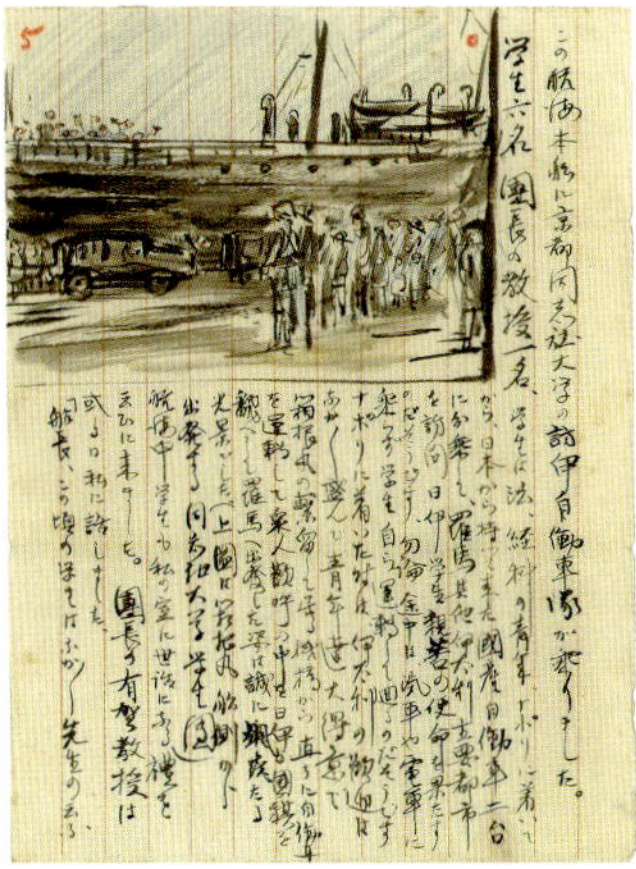

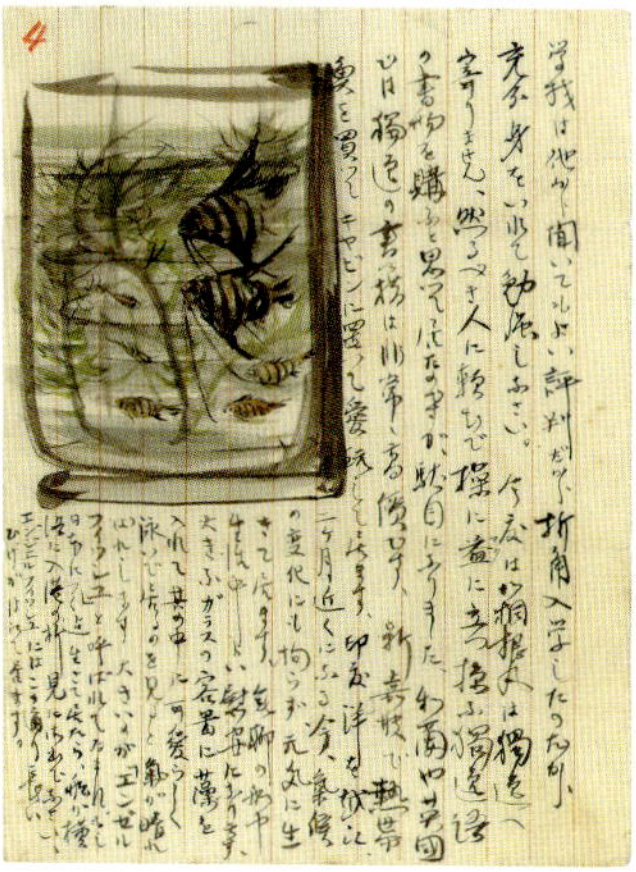

昭和 13 年 8 月 4 日小枝子宛
徹が描いた「エンゼルフィッシュ」と「同志社大学学生団」
（本文 P. 367）

昭和 3 年 12 月 20 日操宛
徹が描いた錦浦（本文 P. 269）

藤田家最後の記念写真（昭和 16 年牛込の写真館にて）
前列左から父藤田徹、裕、茂子、母たか子、
後列左から昭、操、和子、小枝子

目次

はじめに

父、藤田徹は明治二十一年（一八八八）八月十四日、鳴鶴、藤田茂吉の次男として、東京は京橋日吉町で生まれた。茂吉は当時、改進党の領袖として、郵便報知の主筆の任にあり、第一回国会の衆議院議員でもあった。

生家の日吉町は、今の銀座の資生堂辺りらしいが、その後、転居して牛込の市ヶ谷佐土原に移った。徹は生粋の江戸っ子だった。

茂吉は明治二十五年八月十九日、四一歳の若さで生涯を閉じたが、徹は四歳の幼児であり、徹を含む四人の子供たちは、母方の祖父、内海利貞家に預けられ、牛込矢来の同家で成育した。

牛込の愛日小学校を経て、早稲田中学に入学、明治三十八年三月同校を卒業して、海の男を目指し勉学、三十九年十月、越中島（東京都江東区）の商船学校（現在の東京海洋大学の前身）に入学した。

商船学校時代は学業、実習、ボート競艇に励み、また、海軍予備士官の資格を得るため在横須賀の海軍砲術学校で軍事教育を受けたりした。

特筆すべきことは、在学中、練習船大成丸で、明治四十三年十月二十六日から全航程三〇七日に亘る大成丸初の世界一周の大航海を体験したことである。

その後アプレンティス（商船実習）を終えて大正元年（一九一二）十二月十九日、航海科の全課程を終業し、同校を卒業、翌二年一月、日本郵船に入社、船員としての第一歩を印することとなる。

まず、徹の幼少から社会人としての船員に成長するまで、徹の明治期の生活を、遺されたその日記を繙きながら、歩みを辿ってみることにしよう。

船長　藤田徹

明治・大正・昭和を生きた船乗りの遺した記録

第一章

父、藤田徹と祖父、茂吉

藤田徹
(昭和15年2月6日、浅間丸にて)

一　祖父、藤田茂吉

父徹の生い立ちに入る前に、祖父茂吉について、長くなるが、徹の幼年時代の生活に係わり、また茂吉自身が明治初期の政治家としての活躍の事績があるので記述しておきたい。

茂吉は、鳴鶴と号し、嘉永五年（一八五二）豊後佐伯藩士、林平四郎の第三子として生まれ、のち姻戚藤田氏を嗣いだ。幼少より俊英のほまれ高く、明治四年（一八七一）郷土の先輩、矢野文雄（竜渓）の勧めで、笈を負い上京、慶應義塾に学び、福沢諭吉の薫陶を受け、明治八年、卒業後、諭吉の推せんにより、郵便報知に入社した。

同社にあって、主筆の任に就き、自由民権を唱え、筆鋒鋭く、国会開設の論陣を張り、輿論の形成に貢献した。

明治十五年二月、大隈重信の改進党創設に参画し、改進党の領袖として重きをなし、二十三年七月の第一回総選挙には日本橋から出馬、衆議院議員に当選、二十五年二月の第二回の選挙にも当選したが、第三回国会を終えて間もなく、二十五年八月十九日、牛込佐土原町の自宅で肺患のため、惜しむらくは四一歳の働き盛りで逝いた。

生涯官禄を食まず、多くの子弟を養い、犬養毅（木堂）もそのひとりであった。

その間多くの著書『文明東漸史』『済民偉業録』『観風叢話』などを遺している。『文明東漸史』は売行きがよかったらしく、その印税で、約一年欧米を視察している。

茂吉についての人物評をいくつか拾ってみたので、披露してみよう。

まず、福沢諭吉の『福翁自伝』（昭和二十九年、岩波文庫）の中の「一片の論説能く天下の人心を動かす」の項に、茂吉について諭吉は次のように述べている。

「明治十年西南の戦争も片付て後、世の中は静になつて、人間が却て無事に苦しむと云ふとき、私が不図思付て、是れは国会論を論じたら天下に応ずる者もあらう、随分面白からうと思て、ソレカラ其論説を起草して、マダ其時には時事新報と云ふものはなかつたから、報知新聞の主筆　藤田茂吉、箕浦勝人に其草稿を見せて、『此論説は新聞の社説として出されるなら出して見なさい、屹と世間の人が悦ぶに違ひない。但し此草稿のまゝに印刷すると、文章の癖が見えて福沢の筆と云ふことが分るから、文章の趣意は無論、字句までも原稿の通りにして、唯意味のない妨げにならぬ処をお前

藤田茂吉

達の思通りに直して、試みに出して御覧。世間で何と受けるか、面白いではないか』と云ふと、年の若い元気の宜い藤田、箕浦だから、大に悦んで草稿を持て帰て、早速報知新聞の社説に載せました。当時世の中にマダ国会論の勢力のない時ですから、此社説が果して人気に投ずるやら、又は何でもない事になつて仕舞ふやら、頓と見込みが付かぬ。凡そ一週間ばかり毎日のやうに社説欄内を塡《ウヅ》めて、又藤田、箕浦が筆を加へて東京の同業者を煽動するやうに書立てて、世間の形勢如何と見て居た所が、不思議なる哉、凡そ二三ヶ月も経つと、東京市中の諸新聞は無論、田舎の方にも段々議論が喧しくなつて来て、遂には例の地方の有志者が国会開設請願なんて東京に出て来るやうな騒ぎになつて来たのは、面白くもあれば、又ヒヨイト考直して見れば、仮令ひ文明進歩の方針とは云ひながら、直に自分の身に必要がなければ物数寄と云はねばならぬ其物数寄な政治論を吐て、図らずも天下の大騒ぎになつて、サア留めどころがない、恰も秋の枯野に自分が火を付けて自分で当惑するやうなものだと、少し怖くなりました。併し国会論の種は維新の時から蒔てあつて、明治の初年にも民選議院云々の説もあり、其後とても毎度同様の主義を唱へた人も多い。……間もなく天下の輿論が一時に持上つて来たから、如何しても報知新聞の論説が一寸と導火になつて居ませう。……是れが今の帝国議会を開く為めの加勢になつたかと思へば自分でも可笑しい。……」

大正から昭和にかけての新聞記者、矢田挿雲（一八八二―一九六一）が、その著『江戸から東京へ』（昭和五十年、中公文庫）浅草編の「第一期の新聞記者」の中で茂吉の活躍振りを、大げ

さに取り上げ、その中の一節には、

「茂吉君は、四十になるか、ならない壮令で、日清戦争以前の我が国家を憂いつゝ、死ぬる数年前から肺を病んでしばしば血を吐いていた。茂吉君は、明治二十五年、館を棄つる少し前、日本橋区から再び選ばれて、代議士となり、病勢にさからつて議院に出席し、ますます病を募らせた。友人等は、何度となくこれをさえぎつて静養を勧めたけれど、

『人誰か死なからん。俺にかぎつて死なぬという話法はない』

と悲壮な論法で、友人の勧告をしりぞけ、問題のある毎に、高熱に屈せず登院した。敵党といえどもその志の高愴厳粛なるには、おじけをふるつて感服した」

と述べ、茂吉の気概ある政治家振りを賞讃している。

戦前に、伊藤痴遊（仁太郎、一八六七―一九三八）という講談師（国会議員でもあった）が、JOAKのラジオでよく政治講談を弁じていた。その明治政治史の講談の中に、茂吉の活躍振りを、矢田挿雲ばりに語っていたのを、私は少年時代聴いた記憶がある。

茂吉については、明治初期の政治史にその名をとどめているものの、若くして逝き、政治の舞台から去ったため、その名を識る人は少ないが、政治学者、丸山真男がその著『「文明論之概略」を読む（上）』（昭和六十一年、岩波新書）の中で、茂吉を取り上げ、次のように述べている。

「（明治）十七年に改進党のイデオローグである藤田茂吉の『文明東漸史』、これもたいへんな名著で、日本近代史のなかでは古典の名に値します。ヨーロッパ文明が日本にやってきたというこ

とで『東漸』の歴史になるのですが、蘭学の高野長英、渡辺崋山あたりから説きはじめ、広い意味において文化接触として思想史というものを理解しています」

明治二十五年八月二十八日、浅草東本願寺における茂吉の葬儀に際して、木堂犬養毅が捧げた委曲達意の弔文が、『郵便報知』の八月二十八日に全文掲載された。これを私の従妹の相馬文子が東京大学史料編纂所の明治新聞雑誌文庫で閲覧、書き写している。ここにその一部を抜粋して、茂吉の業績、人となりを見てみよう。

「始め君の慶應義塾に在るや数年の間学資給せず、寝食安んぜず、困学苦攻、異日の志望を以て自ら慰る外、未だ曽て謂ふ所の歓楽なるものあらず、既にして頭角嶄然、三千弟子の中僅かに指を屈す、」

「当時塾生の気風、官吏を賤み民業を貴み、自由民権の説を以て藩閥政府の反対に立てり、況や君夙に才識を以て称せられ、随て抱負甚だ大にして官吏たるを恥ぢ、商賈たるを屑《いさぎよ》しとせざりしをや。」

「終に我報知新聞社の聘する所となりて其の主筆に任ず、時に年二十三、健筆縦横盛に民権自由の説を唱へて政府を排撃し、正論直筆毫釐仮借する所なし、故を以て屢々忌諱に触れ、新聞条例の設あるに及び首として禁錮の刑に処せられ、爾来藩閥の徒殆んど謀反人を以て待ち、終に轗軻《かんか》不遇の境に陥ると雖も、之に由りて人民の元気を振作し、政事の思想を発達せしめたる功績極めて多しと為す、君我社に従事する殆んど十六年の久しきに亘り、日々掲載したる論説記事数千篇に多きに上る、我邦新聞紙の起りしより未だ曽て在らざる所なり、況や十有九年の間、政事世界に馳聘《ちてい》して未だ曽て官禄を以て身を汚さざる者に於てをや。

改進党の起るや、君同志を率ゐて創立の事に尽力し、爾来我党先進の地位を占めて内外の声望を繋げる、茲に十余年、其間諸州を巡廻し党務を参画し力を用ふる甚だ多し、然るに不幸にも志業は健康に相副はず第一議会前後劇務に従事せしより、稍や健全を傷《そこな》ひ、第二議会に及びては羸《るい》既に甚し、是の時に当り議会極めて多事なりしを以て、君終に病を以て公事を怠るに忍びざりき、然れども若し夫れ議会解散の事、選挙干渉の事なかりせば、或は猶ほ免れしやも未だ知る可からず、選挙争競の際、重患の身を以て憤慨鬱勃の境に当り、僅に其の戦捷を得たるの日は病既に膏肓に入り、扁鵲《へんじゃく》の術と雖も復た奈何ともすべからざるの日なりき。……」

「今や将に順運に向ひ楽地に入らんとして、而して終に其の事を見るに及ばず、豈悲しからずや、抑も今より数年の才月は君が一生の志業に於ける九仞の一簣にあらずや、然るに天之れに年をかさず、多年の志業一朝にして泡沫に帰す、嗚呼、悲しい哉、然りと雖ども、君が多年国家に尽したる功績は遍く挙国人民の脳裏に入りて、以て無形の記功碑を成せり、君逝くと雖ども君が名は以て不朽に伝ふるに足れり、……」

「謹で君の行状を按ずるに、少時より最も文学の才に富み、郷校に在りて作る所の詩文既に誦すべき者あり、其の京に来り英学を修むるに及び、一時詩文を廃し覃《たん》志研鑽専ら政治経済の書を修む、其新聞に従事するに及び好尚漸く変じ、暇あれば必ず和漢西洋の稗官小説詩歌文章、及び俗曲院本の類を博渉し、最も好んで義太夫を読み、其の文辞精妙の処は往々背誦して一字を遣せず、文を作る極めて快速にして始より構想を費さず、卒然机に向ひ紙を展れば筆足り意到り一篇直ちに成る、君交遊甚だ博く貴賤雅俗を問はず、然れども其のうち介然自ら持する所あり、少しく意に合はざれば必ず言ふ、言へば必ず再び意留めず、最も好んで書生を養ひ、前後十七八年の間寄食するもの極めて多し、予即ち其一人なり、君諱《いみな》は楨、字《あざな》は士基、鶴谷山人、九皐外史、鳴鶴居士、皆別号なり、……」

木堂のこのような先輩茂吉への畏敬の念に満ち、意を尽くした弔文を読むと国会開設初期の政治家茂吉の姿が、百二十余年経たいまも、生き生きと伝わって来るようだ。

電通によって、東京・千代田区の千鳥ヶ淵公園に新聞人功労者の顕彰記念像が設立されているが、そこに功労者の一人として茂吉の名が遺されている。

二　父、藤田徹の生い立ち

明治二十五年八月、徹四歳のとき父、茂吉を亡くした一家は、母、鈴子とともに異母兄敏夫、姉真鶴子、妹照子、四人の遺児は母の実家牛込矢来にある内海利貞の許に移った。利貞は、北海道開拓使書記官を経て、農商務省権大書記官を勤めた役人であった。

その母も明治三十三年十一月に死去（徹一二歳のとき）、徹は両親なき少年時代を過ごすこととなる。子供心にも寂しさが多かったことと思われるが、祖父母の庇護のもと、兄弟姉妹や親戚の子供たちに囲まれて楽しい日々を送っていたのではなかろうか。

母鈴子が存命中、一〇歳のときの徹の書いた日記の一部が黒表紙の小冊子に残されているが、そこには父を亡くした寂しさは特に表れていない。

今から百十余年前、明治中期の東京山の手の子供の生活の一端が読み取れるのが面白い。その中からいくつかの記事を拾ってみる。（以降、〔　〕にて適宜、著者操の注釈を加える。）

明治三十二年一月元旦　晴　月

午前五時半頃ヨリ一同ト共ニ　床ノ内ニテ目ヲサマシ　六時半頃起キ出デ　顔ヲ洗ヒ　口

ヲソ、ギ　一同ト共ニ　雑煮ヲ祝ヒ　後　凧ヲ上ゲ遊ビイタルニ　松子　照子ハ学校へ行キタレバ家ニ帰へリ　古燵《コタツ》ニアタリ帰ルノヲ待チイタリ　其レヨリ一同カヘリタレバ　百人一首ヲ為シ遊ビ　ヒルヨリハ　友人ノ元へ手紙ヲ書キ　又凧ナゾ上ゲテ遊ビタリ　後　夕食ヲ食シ　家ニテ　ミンナト共ニ　百人一首ヲ為シ　十時頃床ニツキタリ

一月三日　晴　水

七時頃起キテ　食ヲクラヒ　日本橋ノ家ニ行カント思ヒ居リ　凧ヲ上ゲヲリシニ　一同ハ早ヤ行キシカバ　私ハ三十分バカリオクレテ歩ミ行キテ日本橋ニ至レバ　一同ト共ニ昼飯食ヒテ後　銀座ニ一同ト行キ　兄ハソレヨリカヘリタリケレバ　一同ハ又馬車ニテ帰リタリ又夜ハ店ノモノト　カルタ　寿吾六《スゴロク》ナドヲナシ　其家ニトマリタリ

一月四日　晴　木曜

朝ハ食ヲクヒテスグ遊ビニ行キシニ　九時頃　表ヲ大声ヲ上ゲテ　仕事シガ大勢トホリケレバソレニツイテ行キ　三井呉服店ノ処マデ行キ帰リ　ヒルメシヲ食ヒ　敏　喜一郎サン松子　照子ナドト　浅草へ行キ　水族館ヲ見テ　シルコヤエハイリ　シルコヲ食ヒ　鉄道馬車ニテ　家ニカヘリ　バン飯ヲクヒ　スゴロクヲシテ　十一時頃ネタリ

一月十一日　雨　木曜

英照皇太后陛下ノ御三回忌ナリ

朝ハ八時ヨリ学校〔牛込愛日小学校〕ニ行キタリ　学校ニテハ今日生徒ノ席ガ定マリ成績表ヲモ渡サレタリ　学校ニ行キテミレバ二十四番ニテ前ヨリ一番下リタレバ大ニ落胆シタリ之ヨリ十二時迄課業アリ　学校引ケテノチ一同ト百人一首ナドシテ遊ビ暮シテ九時頃ネタリ

一月十六日　火曜　晴

……此日ハ小僧ノヤブ入故　大ニ寺町等ハ雑踏ヲキハメタリ

一月三十日　火曜　孝明天皇祭

朝ハイツモヨリ早ク飯ヲクヒテイタルニ　昨日約束ノ角力へ行カント云ヒテ　金原　大久保　熊倉来リケレバ　一所ニ行キ　老父ヨリ銭ヲモラヒ　八時半頃行キテ　十時頃両国ニ行キ　二等席ヲカヒタルモ　小供ノコト、テ一等席ニ入リ　午後六時頃打出シ家ニ帰ヘリシワ七時過ナリキ　ソレヨリクタビレタルヨリスグニネタリ

「老父」とは祖父のことと思われるも、子供にとっては老父であったのだろう。

徹は、東京牛込の愛日小学校を卒えて、明治三十二年四月早稲田中学に入学、この日記はその当時の記録である。

今の子供たちは、正月をテレビ・ゲームやボール遊びで過ごしてしまうが、明治の子は、双六、独楽、凧上げ、百人一首など、家の内外で遊ぶ娯しみがあった。そして上野や浅草が、いまの新宿や渋谷であった。

早稲田中学では、当時、坪内逍遥や安部磯雄などの錚々たる学者が、大学と兼務で教鞭を執っていた。

祖父も両親亡きあとの孫の養育に何かと心を砕いていたのであろう、徹は不自由のない教育環境の中で少年期を過ごし、勉学に励むことができた。

明治三十八年三月に早稲田中学を卒業し、上級学校を目指したのが、越中島にあった商船学校（東京海洋大学の前身）だった。一年間の受験期間を経て、三十九年十月商船学校に入学した。どうして同校を選んだのか、推測する外ないが、海外雄飛あるいは海への憧れもあったろうが、祖父に面倒をかけたくない気持から、学費貸与制度のあった地元東京にある官立の商船学校を選んだのではなかろうか。丁度、日露戦争の直後で当時の少年にとっては、軍人へ進む途もあったのだろうが、徹には軍人志向の気持は見られない。当時の日記が一部残っているが、それを見ても、軍人への憧れは見当たらない。

早稲田中学を明治三十八年三月に卒業し、翌年、商船学校に入学するまで、一年余に亘り浪人生活をして過ごした。その間の日記（明治三十八年七月二十九日から三十九年十月三十日まで）が残っているが、その日記は驚くことに全て英文で書かれている。茂吉の血を引いたせいか、あるいは中学時代の恩師安部磯雄の英語教育の影響か、徹は英語の学習に熱心だった。

後年、日本郵船の船長として、英語を駆使して職責を果たすことができたのも、中学時代の英語勉学が一番の基礎となっていたのであろう。

この英文日記は今は亡き長女、小枝子が訳出しているので、その日本訳文のいく日かの分を抜粋してみよう。

一九〇五年七月二十九日（土）　東京

午前中、長田君と渡瀬君が、海軍大学で行われた海軍兵学校の入学試験を受けての帰途、訪ねて来た。又本田君も来た。午後、代数の試験にパスした事を知らせに来た溝井君と共に本田君の家に行つた。本田君は最初の試験に成功したので最終的合格も予想できると非常に喜んでいた。勿論他の学課の試験も受けねばならぬが。本田君の家で中村君に会つた。

数時間歓談後、五時頃帰宅した。夜は部屋の窓を閉め蚊帳の中で、何かの紹介記事の中で見つけた「英文学生新聞」を読んだ。その中に「英語の学び方」というのがあつた。それは山形氏の教会での講義を写したもので、日本語で書かれて居る。この記事が、僕に英語の日記を書かせる重要な動機となつたのだと思う。

山形氏はこう言つている。

「英語上達のためには、多くの本を読み、大量の文章を作り、その上会話をせよ」と。

彼は少年の頃「父母浅草行く。そして遊ぶ。牛肉喰う」こんな調子の英文を書いていた。その彼が今や英文学の大家になつたのである。僕の今書いているものも、他の人には「父母浅草行く」式の英語に見えるだろうし、事実その通りに違いない。しかし、山形氏のような素晴らしい前例があるからには、決して失望はしない。人に見せるには余りにも下手過ぎるとも、僕は英語で日記をつける決心をした。

八月二日（水）

山西丸で朝早く三崎に出発。紳士、商人、学生、美人等が乗客だ。偶然に一人の学生と親しくなつた。彼は大脇君といつて、しつかりした上品な感じの学生だ。海は凪いでいて、船酔いはしなかつた。粗末な身なりの船長が、

「へーい、出発だ」

と部下（そう、彼は船長だから）に命令していた。彼は船乗りであり、船長である。僕は海に生きる男は大好きだが、「これや丸」や「ミネソタ丸」のそれでなく、こんな船長にはなりたくないと思つた。

新しい友達も一緒に、これから長い間滞在する予定の松崎家に着いた。……

夏休みで避暑へ出掛けている。今では、京浜急行で品川から一時間余りで三崎口まで行けるが、当時は品川からポンポン蒸気船で一日がかりで東京湾を南下して行った。のんびりした時代だった。

「これや丸」は当時東洋汽船所属の北米航路一万トンクラスの客船であった。

八月三日（木）

六時起床。海岸を散歩してから町に出る。朝食後、新しい友達と共に横山兄弟を訪ねた。皆で海岸に行き、昼まで遊んだ。午後は、磯釣りに出かけた。海中には沢山の魚がいたが、小魚二匹が釣れたゞけだつた。五時頃帰宅、海はさゞ波程度で極く穏やか。天気はそう悪くはないが、雲が多かつた。入浴後、大脇君と町に出た。彼は今夜、引越すことになつた。さあ友達は誰もいなくなつた。今日からは一人で勉強をし、食事をし、寝なければならないが、六日には溝井君、松野君がやつて来るから、一人だけなのも僅かの間だ。

あゝ、そういえば、今日、城ケ島に行つたことを書くのを忘れていた。磯釣りの前に、海峡の向う側にある城ケ島に行き、灯台を見学した。

灯台守は、灯台の光は、はるか八哩以上も遠くに及ぶと説明してくれた。灯台守！　それは何と詩的な名前だろう。そしてその名前の主も、屹度それにふさわしい人に違いない。僕のこんな想像は見事にはずれた。彼がどんな人だつたかは敢えて書き加えない。

三崎滞在中は、磯釣り、海水浴、城ヶ島に渡ったり、油壺へ散策したり、青春の夏休みを存分に謳歌した。八月十九日に三崎に名残りを惜しみつつ帰京している。

八月十八日

「城ケ島の心は、いつも楽しく陽気に、
灯台の光には栄えある輝きを、
僕は明日こゝを去る」

この日の英文の原文を記してみる。

August 18.
May the spirit of Jogashima be happy.
May the gleaming of the light-house be glorious.
I will leave here tomorrow.

八月十九日（金）

今夜こゝ（三崎）を出発の積りだ。長期間の滞在は僕の健康には良かつたろう。……

「おゝ、城ケ島の活気よ、もう出会うことはないかも知れぬが、いつまでも健在でいてくれ。もう一度会えるのを願いつつ」

午後九時乗船した。僕たち乗客仲間はデッキの一隅を占拠した。

丁度十一時に出港した。船が松輪を離れたころには、殆どの人が深い眠りにおちた。海は静かで、船酔いはしなかつたが、冷たい風に眠りを妨げられ、なか〳〵寝つけなかつた。船が東京に着いたのは、二十日の午前五時だつた。

三崎に向つて東京を出たときには、帰るまでには、病気は完全に治つていると思つていた。然し僕はつくづく病気が恨めしい。学力でなく、病気のせいで、商船学校が不合格になるのではないか、今はそれだけが心配でたまらない。

この時代、英語の勉強のため英字新聞や外国雑誌を読んだり、小説は例えば「ロビンソン・クルーソー」（英文）を買って読書したりしている。明治の青年は英語の魅力にとりつかれていたようだ。

明治三十八年（一九〇五）という年は、日本にとってはアジア支配への歴史的な転換期でもあった。一月に乃木将軍の旅順攻略が終結、ロシア軍司令官ステッセル将軍が降伏、三月十日には奉天占領、五月二十七日に日本海海戦で東郷艦隊がバルチック艦隊を撃滅、日露戦争は日本の勝利に向かった。

しかし、戦争の継続には、日本にとっては財政的にも戦略的にも容易ならざる困難をかかえ、遂に、アメリカの大統領ルーズベルトに講和への斡旋を懇請、漸く八月、九月講和会議がポーツマスで開催され、九月五日に条約の調印が行われた。

徹が三浦半島の夏を楽しんでいるこの時期は、日露戦争の後始末で日本の国は大揺れの最中であった。

八月二十八日以後の日記には、講和に触れた記事が出てくる。

八月二十八日（日）　曇
七時起床。今日の新聞を読む。その中に、講和会議が終結に向つているという記事があつた。
「日本が申し出た多額の賠償に反対の主張をしているロシヤの主だつた首脳が、このような不名誉の条件は受け入れられないと言つているのが懸念される。そして日本の全権は、より少額の七億円を提示し、多額の要求を断念した模様である。しかし、日本の大方の世論は、このような条件では決して戦争の終結を承知しないだろう」
というものである。

明治三十八年九月五日以降の日記には、いわゆる「日比谷焼打事件」とよばれる講和条約に対する市民の不満による暴動事件が記されている。ポーツマス講和条約は九月五日に調印されたが、政府は開戦以来、連勝の戦況を報道し、戦意の昂揚を図ってきた。講和条約の中味が明らかになるにつれて——即ち、賠償は放棄の止むなきに至ったこと、また樺太は南半分のみの割譲に止まったことなど——講和に至るまでの困難な国情を知らぬ人心は激昂、東京では二万人の群衆が決起した。日比谷公園で国民大会が開かれ、群衆が暴動を起こしたのである。

九月五日
日比谷で行われた講和問題国民大会が東京に大きな暴動を引き起した。当局は集会を解散させようと努力したが、効果はなかつた。日比谷公園の門は閉鎖され、群衆は公園周辺に集まつてきた。警察の努力にも拘わらず、人々は公園の内に入らうとし、遂に入園に成功し、大歓声の中で集会を続けた。そして警察が公園を遮断した事は、市民の間に大きな不満を起こさせ、その結果、市民が交番、警察署、内務大臣の官邸外の建物等を破壊した。

九月六日
暴動は続いている。一日中街は騒然とし、各所から流言が飛んだ。三百人の市民が、警官から傷を負わされたと言う者もいれば、またある者は大蔵省が破壊されたと言った。首都において、市民が大胆にもこの様な恐ろしい暴動をどうして起し得たか驚かざるを得ない。
とに角、市民は講和条約の条件への反対を強く表明しているのだ。夜に入って牛込警察署が怒り狂う市民によって破壊され、あちこちに火が見えた。

九月七日（萬朝報本日の記事より）

今日東京にては一の交番もあらざりき。悉く焼かれ破壊されたり。一昨日、日比谷公園にて行われし東京市民大集会に於ける一部警官の愚かなる妨害活動に端を発しての結果なり。それは午後一時より始まれり。たちまちの中、大群集は公園周辺に集まり来たり、その公園進入阻止の為、公園の門は閉鎖され、少なからぬの警官が園の柵内に並び居たり。然し市当局は警官の不法なる行動に抗議せし結果門は開かれ、苛立ちたる群集は、万歳の声の中、怒濤の如く園内に流れ込みたり。

直ちに講和条約を非難せる決議文が、卓抜せる政治家河野広中氏に依り読み上げらる。引続き園外に出でし群集の一部は官庁を襲撃し、多くの被害を与う。一方他の一群は内務大臣の官邸を襲い、大胆にも火を放ち、対する警官は群集に向かい剣を抜き、彼等の投げし小石を雨霰と浴びせられたり。双方に無益に傷つく者多数出で、終には二個の歩兵隊の出動に及ぶ。群集はようよう退散せしも、暴動は引続き此処彼処に起き、騒ぎは益々拡がれり。夜を徹し、激怒せる市民は町に出で、交番、警察署を襲撃し、多数の逮捕者出づ。何たる恐ろしき光景ならん。

町に血は流れ、剣は光り、東京は混乱の坩堝にあり。

Sept. 7.

右の日記の原文（英文）は次の通りである。

The Yorozuchoho dated today says:

"There is no police box in Tokyo today. All has been burnt down or smashed. It is the result of the unwise interference on the part of the Police in the mass meeting of Tokyo citizens held at Hibiya park the day before yesterday. It was to take place from 1 in the afternoon and long before the appointed time an immense crowd gathered around the park. All the gate of it, however, had been shut by the police, and a considerable number of police men lined the enclosure to prevent ingress. But the municipal authorities protested against the illegal action of the police with the result that the gates were opened. The impatient crowd surged in and amidst a defending Banzai a resolution condemning the peace treaty was read by Mr. Hironaka Kono, a prominent politician.

Subsequently a party of exited people attacked and greatly damaged the office of the

Kokumin, while another proceeded to the official residence of the Home office. The more daring attempted to set fire to the building, and the police men charged the crowd with drawn swords, and were received by a hail of stones.

Many were wounded, some futilely, on both sides. At last two companies of infantry appeared on the scene and the crowd disappeared.

But the disturbance only spread. Throughout the night the infuriated people went around the city and set fire to or smashed most of the police boxs and some police-stations in the city. Many arrests have been made.

Wasn't the scene terrible sight? Blood flooding the city, swords glittering in the air Tokyo has become a city of great disturbance."

九月九日

終日家に居た。夜は「学生」を読んだ。英語の難かしさには全く悩まされる。時々もう諦めようかと思うときがあるが、大切な言語であるから、そうもいかない。学習意慾をかき立てながら懸命に取組んでいる。

暴動は、警察の努力で治まつて来たが、新聞の中には、記事を差し止められるものもあり、依然として民衆は、警察や政府の暴動に対する弾圧に不満をもつているようだ。

九月六日から十一月二十九日にかけては、東京に戒厳令が敷かれ、各地では講和反対大会が開かれていた。

九月十一日

今日は、二百十日に当るので、天気は荒れる筈なのだが、強風や嵐の前兆は何もなく、特別好い天気だつた。二百十日も事なく済んで、穀物も何の被害もなく、無事成育できるので、農民はさぞ喜こんでいることだろう。

夜、新しい教科書を買いに本屋へ行った。買つた本は次の三冊だ。

"Crammings Selfculture"（受験自習書）

"Modern English Prose"（現代英詩）

"A Treasury of English Sentences and Passages"（英文変遷の宝典）

九月三十日

校長の大隈先生が西洋の教育事情視察のため、横浜から英国に出発した。教員、生徒の殆どが新橋駅に見送りに行つたため、今日の授業はなかつた。僕たち（長田、大塚、高田、本庄、私）は駅に見送りに行く代りに品川湾に行き、体操部所属の「不知火」という小さなヨットに乗り込んだ。
朝早く八時半きつちり、ヨットの碇泊している所に着き、九時には海に出た。穏やかな微風が吹き、湾を横切つて十一時頃大森に着いた。僕たちが帰途につく頃から海は荒れ出し、冷たい北風が吹き始めた。僕は舟酔いをし始め、舟端で横になつていた。……舟は波の上に高く乗つたり、流れに押戻されたり、漸うやくのことでヨットハーバーに帰着した。舟酔いの自分は何の働きも出来なかつた。友達は本当に有難いものだと思つた。帆をほどいたり、舟を漕いだり、激しく働いた許りでなく、僕の看護までしてくれたのだ。
早稲田中学の校長は大隈重信であった。
十月二十四日
東郷平八郎提督が昨日東京湾で行われた演習を終え、市民の熱狂的歓迎を受けて入京した。
十月二十九日
商船学校の入学試験が近づいてきたので、諸学科、特に数学には力を入れなければならない。もし不合格だつたら、もう勉学は諦めた方がましだ。

十一月十四日

試験は目前に迫つてきた。精神を集中させ勉強に専念しよう。合格する人達は、試験だけでなく生活の中の戦に対しても常に周到な準備をしているのだ。入学試験のためだけでなく、人生のあらゆる問題を凝視することが大事だ。

いまの自分に思いをめぐらして見ると、充分に準備ができているとはとても言えない。まして特別な才能、能力、人を引きつける個性、何もない事を考えると、まさに絶望的である。皆が成功を手にし、「万才」を叫んでいるのに、僕だけが他人たちや、人生の戦に打ちのめされてしまうのだろうか。

合格しよう。

そうだ。

必ず合格だ。

十一月二十九日

絶望の日。

今日は越中島の商船学校に溝井君と一緒に身体検査を受けに行つた。

僕は不合格だつた。溝井君も同じだつた。この不運を宣告されたとき、僕たちはどうしてよいか判らなかつた。

しかし、人間の運命はきめられている。失敗の経験なくして、曽つて誰が成功したゞろうか。成功者と言われる者は、失敗したときに、むしろ強い意欲が湧いてきたという。また天が与えた不幸は、勇気があるか、ないかを試すためのものだから、決して不満は言わない。少くともそう教えられてきたのだ。だから僕たちは、このようなひどい不運、惨酷さも、神の意思なら何も不平は言わないつもりだ。

再挑戦せよ。
健全な体で、正々堂々戦え。
猛勉強せよ。
そうすれば必ず合格だ。

ここの原文（英文）は次の通り。
Try again! Make your body healthy play fair!
Study hard! and you will succeed at last!

明治三十九年
四月十一日
今日から学校〔予備校〕が始まつた。猛勉強しなければならない。身体検査の為商船学校不合格の場合には、高等学校を受ける事にしよう。然し、高等学校合格のためには最大の受験準備が必要だ。そして勿論僕にとつて、高等学校受験の為に努力する事などは心外で、高等学校入学が、憧れの商船学校入学に代る価値があるものだとは今まで考えた事もなかつた。

四月十五日（月）

早稲田中学校友会が今日午後二時、大隈伯の庭園で行われ、出席した。益子先生の挨拶の後、大隈伯は立ち上り、次の様な演説をした。

現代は若い諸君にとつて非常に危険な時代といえる。西洋文明が入つてきて、我々の東洋文明と混合し、今は丁度その過渡期に当る。科学、文学、宗教そして社会のあらゆる事が渾沌とした状態にある。

それは理由のない事ではない。現代の青年たちが、大量の文化現象の中から、良いものを区別することが出来なくて、徒に混乱させられ、如何にして幸福な生活を送るかに迷つているからだ。又若者にとつて非常に危険なヒポコンドリー的思想が現われてきたのもこういう理由からである。

ある者は神を見たと言い、また他の者は自分は神意を告げる救世主だと言う。彼らは狂人に外ならないと思う。自分より優れた者に頼つていては、いつ迄も世の中に残る価値のあることは何も出来ない。先ず、自己をきちんと確立し、他をあてにしてはならない。希望に目を輝かせ、名声への切望に情熱を燃やしている青年たちが、神に依存するというのは実に悲しむべきことだ。

私は敢えて言う。

「若者に宗教は不必要だ」だと。狂信的考え方に影響を受けることなく、一心に学び、楽しく遊ぶこと、それが諸君のなすべきことだ。

四月十八日（木）晴　不快な風強し

早稲田大学に、教授と学生で構成された「早稲田国会」を見に行つた。

総長の鳩山〔和夫〕氏が総理大臣を演じた。

以下　海軍大臣　K.大石氏

大蔵大臣　黒川氏

内務大臣　箕浦〔勝人〕氏

議長　高田〔早苗〕氏

保守党総裁　島田〔三郎〕氏

進歩党総裁　河野〔広中〕氏

四月二十六日

僕はやはり商船学校の受験をしてみることに決めた。……小林先生のところに行き、身体検査にパスできるかどうか尋ねたところ、先生は診察してから、多分大丈夫だろうとの答をした。これで僕は受験の決心を固めた。

身体検査を通っても、通らなくても、何もいうことはできない。例え不合格でも自分の不運を嘆くまい。もし、合格できたらそれは神の手によるものだ。

徹は、五月三日から十三日まで三浦半島の松輪で勉強している。

五月九日　雨　終日北風　松輪

体調が非常に良くなっているのがよく判かる。身体検査に通りさえすれば、合格は間違いない、だろうと自分では決めているし、又断言する。試験まであと六日を残すのみだ。

五月十六日　晴

身体検査のため、商船学校に行った。今までの心配は杞憂に終わり、僕は幸運の中にいることを許された。

身体検査にパスしたのだ。さあ、がんばろう。今度こそ合格しよう。

五月十九日（土）

入学試験のため、商船学校に行つた。

今日の課目は英語だつた。易しかつたので完全ではないかも知れないが、殆ど全部正解を出すことができた。もし、数学で満点をとれゝば、合格できるだろう。

五月二十一日

数学の試験があつた。六問中、五問はできたが、一問は間違つていた。この結果からみると、今度の「特別入学試験」の合格はムリかも知れない。その時は「予備試験」を受けて合格しなければならない。

五月二十五日

試験の発表を見に、商船学校に行つた。

遂に合格！

僕の名前が張り出されていた。二百人の志願者の内、合格六名、その四番目だつた。

唯、嬉しくて、何も書くことができない。

商船学校入学までは、中学時代の友人との交遊、野球をしたり、夏には三浦半島の松輪に避暑したりして過ごしている。

徹の面倒を見ていた祖父内海利貞は四月に倒れ、十月十六日に死去した。祖父の死は、教育面で、そして何よりも経済面での支えを失うこととなり、これからの人生に苦難の種が増えることとなる。

〔明治三十九年〕十月三十日（木）

今日、僕は東京高等商船学校に入学した。

原文（英文）は次の通り。

Today I entered the Nautical College, Tokyo.

一年間の浪人生活中の必死の勉強の甲斐が報いられ、徹は、あこがれの商船学校へ入学することとなった。

第二章　商船学校時代

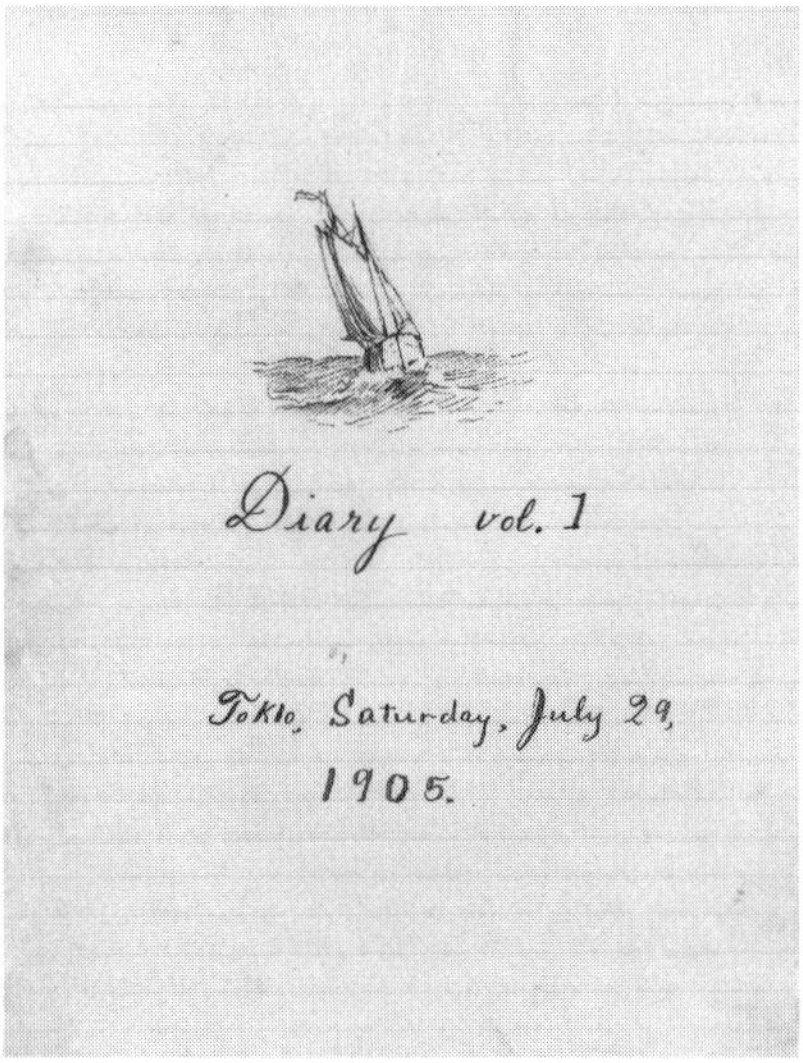

徹が描いた日記タイトル
1905年（明治38）7月29日の日付がある。

一　流水記

明治三十九年（一九〇六）十月に憧れの商船学校に入学、海外雄飛の夢を懐いて、越中島で勉学と実習に励むこととなる。

入学以降、明治四十一年までの間の日記は存否が判らず、残存していない。

明治四十二年正月から、「流水記」と表題をつけたノートが残っており、日記が始まっている。

その中から、いくつかの在学中の日記を拾ってみよう。

明治四十二年一月七日
面白の冬休暇もとう〳〵終へた。
午後四時帰校す。

一月二十一日
ボートの選手に選ばれた。また花の咲く頃墨田川で勝を争ふのだ。きつと勝つてやり度い。

一月二十三日

燃ゆる血潮が胸に溢れ、頭は不断の空想に満たされ、世の中のありとあらゆる美しい物は皆自分の為に作られて居るかの様に考へて夢の様な月日を送るのが青年だ。

若しあらゆる物を凡て冷静な頭で批評的に観、一段高く構へる事の出来る青年があつたら、彼は既に英雄である。恐らく彼は理性の人として世に成功し、社会に重要な位置を占むる事が出来よう。

而し一生を通して彼には美しい夢が枕に通ふ事も無く、逝く春の落花に見る様な優しい悲しみや、秋の夕暮の様な静かな寂しさは味ふ事が出来まい。

一月二十五日

ボート選手の番組編成、意外な艇長の役目を承つた。

二月十六日

ボート練習、言問《こととい》まで行つて団子を食つて来た。

僕の嫌ひな学科が気象。勉強しないから分らないのか、分らないから勉強しないのか知らぬが、実に厭で耐らない。

二月十七日

朝五時起床。新橋発の汽車で横浜にゆき、地洋丸を見学した。二万噸の巨船。あゝ早く乗り度いと思つた。午後地洋を辞して艀《はしけ》舟で桟橋に上り、仏国商船を訪問した。

地洋丸は明治四十一年十一月、三菱長崎造船所竣工。総トン数一三、四二六トンで、東洋汽船所属のサンフランシスコ航路の客船である。

三月十日

航海術の試験。首尾よく間違へた。大に心配す。

三月十二日

機関術の試験。二題出来ない。自己の能力の価値を大に疑ふ。なぜ、分り切つた事を間違へるのだらう。而し幾度の失敗にも撓まず、挫けず出来る丈を努力する所に男子の意気は存するのだ。

三月二十日(土)

試験は昨日済むだ、気象がよく出来なかつたから心配す。

朝、相馬へ行き妹と一所に牛込の叔母を訪ねた。明日は水産講習所の紀念祭へ一同打ち連れて来ると言つた。

妹の照子は、明治四十年十二月相馬御風と結婚。

三月二十一日（日）

朝起きて見ると昨夜から降りしきつた雨が名残りなく晴れて心地よい春風がそよ〳〵と寄宿舎の窓をたゝいて居る。

今日は水産講習所の紀念祭である。朝、事業服に着替へて、レースボートの塗方ペンキ屋さんだ。八時半迄之にかゝり、……湯に入り制服に着替へて、午後から講習所にゆき……松野君が妹達を案内、……僕は商船校を案内した。

三月三十一日

成績発表。航海術は失敗したと思つたのに意外の好成績であつた。運用術も好かつた。而し補科が悪かつた。席順は七番から二十四番に下落した。而し及第したから差支なし。大いに目出度い。

ボートの艇長に選ばれ、隅田川向島で練習に励んでいるが、この年の四月には東京高等商業(高商)、東京高等工業（高工)、学習院などとの対抗戦や、東京帝国大学、明治大学、海城学校などのボート大会の来賓レースに参加、六戦中五勝の好成績を挙げ、青春を謳歌している。

四月二十三日

自己を知らざる者は失敗す。亦余りに自己を能く知れる者は成功せず。必ずしも失敗すと云はず、あまりに小心に過ぎれば也。自己の力量に信頼して着々目的に歩を進むる者は羨やむ可き哉。小刀細工は由来小人の専売特許也。

四月二十四日（土）

相馬からもらつた切符で平位君と二人で牛込の高木演芸館の俳優学校の演芸にゆく。随分まづかつた。最後の独逸の翻訳ものは一寸好かつた。……明日は荒川上流へ桜草を摘みにゆくのだ。(板倉家に誘はれて)

家族的団欒に加はつて楽しく笑ひ興じる位愉快な事はない。而し之も自分にホームの楽しさを味へぬからせめて友達や、親戚の家庭の温かみに浴して自ら慰めて居るのではあるまいか。あゝ言ふまい。僕は海で一生を終るべき身だ。ホームは昔から見捨てたのではないか。舟乗りの荒仕事に身を投じた僕も折節は寂しい追憶や、果敢ない想ひに人知れぬ涙を流す事がある。あゝ理性は弱く感情は強い。

四月二十五日（日）晴

朝の八時半に校門を出て、小谷の清ちゃんと一所に竹屋の渡しの舟宿にゆく。既に同勢は集まつて居た。……総勢十二人連れだ。

引き潮に逆つて荒川をのぼつた。千住の大橋を過ぎてからの風光は僕は初めてだ。川の両側に緑の森や、野辺が暖い春の日を受けて輝いて見える。学習院のボートや、いろんな小舟が都鳥の様に浮いてゐる。……

尾久を出て尚も逆上り、とある河岸に舟をつけ皆摘草に出掛けた。僕は上陸して野原に寝転ろんで草は摘まなかつた。日は暖く、春風は長閑である。一日斯うして居たい様だ。午後三時頃帰途につく。風が少し吹き出して来て薄ら寒い。……

斯うやつて楽しく遊ぶのも今暫し。秋には学校を出て船に乗るか、横須賀にゆき、海軍生活の毎日鉄砲ばかり持つ身分となるか、知らないけれ共、兎に角都は離れるのだと思つたら何となく寂しい心地がした。

六時頃竹屋の渡しに着。

四月二十九日

午後雨。自習。近頃はトント教室の講義が頭に入らぬ。身体も丈夫、気分もあるのに不可思議千万である。多分時候のせゐだらう。六日のボートレースも与つて力ありだ。心の一隅から「今は大切な時だ。浮か〳〵しないで勉強しろ」と叫ぶ。又片方から「今遊ばなければ一生面白い時はないぞ」と怒鳴る。果して遊ぶべき時だらうか、勉強すべき時だらうか。よく勉強して、よく遊ぶならば、文句は無いのだが。聖人ならぬ僕、とてもそんな器用な真似は出来ない。今の苦しみは後の楽と考へぬでもないが、さて〳〵人間は弱いものだ。

五月七日

行軍。雨ふりに伊香保へ出発した。前橋に汽車を捨てゝ、渋川を過ぎ、途中演習をし乍ら伊香保に着したのは五時頃。

従軍記者で僕は師富君と二人丈に宿屋から優遇された。真実の新聞記者と間違へたのだらう。

温泉に入り、床に入つたのは十一時過。

五月八日

山登りだ。榛名山や湖水の景色はなか〳〵よい。湖畔亭といふのに休み、鯉を食ふ。なかなか味がよい。

五月十七日

たのしみにしてゐたレース。師範学校のレースが十六日に延びて、十六日は雨であつた。僕の方の十七日は大当り快晴であつたが、北風が強い。向島の高商、大学の両艇庫で開会した。午前中は客が少なかつたが、午後から満員の姿。……

僕は二十三回の大成丸との選手競漕。首尾よく勝つてメタルをもらつた。別に校長から賞品をくれた。あゝ、ボートレースを思へば之が最後のレースだ。

学校を出てからオールを握る機会はあらうとも隅田川で白よ、赤よと騒ぐ事は之がしまひだらう。……

五月二十四日　晴

……航海術は教室でやり放し、造船の講義なんか、てんで耳に入らぬ。僕ばかりならい、が、クラス全体がさうだ。中には安眠してしまふものがゐる。あまり結構な事ではない。

……

五月二十六日　雨

……漱石の「三四郎」を読むだ。相変らず文章はうまいものだ。会話も活きて居る。而しなんだが作者の態度が気に入らぬ。生意気の様だが、あんな書き振りは嫌ひだ。一段高い所に居て、冷かに構へて書いて居る。思ひ切つて作中の人物に同情しない。僕はあゝしたものより、作者の主観が入らうとも、熱のある温みのある、そして涙のある筆で人物の内側から描き上げたものの方が好きだ。非人情はどうも感服しない。

僕は、漱石よりも独歩が好きである。英国の小説よりも、露西亜の小説の方がいい。ツルゲネーフは五六冊読むだだけだけれ共、大好きになつてしまつた。露西亜の雄大な景色、卒直なセンチメンタルな人物、馬鹿に面白い。

五月二十七日

南風が強い。朝学課の代りにあるべき帆前操練が無かつた。入学試験の為、課業は九時迄。昼まで独歩の「欺かざるの記」を読むだ。後編、独歩の恋愛史である。恋に成功し、終に恋に破れた其間の消息が多情多感の筆でありのまゝを書いてある様だ。日記だから偽は許さないだらう。彼の人生観、恋愛観がなかなか面白い。独歩といふ人は随分よく反省する人だと僕は感じた。

午後は、少しく風のあるにも拘らず、帆前操練。

六月二日

午前の課業は睡かつた。午後、実業なしで校友会。

牧野海軍機関大尉の講話。「船舶に於ける電気の応用」大別して三つとなす。第一 Light、エンジンルーム、サルーンを始め船舶に用ゆ灯光、第二 Communication 即ち通信、第三、power 即ち諸機関を動かす mater なりと説き起して、ウィリヤムの Steering Gear の詳細説明があつた。……

六月六日　日曜　雨

〔外出して、知人宅など訪問〕

九時半帰校。K君が来ていろ〳〵談しをした。K君が自分の身の上を談し出した。薄々は知つて居たけれ共、よく聞けば同情に堪へぬ境遇だ。それから二人で我身の事や、人の事、語り出すときりが無い。Kちやんは両親の顔を見た事がないのだ。三つか四つの時にK家にもらはれて今は実子同様になつて居るものの矢張り生みの親が恋しいと言つたが、無理もない。「僕の父親は死んでしまつたけれ共、母はまだ生きて居る。一度でも会ひ度いよ」とKちやんは言つた。僕は思はず、涙を呑んだ。気の毒な身の上だと思ふと涙が止めどなく流るゝ。この学校に入つてからこんな悲しい事は一度も無かつた。十二の時、母が亡くなつた時は僕は泣いた。それ以来決して泣いた事は今迄なかつた。……

六月七日（月）

午後、大森にラーコク師をM君と二人にて訪問す。賞与外出を利用してなり。夫人にも会ふ。若き人なり。

座敷に数多飾りある写真の中に、夫妻二人きりにて半身を写したるあり。何時撮りたるかと問ひたるに新婚当時なりといふ。之は“My wedding group”なりと夫人は更に大形の写真を見せて、“This is my father, this my mother, this brother.”と一々説明してくれた。いろ〳〵の話をラーコク師より聞き、僕等も可成り話した。

奥さんにピアノを弾いて呉れと頼んだら、承知してピアノの前に坐ツた。そしてラーコク師が唱つた。太い、腹から出る様な声だ。「アンダレー」といふ曲でなか〳〵面白かつた。

僕は夫人が“Do you know any english song?”と問ふから“Yes, I know few songs. Only I can sing ‘Home, Sweet home.’”と答へたら「それならそれを弾きませう」と夫人は楽譜をさがしたが、ないのでやめてしまつた。

「ランチ」の御馳走になり、ビールを飲まされた。午後八時二十分の汽車に間に合ふ様に別れを告げた。

実に愉快であつた。西洋人の家庭は面白い。接待振りが上手だ。奥さんがピアノを弾いて旦那さんが唱つて御客に聞かせるなどは日本の家庭にはまだ一寸むづかしい芸当だ。

六月二十七日　日曜

……午後「ミゼラブル」を読むだ。実に面白い。ツルゲネーフの自然の小説も面白いが、ユーゴーやヂューマの小説もなか〳〵面白い。ジャンバルジャンが探偵につけられたり、巡査に捕りさうになつたりする所は読むでて、冷々する。つい引込まれてしまふ。

七月十日

午後一時、閉校式。平山校長曰く「学校卒業生の就職難、今日より甚しきは無し。比較的需要多かりし本校卒業生さへも近来職を求めて得る能はざる者を生ずるに至れり。諸士その覚悟して勉強せよ」と。

閉校式終つて九月十日まで帰省休暇を許さる。余は荷物をかゝへて、根岸に帰つた。叔父に遇ひ、休暇中のことを相談す。松輪行及び富士登山に異議なし。六十日を心のまゝに、楽しく遊ばん哉。

「根岸」は親代りの内海三貞の居宅のことで、「松輪」は三浦半島の漁村である。

七月十四日

午前牛込にゆく。叔母と寺町へ買物にゆく。夏服二ツを買ふ。午後相馬にゆきしに照子病気にて相馬君大に意気消沈の形なり。八時過まで談して辞して帰る。今日暑気甚だし。

徹は、七月十六日から夏休みを利用して前述の予定通り三浦半島の松輪へ旅することとなる。

七月十六日

朝五時起床。五時半に家を出た。天気が極めて好い。電車に乗ると藪入だから雑踏する事夥しい。お蔭で霊岸島へついたのは七時過ぎ、橋際から車で汽船発着所へゆくと失敗《しま》つた！七時発の松輪行は出た後だ。七時半発の三崎直行でゆく。師富君は七時発ので先に行つたのだらう。凪は殆どない。

海上平穏。十二時三崎着。寿し屋で昼食を食ひ、荷物を汽船に頼み松輪へとゞけてもらふ事にし、僕は陸路を松輪に向ツた。午後一時頃の暑い空気、焼け付く様な太陽を浴びながら山道を歩く。二時着。案の定、師富君は先に着いてゐた。早速浜で泳ぐ。夕方東京へ手紙などを書く。

師富君の友人、富田治禧君も一緒に松輪に来た。工科冶金科の大学生である。快活な人だ。

「師富君」はどういう縁の友人か不明だが、「富田君」は後年、三菱鉱業の役員を務めている。

七月十九日

朝十一時頃まで家にゐて暮す。早昼を食つて三人して蒸汽で三崎に行く。氷をのみ、ビールをのむ。買物をして五時頃帰宅、帰りは陸路を来た。

今朝の中は霧が極めて深く沖を通る汽船も絶えず笛を鳴らして警戒し乍ら行く。其声がいかにも睡たさう。ボー、ボーとまるで牛が一里も先きで吠えてゐる様だ。

七月二十六日松輪から牛込に帰京して、二十九日は親戚同士で多摩川へ水遊びに出掛けている。

七月二十九日

朝五時起床、六時出発、渋谷まで電車、それより多摩川電車にて玉川亭につく。舟を二双仕立て、鮎猟をなす。鮎猟より水遊びの方が優勢なりき。女連まで海水服を着て泳ぎの稽古をなす。水流急にして川を遡る時は、舟を曳いて行くなり。

試みに流れに逆ひて泳ぎたるに少しも進まず常に同じ所に止まりをる也。舟中にて昼食を食す。鮎の天麩羅ありて美味なりし。

帰りは舟矢の如く早し、六時頃上陸、九時半帰宅。一日の清遊に身体は可なり疲れたので直に寝たり。

八月二十四日

午前十時藤沢発の下り列車にて御殿場着。昼食を認めて、東表口より登山（午後二時）。夕刻二合二勺に至り、所謂台に宿る。寒さは初冬の頃位。独乙人二名同宿す。疲労したれば、よくねむる筈なるに、夜中に軍隊の登山者が大勢来りて騒ぎしため、眠を覚されて、うと〳〵して暁に至る。

八月二十五日　晴

昨夜の天候にては今日は如何と疑ひしも、幸ひに晴れたり。午前五時半出発、途中所謂、御来光を拝す。

正午頂上に達する筈なりしも、小谷君心地悪しくなりて歩調大に遅かりしため、後れて二時に絶頂に至る。

ハガキを出したり、印を押したり、一休みし甘酒をのみ、かくて甲州吉田口に下山す。はしりを試み乍ら一合目まで夕刻に達す。小谷君の元気揚らず遂に一合目に宿る。

八月二十六日

午前七時半出発、吉田を過ぎ舟津にて昼食、こゝを出発したのが一時半、河口湖畔の景色を賞しつゝ舟津を出で、西湖を経、湖畔をたどること更に一里、根場に至る。こゝを通り過ぎて山道に入り、青木が原を通過する頃は日は暮れかゝりて苔の下道なか〳〵暗く、度々石に跪きつゝ八時過精進に着。湖畔の山田屋に宿る。今日の行程八里。

八月二十七日

朝十時頃精進出発、舟にて星野のホテル迄村長や山田屋の客人和田萬吉氏（英国大使館通訳）と共にゆく。村長は本郷座の喜劇で見る様な村長、談しをしてゐると思はず吹き出し度くなる事がある。三十二、三の若い人だ。

精進から本栖（こゝで昼食を食ふ）、根原、人穴、上井出、大宮（富士宮）を経て、途中驟雨に出会ひたりして遂に鈴川（吉原）の途中まで歩き通す。大宮あたりで日は暮れて鈴川附近に来りたる時は睡気と疲労で歩む能はず、道傍の小屋に入りて仮寝の夢を結ぶ。二十八日の前二時頃だつたらう。今日行程十三里。

八月は片瀬に滞在したが、友人小谷君に誘われ富士登山を行った。吉田口から富士山麓を廻る二十数里の道を徒渉鈴川に至る大徒歩旅行だった。

九月十一日
午前開校式。

九月十二日（日）　朝晴れ、午後三時頃より豪雨来襲。

上野に至り、図書館に入り、一時間半ばかりJapan-Russia War（McCormick）なる書を読む。拾ひ読みなれども面白かりき。雨にふられて五時頃帰校す。

九月十三日
今日より授業あり。終日降雨。温度下る。吉田松陰（徳富蘇峯）を読む。

九月十六日
二ケ月ぶりの天測。セキスタントを持ツのが何だか物珍らしく感じた。

本地の精確なる経緯度を知ツて経線儀の誤差を見出さんとする也。ロング、バイ、クロスの計算法に依る也。

海法の講義は、大阪控訴院の判決例の評論より船員の当直に関する問題に及ぶ。

判決例は商船会社の玖〔球〕磨川丸と木曽川丸との衝突事件に関するものにして、大阪控訴院は玖〔球〕磨川丸の船長がその当直を終り、之を一等運転士に委任して休憩中、衝突事故を生じたるに拘らず全然その責任を船長に帰し、船長は休憩して部下の監督を怠りたるものとし、商法五五九条を引用して之を論ぜり。市村教授はこの判決を以て、没常識の甚だしきものとなし、船長は其休養時間中は充分休養すべきは当然にして大阪控訴院の判決の如く船長に全航海中、船橋にありて指揮監督すべきを強ひ、一分時の休養時間を与へざるは（該判決例の見地よりすればかくの如く解釈せらる）船長を人間として取扱はざる没常識の説なりと極論し、法律は不可能を強ひるものにあらず、休養すべき時間には船長は一切を他の海員に委して充分休憩すべきものなりと主張せり。

夜は天測の計算をなす。

今日は非常に暑く、土用中の最も暑き日と異らず。

木曽川丸（六八五トン、大阪―仁川線に就航）、球磨川丸（五五八トン）は、両船とも大阪商船に所属。明治三十五年六月十一日、朝鮮青島沖で衝突し、球磨川丸は沈没した。

十月五日（火）

今日で課業は終ひだ。

この教室で教官から物を教はるのは之が最後。この学校で物を習ふのも今日が最後の日。学生生活最後のレッスンかと思つたら、なんだか変な心地になツた。

航海術を必死に勉強した。
明日、明後日は自習。土曜日からいよいよ学術試験。

十月九日（土）
本日より試験始まり、海上法と水路測量。

十月十日　雨
一日学校にゐて、運用術を勉強した。夜上田君と二人で富岡門前町の活動写真を見にゆく。八時頃帰校。夜十二時迄運用術を勉強す。（衝突予防法）

十月十一日
運用術の試験。雨が降つて鬱陶しい。半日の、のらくら勉強より一時間の必死の勉強が効能ある。運用術は満点。衝突予防法もよく出来た。

十月十二日
理財の試験。明日は愈々、航海術。

十月十三日
航海術の試験。

十月十六日
海上気象も昨日済むだ。今日は汽機術の試験。

十月十七日　日曜
明日の造船が終ればいよ〳〵千秋楽。

十月十八日
いよ〳〵試験終了。

十月二十六日（明治四十二年）
成績発表。二十四番より十一番に席順が上つた。根岸に宿る。報知夕刊で伊藤公が、哈爾賓で韓人の為に暗殺せられた事を知つた。

十月二十七日

上野の文部省展覧会を見に行く。

新聞紙は伊藤公暗殺に関する記事で埋まつてゐる。

十月二十六日、伊藤博文はハルピンにおいて、韓国人の独立運動家安重根に暗殺された。徹は本事件についての所感は何も述べていないが、どう思ったのだろうか。

二　海軍砲術学校修学記

学業を終了したのち、在学のまま、明治四十二年（一九〇九）十月から翌四十三年三月の間は、横須賀にあった海軍砲術学校に派遣され、修業した。

次に、海軍砲術学校修学中の日記の抜粋を掲げる。

十月二十八日

朝六時出発。皆に送られて汽船にて横須賀へ向ふ。正午着。直に楠ケ浦寄宿舎に入る。景色よき所、実に愉快なる寄宿舎だ。

毎日外出ばかりして遊んでゐられる、手紙を諸々に出した。

十一月三日

天長節遥拝式。有馬校長の訓示あり。午餐酒宴ありたり。

十一月七日
同級八名と共に江の島、鎌倉の遊覧、帰校七時。

十一月十一日
大津附近に距離目測の練習に出掛けたり。

十一月二十二日
河野教員が今日限り僕等を離れてしまふさうだ。今日離校するに際して告別の挨拶をされた。僕等は妙に悲しく感じた。
明日は遥拝式があるさうだ。
能城が尋ねて来た。一緒に出て港月で蕎麦を食ひ、別れて寄宿舎にかへつた。
月が至つて佳い。猿島の沖は朧ろに霞み、オリオンが澄んだ夜の空に、月と光を争つてゐる。

十一月二十三日
田戸の小松屋でクラス会あり。婆々芸者二人と雛妓が二人来た。僕は酒ばかり飲むだ。
十時頃寄宿舎へ帰つた。酔ひに乗じて沈没した連中が沢山ゐた様だ。

十一月二十九日
東京から金が来た。借金を返済すると、半分残らない。いつも空財布を抱いてゐれば間違ひはなし。

十二月三日
相州辻堂村（藤沢在）海岸に行軍す。向う一週間同地に滞在演習をなす。
参加部隊は、高等科練習生一中隊、普通科練習生一中隊、学生隊一小隊、大隊長は島津海軍少佐、外に石渡大尉、湯地大尉、島大尉、諸井兵曹長等各兵の指揮を執る。

十二月九日
早朝辻堂村出発、横須賀に向ふ。午後三時砲術学校着。

十二月二十日
中島武君と休暇早々、修善寺温泉に遊びにゆくことに決した。
実は学校から、演習の手当及休暇中の費用として十円余りの金を呉れたから之で面白く遊ばうといふ考だ。

十二月二十一日

今日からいよ〳〵休暇。中島君と上田君と三人で一時五十分の横須賀発に間に合ふ様、停車場へ出掛けた。三等の切符売場には雑踏夥しくなか〳〵買へさうにもない。儘よ二等でゆけと半額券を持つてゐるから気が強い。大仁まで二等券を買ツた。上田の勧めに乗つて途中大磯に下車し、上田の宅に愉快なる一夜を過した。

十二月二十二日

朝、上田に別れを告げて、大磯から乗車、その日の夕刻修善寺に着した。新井という温泉宿に投じた。

砲術学校長有馬海軍少将が来て居られた。

十二月二十三日

夜食後、有馬少将を訪ねていろ〳〵御話を承つた。なか〳〵親切な人だ。いろ〳〵若い時の談などをして呉れた。

十二月二十五日

朝、勘定を済ました。二人で横須賀を出る時、二十円持つてゐた金が四円某残つた。馬車で大仁駅に着いた。二十分ばかり待つて、汽車は出た。僕等の占領した二等室は、外に誰もいない、大いに心地がよい。

「学生が二等で旅行するのは少し贅沢だね」と武さんが言つた。

「乗つて心地がよけれやそれでいゝじやあないか」

と僕は答へた。

僕は思つた。「贅沢」とか「身分不相応」とかは程度問題だ。而して又人間が勝手にこしらへた規則を標準にして言ふに過ぎない。僕は人間は自他、害のない限り贅沢をすべし、そして楽をすべし、長命をする工夫をするべしと思つてゐる。僕は見す〳〵後に困るのを知つて贅沢をする人間を馬鹿とは思つてゐるが、金もあり乍ら身分といふ些細な事に拘泥して、つとめて苦しい思ひをして質素にしてゐる人を豪いとは思はない。但し、其の質素、倹約の裏に大なる目的が潜んでゐるならば、僕は其人に敬服する。

夕刻下谷根岸着。こゝで越年する積り也。

十二月二十七日

牛込の叔母及小石川に妹を訪ねる。

相馬君と将棋をする。

十二月三十日

休暇中、ぶら〳〵遊んでゐても損だと思つたから暇のときには、教科書を取り出して勉強し始めた。俺は造船学を少し調べて見ようと思つたから、久しく見なかつた微積分の本を取出して勉強し始めた。土台から築き上げる考だ。

軍艦薩摩見学のとき、甲板士官が薩摩の戦闘力を説明した時、その有する砲熕の kinetic energy をトレッドノートのそれと比較して六ケ敷しい事を言つてゐたが、俺はよく理解できなかつた。そのとき口惜しいと思つた。休みになつたら少し力学でも研究して見ようと決心した。

艦砲の操法をやるにつけ、水雷の説明を聴くにつけ、俺は電気の知識が甚しく不充分なことを知ツた。これもよく調べて置く必要があると感じた。

この休暇中は、遊びの傍、次の事を研究しておかうと思ふ。

力学大意……物体の運動―重力に就て―仕事及エネルギー

電気学―基本ノ電気現象―電気機械ノ理論―電流ト磁気トノ関係―電流ト熱、感応電流

微分及積分の大意……理論造船 naval architecture 等

学校時代に怠けた代り、学校を出てから俺は勉強する。必ず立派な舟乗りになつて見せる。

十二月三十一日

四十二年も平凡に終ツた。社会の出来事は平凡でなかつたかも知れぬ。高商学生の騒擾、実業団の渡米、伊藤公の暗殺、韓国首相の遭難等なか〳〵アクシデントが多かつた様だ。

俺一個に関しては頗る単調だ。商船学校の座学を終了したといふのが多少の意味があるかも知れぬ。海軍砲術学校に入つて軍人生活の一班を経験したと云ふのも変つた事柄だらう。而し要するに学生の一歩々々踏むべき道をたどつたに過ぎない。

境遇の外形は変化しても、俺の心的状態は更に異ツた所がない。不相変平凡愚昧なる人間たるを免れない。而し俺にも負け惜しみはある。世間に俺より馬鹿はいくらもあると思つてゐる。俺の同期生の多くは陸にゐる中から早くも下等の舟乗り気質を真似て女郎買、芸者買に、ありもせぬ財布の底をはたいて、一廉通人になつた積りで、遊ばぬ人を称して、気が利かぬ、馬鹿だ、小供だ、臆病だと嘲けつてゐる。臭い者身知らずとは彼等の事だ。花柳社会の事情に暗くとも、いまに社会の活きた方面にてあかるくなつて見せよう。

来年にも一つ奮発して勉強しよう。いよいよ之からだ。思へば希望に輝く未来が楽しみだ。

「面白く働いて、愉快に遊ばう」俺の理想だ。

海軍砲術学校を明治四十三年三月終了し、商船学校へ復帰したが、四十三年十二月一杯までの日記は残存していない。

三　大成丸の世界一周

自明治四十三年十月二十六日
至明治四十四年八月二十八日

（一）社会情勢

「赤道の正月」という標題を掲げた、明治四十四年（一九一一）の練習船大成丸の「世界一周」の日記が次の舞台となる。

ところで、当時の社会情勢はどうだったのだろうか。

日露戦争に勝利、それに伴い日本の国際的地位も向上してきた。政局は、桂太郎、西園寺公望が交代して担当、それは明治三十九年一月から大正二年二月までに及ぶ。

戦後の反動として「偸安」の風潮が広がり、拝金主義、立身出世主義的な世相が際立ってきた。その一方で、指導者層は、戦後、産業革命が進行、それに伴い労働者層の意識の変化による社会主義思想やその運動に警戒を抱いていた。

明治四十一年十月には、戊申詔書が発布された。

「……宜しく上下心を一にし、忠実業に服し、勤倹産を治め、惟れ信惟義醇厚俗を成し、華を去り実に就き、荒怠相誡め自彊息まざるべし。抑々我が神聖なる祖宗の遺訓と我が光輝ある国史の成跡とは炳として日星の如し。寔に克く恪守し、淬礪の誠を諭さば、国運発表の本近く斯に在り」

ここには、社会の風潮の偸安に流れることに警告を発しているが、当時の支配層の憂慮が反映されているのだろう。

明治四十三年五月から六月には、大逆事件（幸徳事件）が発覚、幸徳秋水らが検挙刑死、支配層を震撼させた。

こうして見ると、徹の商船学校時代は、世の中、社会的不安をかかえていたが、学生たちにとっては、戦後の安穏な時期に当たっており、父母なく、親戚内海家の厄介になりながらも、昭和戦前の世代のように戦争の心配もなく、日々の学生生活を友人にも恵まれ、楽しく過ごせたのではなかろうか。

（二）航海日記

徹は明治四十三年三月に、海軍砲術学校での修業を終了、四月に商船学校所属の練習船「大成丸」に乗組み、航海の訓練に挑むこととなる。

ここで、大成丸とはどのような船であったか見てみよう。

本船は、総トン数二、二八七トン、明治三十七年三月、神戸の川崎造船所で竣工した四本マストの帆船である。長さ二七〇フィート、幅四二フィート、深さ二七フィート、船価は五六万円であった。

商船学校の練習船として、学生の航海訓練船としての役目を担い、明治三十九年からは遠洋航海を実施していた。明治から大正、昭和にかけて、日本の海運の第一線で活躍した海の男たちを育て上げたいわばその母船である。

本船は幸い戦後まで生き残ったが、終戦後、昭和二十年十月九日、復員船業務に就くため、三菱神戸造船所に修理に赴く際、神戸港において、第五突堤附近で触雷沈没、乗組員の職員、学生ら四六名の死者を出すという痛ましい惨事となり、四一年という永い船歴を悲劇のうちに閉じた。

さて、話をもどし、大成丸の遠洋航海に移ろう。

大成丸は、明治三十九年十月に初めて遠洋航海を実施していたが、第五次の航海までは、オーストラリア（シドニー）、フィリピン（マニラ）、そして四十一年五月から十二月には、ホノルル、サンフランシスコ、フィジー、四十二年七月から四十三年四月には、北南米（サンディエゴ、パルパライソ、コキンボ、ヒロ）と、主として太平洋海域に止まっていた。

徹の乗船は第六次の遠洋航海であったが、その航程は、大成丸としては初めての画期的な世界一周の大航海であった。明治四十三年十月二十六日横浜を出港、太平洋を南下し、南太平洋タヒチにまず寄港（四十四年一月十三日―十九日在港）、ケープ・ホーンを廻り、大成丸としては初めて大西洋に入り、南米南端のポート・スタンレー港に三月三日入港した。同港を三月十一日出港、南大西洋を横断して、四月十九日南アフリカのケープタウン着。ここに約二週間停泊して五月二日出港、南インド洋を東進して六月二十四日オーストラリアのメルボルンに寄港。七月五日同港を出て一路北航、八月二十三日館山入港、同月二十八日横浜帰着した。

全航程三〇七日（内航海実日数は二六四日）、三〇、八九八海里に及ぶこの大航海は、帆船による日本初の世界一周で、我国帆船史上、歴史的な偉業であった。

大成丸の世界一周の航海については、米窪満亮（商船学校航海科五九期生、戦後初代の労働大臣を務めた）の著『海のロマンス』（筆名米窪太刀雄、大正三年、誠文堂書店）が、第八次遠洋航海（明治四十五年七月から大正二年十月まで）の世界一周を取り上げ、その著は当時のベスト・セラーになったと言われているが、徹の大成丸はそれに先立つ初めての世界一周の航海であった。

この航海については『練習帆船大成丸史』（昭和六十年、成山堂書店、大成丸史編集委員会編著）の中に、当時の大成丸事務長小川清次郎の談話や、実習生の思い出話などが記録されているが、徹自身の航海途中からの、即ち、大成丸出港後の明治四十四年正月元日から帰国までの日記が残っている。

大学ノートに書かれたこの日記は、百年以上たった今、これを読み返してみると、明治の海外雄飛の志を抱いた海の男の卵たちの姿が生き生きとして伝わってくる。

この第六次遠洋航海の航跡は、その後、百年近く後の平成十七年（二〇〇五）六月に、「サントリー・マーメイド号」で三回目の世界一周を完成した海洋冒険家、堀江謙一さんの東廻り「ひとりぼっち」無寄港の航跡とほぼ同じである。堀江さんは西廻り、縦廻り、そして東廻りと三回の航海をしておられ、第三回目の東廻りは、所要日数二五〇日の快挙であった。

一方、大成丸の航海は、二千トンクラスの大型帆船、比較はできぬにしても、航海、通信設備、機器類の不備であった明治末期の時代を想えば、乗組員たちの苦難は、堀江さんのそれに劣らぬ未知の海への挑戦であったろう。

明治四十三年十月二十六日、大成丸は第六次遠洋航海に向けて、横浜を出港した。徹の航海中の日記は、出港当時のものは無く、出港後六八日目の明治四十四年元旦から始まっている。

出港後の航海状況は、『練習帆船大成丸史』によれば、連日荒天に遭遇、当時の大成丸事務長小川清次郎は、

「本船今次航海出帆の初め頃、即ち四十三年十一月は殆ど連日荒天が続き困難は一方でなかつた。十一月三日から四日にわたる房州沖の暴風、十日、十一日にわたる銚子沖の暴風があり、その余波が収らないうちに、北緯三九度、東経一七二度附近で十七、十八、十九の三日にわたる大颶風に出会い、続いて二十二日、二十三日にはさらに激しい大颶風に見舞われた。思い起こせば、今なお戦慄毛髪立ち皮膚は粟を生ずる……」

と当時の航海の厳しさ、海の怖ろしさを述べている。二十三日の嵐では、船室へも浸水、乗組員

に負傷者が数名も出るような有様であった。

この大成丸は明治四十四年元旦に南太平洋上で赤道を通過した。

徹の日記の書き出しは「赤道の正月」と記され、明治四十四年一月一日から始まり、本航海が終わるまで、即ち同年八月二十八日まで、大学ノートに記されている。いま全部ここに転載するのは冗長すぎるので、航海の要所要所を取り上げて再現することとしたが、百年以上前の明治の海の男の卵たちが、どんな思いで、どんな状況の下で、二千トンの帆船で世界一周を成し遂げたかを、父徹の遺した貴重な日記を通して識ることとしたい。

赤道の正月　（練習船　大成丸にて）

航海者たる以上、地球の果てから、果てへ乗りまわし、何処で年を越そうが、別に怪しむに当るまいが、正月の元旦に赤道を横切る機会はあまり多くはあるまいと思ふ。

大成丸は、四十四年元旦の午後二時、西経百三十八度三十五分の所に於て、北から南へ赤道をクロッスした。

朝から空は晴れ渡つて、南東の風は四位の力で、心地よく吹き、一杯開きの本船は、六浬位の速力を保つて走つてゐる。

遥拝式も、記念撮影も朝のうちにすみ、午後は気儘に遊んで暮した。赤道は暑いものと極めてゐた自分は、春のやうに温く、秋のやうに涼しい気候に遇つて尠からず驚いた。去年の神戸の夏の苦しみから見れば極楽だ。

正月三日

〔天測正午位置〕西経一三八度四二分、南緯三度二三分。

三ケ日の休暇も今日で終ツた。

突然として正午少し前、針路を南微東より南微西に転じた。船長は、スタンレーへの途次、南太平洋上の一群島中のタヒチ島に寄港することを命じたのである。

学生は皆喜んだ。一週間内に陸の影が眺められるわいと、少からず喜んだ。

正月七日　鱶釣り

昼の休みに、学生の昇降口の近傍に友と雑談をしてゐると「釣れた〳〵」とプープで大騒ぎだ。大鱶がとれたのだ。急いで行つてみると、一間もあらうと思はれる大怪物が引ツ懸つたのだ。早速、「テークル」で引張りあげられてしまつた。暴れ廻る奴をキャプステン・バーでした丶か打ちのめした。やがて大将も閉口たれて、醜い大きな体を甲板の上に横たへた。

正月十三日

仏領 Society Ids., Tahiti Id. に投錨。

久し振りで、青い木や山を眺めた。
入港の記事は早稲田文学四十四年六月号に載せた。

同誌には、標題「タヒチの島（遠洋海航日記）」、「海坊主」の筆名で掲載されている。徹の妹、照子は、早稲田大学校歌「都の西北」の作詞者としても知られる詩人、相馬御風（一八八三―一九五〇）に嫁した。御風は当時『早稲田文学』の編集にも携わっていたので、御風の仲立ちで、徹は同誌に寄稿、恐らく御風が原文を推敲添削してこの記事になったものと思われる。この記事（『早稲田文学』明治四十四年六月号所収）を抜粋する。

「四十四年正月元日。……四五日前から元日は南緯でするか、北緯でするかと、大分「かけ」があツたが、丁度けふの午後二時西経百三十八度三十五分の所で北半球から南半球へ入つた。朝九時真白な制服を着て、総員上甲板に整列して、母国の方に向ツて、新年の祝賀式を行ツた。（中略）

正月五日、航海術は恐ろしいものだ。二三日前の計算でけふ見える筈だと云ツた仏領マーケサス群島中の二島が左舷船首に現はれて来た。初めは雲か山か分らぬ位であツたが正午には、「はツきり」見えた。交叉方位《クロッス・ベヤリング》で本船の位置を出したところ、天測のそれと、全く一致した。日本を離れて二月余にもなるが本船の経線儀《クロノメーター》は少しも狂ツて居ない事が分かツた。何一ツ見えない大洋の上で自分の船の位置を知るには、天体の外は頼りになるものは何もない。（中略）

正月十三日、着いた〳〵。とう〳〵島についた。……

談に聴いたり本で読むだりした南洋の島！　さて来て見ると予想以外〔以上〕に美しい。

バナ、や椰子の樹は全島を緑に包むで、名も知らぬ熱帯樹の燃える様な緋の色の花が強い光線にきら〳〵輝いて居る。

浜辺には時色の軽そうな袴《スカート》を海風に飜へし乍ら、パラソルで顔を隠した西洋婦人の姿が、傍の樹立の青葉と好いコントラストを保つて居る。

沖の珊瑚礁には白浪が砕けて、其のあたりは、水の色がエメラルド、グリーンに見え、深い所の紺青と、際立つた区劃をなして居る。凡ての色彩が鮮かである。はつきりして強い色である。

夕刻になつて、島の中央にある山の頂天《てツぺん》から、塊つた雨雲が、低く下りて、やがて、空一面に拡がるかと、思ふと、大粒の夕立が恐ろしい勢でやつて来る、一陣の冷風は颯と、海面を掠めて、鏡の様な面に漣が非常な速度で沖へ伝はつてゆく。と見る間に山の向ふはもう晴れて、樹々の青葉は夕日に美しく輝いて、反対の空には虹が弧《アーク》を画いて、橋をかけて居る。

まるでパノラマでも見て居る様である。」

正月十五日

上陸。土人にバナナを取らせて、持つて帰つた。

郵便局に行つて「青年」への原稿を相馬氏宛て発送した。

正月十六日

上陸。仏国婦人と会話をやる。

正月十七日

ピクニック。帰途雨に降られて濡れ鼠のやうになつた。

Fautau Valley といふタヒチ島での涼み場所だ。あまり感服した処ではなかつたが、泉流滾々として峡間を伝はつて、八百尺の断崖から銀の帯を垂らしてゐる景色だけは一顧に値する。

面白かつたのは、真裸体になつて、その泉流に浴し、奇岩、怪石の間を縫つて、滝の落ちる直ぐ傍まで行つた。巌頭に立ち、白雲低く向いの山腹にかゝり、太陽の光線で陰影が緑の山を濃い紫に染めてゐる景色を眺めた時である。

ノートの欄外に次の記事がある。

ピクニックの詳しい記事は、商船学校校友会雑誌に書いた。

南洋タヒチ島雑感

南洋は、此の地球のパラダイスだと誰かゞ言つたのを覚えてゐる。南国記の著書は「南へ〳〵」と絶叫して、南国の美を説き、富を語つた。

タヒチ島は、南太平洋上の渺たる一小島に過ぎぬが、南国の生活、習慣を語るには充分である。

熱帯地方と言へば、人は炎熱焼くが如く、到底文明人の住むにたへぬが如く考へてゐる。毒蛇、猛獣は森林に群をなし、獰猛なる土匪は、外来人を飽くまで迫害せんとし、余程の好奇心を有するにあらずんば、行く能はずと考へてゐるらしい。

亜弗利加内地なら知らぬこと、亜細亜に点在する諸南国に至つては決してかゝる心配はあるまいと思ふ。タヒチ島なども熱帯だから、無論暑いには違ひないが、日本の暑さとあまり変りないやうに思ふ。

果実は豊富である。水は山から滾々と奇麗な泉が流れてくる。農作物は肥料を用ひずして成長し、衣服は軽い夏服だけで一年中用が足りる。

こんな都合のよい土地は少ないだらう。土人は外人に親切、丁寧だ。争闘、紛争などは絶えてないと聞けば、余程平和の島に違いない。

× × ×

風俗の淫靡なるは少々閉口する。文明人の使用する日用品、道具類は、輸入品だから高価である。吾々が住むとすれば第一これに困る。

×　×　×

交通の不便なのは、本島の開化しない唯一の原因であらう。一月に一、二回の便船だから不便極まるものだ。果物や物産を売りつけ、不愉快なるは仏国のゴロツキが入港の船舶に暴利を貪らんとすること。

土人の女が奇麗な衣服を着てゐるのは好いが、素足で町を歩いてゐるには興が覚める。

一月十九日

未明抜錨出帆。いよ〳〵南米に向けて、タヒチ島を後にした。

一週間の碇泊は、長航海の単調を慰むるに充分であつた。在住仏国人も大いに我々を歓迎したし、官憲も大成丸に軍艦の待遇を与へ、入港税もフリー、飲料水も無代価にて供給した。我々は二度と再びこんな処へ来る機会はあるまいと思つたら「タヒチ」が段々とホライズンに薄れて行つたとき、一種の悲しいなつかしさを覚えた。

碇泊中、大成丸に遊びに来たり、大成丸の学生が案内されたりして、馴染みになつた仏国人が沢山ある中に、忘れ難いのは、この土地の弁護士の息子で、十になるポールといふ可憐な仏国少年であつた。極めて明瞭な英語を話し、活溌な奇麗な少年であつた。

僕と中村が上陸したとき、海岸でポール少年に遇つたら、

「花が好きですか」と問ふから

"O, Yes, we are much fond of them"

と答えたら

"Then, I will present them to you.

Come, along with me, please."

と先に立つて案内して、自分の家の garden に案内した。そして色々花を摘むでくれた。それから自分の家へ引張つてゆき、其の母や、姉に僕等を紹介した。帰へりには、浜まで送つて来た。途中、大成丸は好きかと尋ねたら大好きだ、"She is the finest ship, I have ever seen."と答えた。戯談に

"Would you come on board and go with us to Japan."と言ツたら、流石に小供だ。首を振つて、"No!"と言ふ。

"Why not?"と問ふと

"I am but a child and can not leave my parents."と真面目になつて答へた。

大成丸は十一月一日仮泊中の館山を出港、明治四十四年（一九一一）正月元旦、即ち六二日目に赤道を縦断している。一方堀江さんは、平成十六年（二〇〇四）十月一日西宮を出港、十一月十三日、四三日目に赤道を通過した。大成丸は出港後の颶風に見舞われて難航した影響もあった

ろうが、マーメイド号は二〇日近くも早く赤道に到達している。堀江さんの操船技術と同艇の装備、構造の優秀さを物語るものであろう。

タヒチは、今は南太平洋の憧憬の楽園として観光地と化しているらしいが、明治末期の当時は南太平洋上のフランスの植民地としての雰囲気が濃厚だったことが、日記からうかがわれる。

タヒチというと、ここで創作活動をしたポール・ゴーギャンの名が挙がってくるが、彼は最後はマルキーズ島で大成丸寄港の八年前一九〇三年、五五歳で死去している。

一月二十九日（日）

タヒチを出てから四、五日はカーム〔無風〕に苦しめられ、漸く二、三日前から風を得て、南下することができた。今日は、百五十四度西、二十六度半南の位置にある。

フォークランドまでは、前途遼遠、思へば待遠しいことだ。

今日の日曜は、画を書いて暮した。

夜、少し造船、微積を勉強す。

此航海中、完成したいと思ふ仕事。

一、Carver 氏の“Carriage by sea”を読了して「海上運送」の概念を得、要領だけを一冊に筆記して置く事。

一、造船の研究を続けて、Peabody Naval architecture 中、必要と思ふ事項を読み終へる事。

一、仏語初歩。
一、航海術中、“Theoritical Navigation”多くを望まぬが、せめて之だけは品川へ帰航する迄にやつてしまひたいと思ふ。

二月十一日
紀元節、波荒く、遥拝式なし。

二月十二日
タヒチ島のピクニックの記事（雑誌「青年」）への原稿を書く。船は十浬の快速力で走つてゐる。此の頃の勉強する時間の少ないのには実に閉口する。

二月十三日
小島烏水氏の「日本アルプス」を読む。よくまあ山をあれだけ研究したものだ。科学的に、そして文学的に興味津々たる筆致で自然を描写したやり方は、大に気に入つた。ありきたりの旧い形容詞や、偽りの感情に囚らはれた文学はもう我々の胸に響きを与へなくなつた。
山の研究を読むで、自分は直ぐ海の研究と云ふ事に思ひ当つた。そして、がつかりした。西洋は知らず、日本に「海の研究」者の甚だ稀なのを残念に思ツた。

自分の生涯は舟乗りである。海の研究には最も都合がよいではないか。「汝自身一ツやつて見てはどうか」と心の中から誰かゞ叫んだやうだ。敢て、今度の航海とは云はぬが、地球上のあらゆる海を航海する間、いろ〳〵海に就ての研究をして見よう、と今日決心した。

先づ手初めとして、今度の航海には之だけの事をして見ようと思ふ。今度吾々の航海する海は、北太平洋、南太平洋、南大西洋、印度洋等であるから、其等の海に就ての各々の特長、一体のアピアランスの異同から始めて、仔細に、波、雲、風、空気等を研究したいと思ふ。無論以上の海の外、赤道附近、貿易風帯等の景色は非常に興味のあるものであるから、別に独立して書いて見ようと思ふ。

波、雲、風、空気等も更に細別して、無風《カーム》の時、暴風《ストーム》の時、晴天の時、曇天の時等々に分けて見ようと思ふ。

無論、陸地に於て観測するのと異なり、常々船の上から見てゐるのであるから、描写に表はれて来る観察は、舟乗り的色彩を帯び、其感情も、船とか、舟乗りとか云ふものが中心になつてゐる事は已むを得ぬ事だらうと思ふ。

「海の研究」について気負った心構えを記述しているが、その後の記録が残っていないので、成果を得たかどうか判らない。ただの願望に終ったのではなかろうか。

二月十九日　日曜　緯度━経度百

いつの間にか冬となつてしまツた。夜の当直に、海風が肌に堪へて来た。温度は四十七・八度（約九度摂氏）を示し、モーニング・ウォッチの甲板洗ひ方には足の先きの感覚がなくなる様だ。もう大分航程も先きが近くなつた。

来月初旬にはスタンレーに着くだらう。

二月二十八日

英国では帆船でケープ・ホーンを周つたものでなければ真の舟乗りと云へないさうだ。我大成丸は、今日愈々世界航海者の最難所とするホーンにかゝつた。

午後三時頃、丁度ビーム少し前に、薄い灰色の絶崖を認めることが出来た。

この近所の波は、大きなスウェルは少しもなく、浪の大きさは比較的小さく、其色は陰鬱な薄墨色の空を映して、白泡立つた波頭が海面に霧の様に這ひ廻つてゐる有様は一種悲壮な感を人に与へる。

若し颶風一陣、帆をあふり立てて、雨と霰が一所になつて襲来し、船の速力が俄かに増加して船首に蹴り立てる白波が左右に飛び散る時、流石はケープ・ホーンだけあるわいと熟々思はしめる。

やがて、雨は前方に逃げ去つて、艫の方から太陽がちらりと顔を出すと二重虹《ダブルレインボウ》が眼の前のリギンに橋をかけて、ドレアリーな海の上を彩る時、自分は夢の様な景色とは之を形容するに適当な言葉だと思つた。

イブニング・ウォッチでローアー・トップスルを絞ツて大分疲れた。舟乗りの商売は決して楽な仕事ではない。

ネルソンは「Duty の観念がなければ舟乗りライフはとても辛くて送れるものでない。義務の観念こそ海の士官の第一の要素である。」と云ツた。全くそれに違ひない。

けふは、この紀念すべき場所を航過するので、休業してケープ・ホーンに敬意を払ツた。午前は当直。スタンレーに着くのも二、三日中に迫つた。

原稿（校友会雑誌に送るべきもの）を教習掛から依頼されて承諾はしたものの、暇がなくて大に困る。また「青年」と読売新聞へ送る原稿も書かねばならぬ。明日また勉強せねばならぬ。

三月一日　Le Maire

無事、ル・メール海峡を航過して大西洋に入つた。

明日は天候の都合により、フォークランドのブル・ロード港に仮泊して明後日早朝スタンレーに向ふとの事。

四日には間違ひなく、入港出来るだらう。スタンレー港碇泊は予定二日中との事に大に落胆した。手紙や新聞が待ち遠しい。

近頃はウォッチが忙しいので筆を持ツ暇殆どなく、涛声記も、読売への通信も書くことが出来ぬ。

今日あたり温度が大分昇つて、余程ウォッチも楽になつた。南米大陸や風上になつて其の気温の影響を受けたのと、潮流の関係とであらう。

校友会雑誌の原稿漸く書き上げた。

思へば遥かに日本を離れたものだ。五千浬外の異境の空に明け暮れ、波を見て暮し、漸く単調に倦いて来た機に寄港、自分等の喜びは外の人には分るまい。

×　×　×

今日正午頃、一隻の帆船が灰色のホライゾンに極く薄く西に針路を取つて走つてゆくのを見た。本船館山出帆以来他船の影を見たのが初めてゞある。惜しむらくは其間の距離あまり遠く船体さへも詳しく見る事が出来なかつた。況んや信号を交換する事をやだ。

今日の夕方珍らしく美しい雲、トレード・ウインド帯に見るやうなパープル色の層雲や薄い樺色のＳＫなどが西の空に見えて、プルシャンブルーの蒼空も切れ〳〵ながら見る事が出来た。而し例のこの地方特有の灰色の陰気ＳＫはホライゾンの一方にちやんと控へて、いつでも御座んなれと、恐ろしい顔をしてゐる。

浪は陸が近いので幅のせまい、せゝこましい浪で、色は少し青黒いオリーブがゝつた色である。コバルトとプルシャンブルーをまぜた様な快活な色は、この地方の浪には決してないものと見える。

船は、帆汽両走、八浬平均位に走つてゐる。本日の正午位置は、ルシヤ水道の北部、緯度五十四度四十六分南、経度六十四度五十九分西である。スタンレーまで三百五十浬、丁度横浜から神戸迄の浬数である。

三月二日　晴

水路誌による此の地方の天候は、常に陰鬱極まるものと書いてあるが、今日は快晴でホライゾンの何処にも、今迄の様な重くるしい雲が見えぬ。久しぶりで温帯に来た様な気がした。午後六時頃、フォークランド島のブルロードと云ふロードステッドに仮泊した。湾は三方黒褐色の島に囲まれて、波は至極穏かである。

島（と云ふよりも岩と云ふ方が適当だ）は無人島で無数の鳥群が真白になつて、聚まつてゐる。ペングィン（鳥名）と称する鳥である。投錨した時は丁度夕日が島の後に没しようとする時分で、上の空は、青く、中空はパープル色に染つて、ホライゾンの直ぐ上には華やかな紅の雲が南の方に永く流れて美しさ云ふばかりなり。

美しい華やかな色の中に、淋しい凋落の影が見えるのは、夕日である。ましてあたりの景色は粛条たる絶海の無人島である。只、鳥ばかり飛び廻はつてゐる岩石である。今日の夕日の殊更淋しく見られたのも無理はない。

今日の夜ばかり静かな夜は本船に又とない。永い歩みから休息した大成丸は、寂として声なく、アンカー・ライトのみ絶えざる光をこの寂しい海に投げてゐた。明日は、早朝出帆、いよ〳〵「スタンレー」に向ふのである。

三月三日　晴

スタンレー入港。

南洋タヒチを出て、一ケ月半、ケープ・ホーンの嶮を冒して、さて着いた港のスタンレーは、冷やかな、寂しい処であつた。

枯葉色の低い丘が、長く横たはつて入江をなし、海岸には真四角な雅致も、趣味もない家屋がまばらに町をなして、その赤褐色の寂しい色彩（赤い色が冷たく思はれた事‼）が人の心を滅入らす様だ。

港の幅は、半浬位だから海岸に歩く人の姿も見えれば、山の中腹に遊んでゐる羊の群も眼に入る。

郵便局から手紙が来た。七、八通来た。

三月四日　晴

難破船《Wavertru》の事を本船一等運転士より聴く。

この件については、『練習帆船大成丸史』に次のように記されている。

「この航海の途中、フォークランド島スタンレー港に入港した時、一隻の帆船が、マストは折れ、悲惨な姿で碇泊していた。これは英国の帆船『ウェーバートリ号』と云つて、60°S、63°W附近で暴風に遭遇し、沈没寸前の状況で港に避難した姿であつた。これを見学した学生は非常な衝撃を受けた模様で、当時の実習生駒井弘四郎がその航行中難航する情景を想い絵にした。その絵は永く大成丸の学生食堂に掛けられていたという。」

三月五日　晴

上陸（但午前中）。町の様子を見たり、少しばかりの買物をなす。

午後 Captain Watt 氏の来船。

三月六日

ペングィン・ロックにペングィンを見る。錨地より三浬の地なり。本島総督自ら我等を案内す。

三月七日

石炭繰り、黒ん坊の様に真黒になつて働く。終つて湯に入つたが、黒いのは取れぬ。誰も彼も凄い顔になつてしまツた。

三月八日

今日出帆の筈であつたが、郵船の入港を待つ為延引した。郵船は正午入港した。メールが来た。御風氏、学校の友人、神戸の姉等から来た。

三月九日

風非常に烈しく、出帆又も見合はせ。食堂当番で一日サルーンに燻つて苦労した。この頃何となくつまらぬ。気が沈み勝で困る。自分は仕事が厭になつたり、馬鹿〳〵しくなつたりする度に必ず「ネルソン」の文句を思ひ浮べる。そして元気づいてまた仕事をする。文句は、《Duty is greatest business of a sea officer, all private consideration must give way to it, however painful.》

之だけである。小児らしいが、僕はこの格言を思ひ浮べて辛ひ事をまぎらはす。而し自分の体質、性情を考へて、この職業に自分を適応さすのには、尠からざる努力を要するのを近頃痛切に感じた。
明朝、出帆の筈。

三月十日　晴

今日は金曜日である。金曜の船出は魔がさすと言つて舟乗りは非常に之を嫌ふ。迷信だが、自然の恐ろしい力と闘ふ機会の比較的多い海の人間が、運命とか、廻り合はせとかいふものに対しての考へは、余程陸の人と異つてゐるのを思はなければならぬ。何一つ見えぬ大海原で嵐と闘ふ時、吾々の眼には、自然といふ大怪物が故らに吾々に対して戦闘を開始したのではないかと思ふ位「自然」そのものが人間化して見える。

海には悪魔が常にひそんでゐるといふことも吾々にとつては、ローマンチックな恐嚇《ミネース》である。

金曜日の船出での好ましくない事も、吾等の学んでゐる新らしい科学と何等の矛盾はないのである。

晴雨計曲線《カーブ》、風位の変更、雲のゆきゝから判断して、低気圧の襲来を予想してゐる時でさへ、一度海が荒れてくれば、何となく或る偉大な物が吾々に忿怒の刃を取つて向つて来た様な気がしてならぬ。之或はコンベンションに囚はれた妄想に過ぎないかも知れぬ。今日は、こんな事を思つた。

午後ボートで一等運転士と共に鴨狩に行ツて、一羽を得た。一月間に岡の土を踏めぬと思つて草原の上を思ふ様駈け廻つて来た。広い丘、白い雲、羊の群、荒涼たるフォークランドも、今日だけは長閑に見えた。

夕飯に羊を飽くまで食ふた。

三月十一日

〔天測正午位置〕51°-6′5″S
57-29′W

午前四時半起床、六時出帆。いよ〳〵フォークランドに別れを告げて、ケープタウンに向ふことゝなつた。

午後一時迄、汽走をつゞけ、それからボイラーの火を落して直ぐ帆走にうつゝた。

薄い褐色のフォークランドの低い丘が船尾遥かの水平線上に横たはつて、前の方は、縹渺たる大海原の蒼碧が限りも知らず連らなつてゐる。あの空の向ふには阿弗利加《〔アフリカ〕》が、大陸が影を隠してゐるのだと思ふと、英国殖民史上の英傑セシルローズの事などが思ひ出されてくる。図南の鵬翼によしなく、業半にして倒れた偉人の霊魂、今何処を迷ふてゐるだらう。

あゝ阿弗利加大陸に一大帝国の建設、男子の事業として之位痛快なものが又とあらうか。全欧洲を渦乱の中に捲き込んだ仏蘭西革命の潮流に棹さして遂に全欧を統一して覇を唱へたナポレオンの偉業を快しと見るものは、欧亜の文明の発達其極点に達した十九世紀の末葉、一身を未開の蛮地に投げ出して、祖国の為めに殖民史上、千古不朽の事業に着手したセシルローズの意気を壮としなければならぬ。其の事業が完成せられたるか否やは、問ふ処ではない。

思ふて茲に到れば、吾等大和民族が亜細亜の小天地に跼蹐して、海外に発展する意気の乏しいのに慨然たらざるを得ない。

大西洋に乗り出した夕、小児らしいが、こんな事を考へた。

竹越三叉の南国記は甚だ意義を有する著述であると思ふ。敢て帝国主義、侵略主義の思想にかぶれたわけではない。

南極からの流氷を避ける為、針路を北に取つてゐる。天気は概して晴天である。けふ洋上に海豹の群に逢つた。或人はあざらしは、顔が泥鰌に似てゐるといつた。よく見ると成程よく似てゐる。真蒼な波の間から時と真黒な顔を、によきり出して、人を馬鹿にした様な面付で船の方を眺める様子は大に吾々の感情を害した。

「打つてやらう」「くらはせろ」

と言ふ間もなく、学生四、五名、三十五年式の海軍銃を下甲板から持出し、実弾こめて打ちはなした。距離は百米突足らずだが、なかなかあたらぬ。横須賀の海軍砲術学校を卒業して来て、カツレキ山上の艦形標的に八吋砲をひねり廻し、天晴れの射手を以て任じていた先生達も、案外下手糞だ。只一発命中したと思つたけれ共、獲物は波間に没した。再び浮んでも来なかつた。

三月十二日　日曜

〔天測正午位置〕49°–38′S

56°–49′W

午前当直。午後は寝た。しるこの御馳走。此の頃は、ウォッチエンドウォッチ式だから、暇さへあれば寝なければ困る。本も読めぬ。原稿も書けぬ。物事を考へるのも面倒だ。只食つて寝てゐるばかり。

殊に近頃、マストに登つたり、帆を畳んだりするのが億劫でならぬ。悪い癖がついたと自分は思ふが、実際だから仕方がない。時々あゝ辛い、厭だと思ふ事がある。俺は舟乗りの辛抱ができぬか知らんと悲観する事さへある。

風が強くなつて舟はよく走る。

三月十三日　雨　曇

〔天測正午位置〕46°–25′S

56°–8′$\frac{1}{2}$W

アッパー・トップスルで、よく走る。此頃ミッドナイト・ウォッチに、自分は皆にモンテ・クリスト（デューマ）の談を始めた処が、面白い〳〵と皆熱心に聴く。こちらも談すのに興味が出て楽しみにして、ウォッチを過すことがある。

風が八、九位の力でゆく。船はよく走る。

大西洋の波もけふは高かつた。

三月十四日

〔天測正午位置〕43°‐20′S
53°‐30′W

海豚を見た。風が大分和いだ。アッパーゲルンをかけて八浬位宛走つてゐる。

午後惰眠を貪る。大分暖かになつた。

流氷の危険もない様子を確かめ、針路を東北東位に変更した。

三月二十日

この頃は、全く航海の単調に倦きた。マストに上るのも億劫だ。セールを畳むのも厭な心地がする。……

けふは船が一向走らぬ。

三月二十一日

天測。コンパス自差を算出す。イブニングウォッチにて。

御風氏の寄越した歌「大成丸遠航の歌」を歌ふ。

此の頃モンテ・クリストの談を夜の当直に俺がするのを皆たのしみにして待つてゐる。あの夢の様な神秘的分子の多いナラティーブは、大洋を風のまに〳〵走つてゐる帆船のデッキに語るにまことにふさはしいと自分は思ツた。

生活難や、人の世の煩悶を描いた作品はたとひ如何に巧みに描かれてあつても吾々が今の様に世の中から隔てられ、その様な苦しみや煩悶から遠ざかつたライフを送つてゐる間は――少くともかうやつて毎日々々波を見て暮してゐる間は――全く吾々の趣味と没交渉である。不可解である。……

明日は春季皇霊祭である。

三月二十六日　日曜

昨夜イブニング・ウォッチで今朝八時迄惰眠を貪ツた。

朝、海図の記入を終へてから「ボンク」に横たはつてモンテ・クリストを読むだ。

午後、当直。

一日曇つた厭な天気。それに風がすつかり和いで帆は、ぱたり〳〵音をたて丶、煽ツてゐる。速力は一時間二浬か、三浬である。

自分は大西洋へ来てから波が比較的穏かで、強い風も稀なのには意外の感に打たれた。嘗て学校にゐた時、海上気象学で大西洋には低気圧の襲来の稀なことを教へられたが、果してそれが事実であつた。学理と実際の一致を見出した事に一寸興味を覚えた。

夕刻、五、六の友と船室で雑談に耽つた。狭い室は煙草の煙りで濛々としてゐる。煙草嫌ひの自分には堪へられないので立ツて、船窓を開けた。冷い海風が心地よく顔に当る。窓から首を出し外をながめた。

大きなスエル《うねり》が滑らかな海の面を辷つて遠く〳〵動いてゆく。腹の白く、羽の黒い海鳥が餌を漁り乍ら飛び交ふてゐるのが淋しげだ。夕靄に包まれた大西洋は灰色に暮れて行く。

三月三十一日

〔天測正午位置〕四十二度十二分南
十五度五十五分

曇。朝から少し吹き出した風は夕刻になつてだん〳〵強くなつた。九時頃まで食堂で、モンテ・クリストを読むでゐたが、今夜はミッドナイト・ウォッチに立たねばならぬと思つて本をふせて、キヤビンに帰つてベットに入ツた。

四月一日

一、二時間も睡んだかと思ふ頃「当直交代十五分前です」と当番が起しに来た。毛布はねのけて、服を着かへ、外套を纏ツて甲板に出た。荒天《しけ》だ。大荒れだ。昇降口《コンパニヨン》を登るとピューと夜風が寝起きの膚に透き通る。空は真闇である。雨は面をたゝきつける。凄まじい声を挙げて風はリギンに唸つてゐて、マストにはトップスルとフォースルがかかつてゐるばかり、外のは悉く畳むである。海は狂人の様に荒れ廻つて黒い海の面に青白い波の頭が物凄く見える。

一時から二時迄、リーサイド・ウォッチを勤めて、交代を終へると間もなく、当直士官はフォースル畳み方の命を下した。

クリューアップを終ツて、畳みにマストに登つた。はげしいローリングに船は三、四十度の傾斜をして風下にかしぐ。舳にどうーと砕ける濤の音。耳の傍にピューと何とも云へぬ物凄い声をたて丶ゆく風。偉大な自然の力の前に自分の感ずるのは、恐怖である。驚愕である。凄愴の感である。而して一種の悲壮美も荒れ狂ふこの光景を眺むる人の胸に忘る可からざる印象を与へる。

この真夜中に、この大荒天《しけ》にマストに馳け上つて、風波と奮闘する自分達の仕事を男らしい職業だと思ふと一種のプライドの胸に満つるを覚える。

晴雨計はどん〳〵下降して、二九、〇吋まで下つた。丁度風に煽り立てられて駄々子の様に暴れ廻るフォースルを畳むでゐる時である、後の方でピリーと布の裂ける様な音がしたかと思ふとバタリ〳〵と凄まじい音がした。振り返るとメーン・マストにか〻つてゐた下檣楼帆《ローアー・トップスル》が今しも破られてしまつたのである。一ケ所破れたが最後、ビリ〳〵またゝく間に、帆はつゞれの様に千切れてしまつた。鋼索の摺れ合ふて飛び散る火花は真闇の空に閃めて、例へば苦戦の勇者の額から迸る血潮とも見られる。フォースルを畳む手を暫し止めて、その壮観に呆然として見入つてゐた当直士官は「総員上へ《オール・ハンド・オン・デッキ》」を命じた。が而し手の付け様もない千切れた帆布はひら〳〵と空を舞ふて海の中に消えてゆく。とても危険で畳みに登れるものでない。フォースル丈は辛じてメーク・ファストした。

やがて四時を打ツた。大概の帆は皆畳むであるし、残れる帆は破れてしまつて、今、大成丸は、ベアーポールで走つてゐるのである。もう策の施すべきものがない。只風のまにまに波の翻弄に任せて漂つてゐるのだ。も早、総員の必要はない。当直だけ甲板に残つて他は皆、下甲板に休養すること〻なつた。今日の四時間の当直は実に辛かつた。七時半起されて、朝食を食ひ、午前八時にまた交代で甲板上に出た。

風は余程和いだ。波も少し静かになつた。

正午迄には、右舷直で、昨夜から今朝へかけての荒天に千切れ〳〵になつた帆の残屍の跡始末をしてしまつた。午後は休みで、部屋に入つて四時間の眠りを貪ツた。夕刻には全く天候回復した。入浴して夕飯をしまつたら人心地がついた。そして日記を書く気になつた。

四月二日

朝起きたら風は跡方もなく和いでゐた。

午前当直。午後は西洋歴史（modern Europe）を読むだ。仏国革命史は自分の最も興味を覚ゆる読物である。血で血を洗ふ様な革命の惨劇。重税に苦しむだ農民が耐へに耐へぬいた挙げ句とう〳〵死物狂ひになつて「自由、平等」の旗を押立てゝ、奮ひ起つた有様は想像して見ても自分等に限りなき快感を与へる。ライブラリーの一隅に塵埃だらけになつた欧州近代史に好読物を見出した。ケープタウンに着く迄は、当分之で読書慾を満たすことが出来ると、喜むだ。

四月三日　神武天皇祭

航海中は暇さへあれば眠るに限る。今朝も寝て暮した。午後は甲板上に当直。

緑威《グリニッチ》の子午線も、三、四日中に航過する事であらう。其日は定めて、遊戯や余興に航海のモノトニーを破る事だらうと思ふ。

今の吾々の世界は大成丸である。同じ顔を毎日々々眺め、茫々とした海を朝から晩まで眺めて暮し、セールをかけたり、畳むだり、デッキを汚して洗つてペンキをはがして、塗つて、そして其日々々は過ぎてゆく今の生活は、長さ四十間、幅七間の二千噸が天地である。舳に蹴立てる一波毎に目的港に近づいてゆくと思へば、楽しみでない事もないが、要するに、モノトニーを極めてゐるライフである。些少の出来事も無聊を慰むるに足る。

緑威祭の一日、鶴首して待つ。

四月七日

緑威祭。南四十一度五十二分の地点に於て緑威子午線を航過す。時に午前十一時。午後は演奏会、博多ニハカ等の余興あり。久し振りに祝盃をあげ、珍味に舌を鳴らす。西半球から東半球に入つた事も航海者としての自分には決して無意味でもない様に思ふ。殊に世界周航半を無事に終へたるは大いに祝するに足る事実だ。

のちに四月二十九日の日記で触れるが、徹の涛声記が、雑誌『中学世界』に掲載された。その中で「緑威祭」の様子について次のようにも記している。

「昨日と同じ様な仕事を繰り返へして、今日が過ぎてゆく今の生活。この二千五百噸の小さい天地に、生きて居る今の境遇に、誰しも欲するものは変化である。どうかこの単調《モノトニー》を破つて呉れるものはないかと、それぱかり考へて居る矢先、今日は緑威《グリーンウ井ツチ》の本初子午線を航過すると云ふので、紀念として、緑威《グリーンウ井ツチ》祭なるものを催して、一日を愉快に過し、暫らく身の大西洋の真中にあるのを忘れた。船にあるだけの御馳走は、テーブルに並べられる。珍らしく日本酒も出る。食ふものは食ひ、歌ふものは歌ふ。一等運転士の簡単な挨拶が済むと、直ぐ余興にうつる。皆の隠し芸が出る。ヴァイオリンを武骨な手に奏でるものもあれば、尺八の千鳥の曲に、波や嵐の声に馴れた百余名の乗組員の耳に、優しい響を伝へてくれる学生もあつた。」

なお、堀江さんの「サントリー・マーメイド号」は、大阪湾を出港して一三三日目に子午線を通過している。その日の日誌には次のように記している（堀江謙一『ひとりぼっちの世界一周航海記』平成十七年、理論社）。

「二月十日（二〇〇五年）
　天気晴れ、南西の風12m
　気温十二度
日本時間午前十一時三十五分東経に入りました。」

大成丸は日本を出航して、途中、タヒチやフォークランドに寄航しているが、一六四日目に東経に入った。

四月十四日

〔天測正午位置〕三十七度一分南

九度〇東

ケープタウン迄五百浬の距離となつた。船はこの四、五日風が悪くて一日四、五十浬を北に走るに過ぎなかつたが、今日の夕刻から西風が都合よく吹いて来て、やつとコースをケープタウンに向けることが出来た。どうかこの風が三日ばかり続いてくれゝばよい。

欧州近代史を読む。この頃は船の掃除、整頓、装飾にいそがしい。

四月十七日

〔天測正午位置〕三五、三五南、一三、一〇、五東

正午より汽走に移る。南阿ケープタウンまで二百七十五浬の距離となつた。汽走は帆走と異ツて当直も至つて呑気である。船内は、電気で明るくなるし、何となく陽気だ。今夜は月が非常に美しく、ミッドナイトまでのウォッチもいつの間にか経つてしまつた。品川から神戸へ回航した時のことなど思ひ出されて何となく故郷恋しくなる夜だつた。

日本では今頃、花が盛りだらう。向島あたりは屹度賑かであらうと想像した。嘗て学校にゐた時分、ボートレースに、赤よ、白よと騒いで、隅田川の流れに浮かぶ落花をオールに蹴散らした事など想ひ起した。

阿弗利加大陸は、目の前に横たはつてゐるんだなあと我に帰つて、今の境遇を自覚すると

珍らしくもない事をつく〴〵と感じる。

四月十八日

〔天測正午位置〕三四度三四分南
一六度二八分東

正午からケープタウンまでの距離百五浬となつた。船はもういつ入港しても差し支へない様に、掃除も、整頓も、飾り付けも残る所なく出来た。

白や赤の塗り立てのペイントで船は新造船の様に美しくなつてしまつた。

刻、一刻、阿弗利加大陸に接近しつゝ、針路を東にとつて船は進行を続けてゐる。

御風氏へ約束の日記はすつかり怠けてしまつた。ケープタウンに着いてから何か珍らしい事でも知らせてやらう。

近頃、歴史（西洋史殊に欧洲近世史）に非常に興味を持ツ様になつた。一つは読む本がなくなつてきた故でもあるが、フヰシヤー氏の万国史、ファイフェル氏の近世史などが無二の親友となつてしまつた。

夕八時に当直を終つて入浴。すぐ寝ようかと思つたが、奮発して日記を書く。九時半就床。

機関の音と無線電信の放電のチー〳〵いふ音が八ケ間しい。

明朝は入港の筈。久しぶりの陸影、冒険小説や探険記で少年の時分から一種の好奇心を誘ふ阿弗利加大陸。明日は見られるのだなと思ふと、流石に胸が躍る。手紙も新聞も嘸待つてゐようと思へば一刻も早く着きたい。碇を入れたい。そして上陸がして見たい。

十時までにはまだ灯台の光も見えない様子だつた。

四月十九日

午後二時、ケープタウン着。桟橋に横付となつた。南阿唯一の商港だけに流石スタンレー、タヒチなどの比にあらず、大きなクレーンや桟橋の上をけたゝましく走る荷物汽車の真黒な煙や、石炭繰りのガラ〳〵する音や、小さいながらも港らしい港だ。口は東北に開いて、東北の烈風は、防波堤を築いて之を防ぎ、築港の設備小規模乍ら相当に経営されてゐる。桟橋の上を見ると、真黒な顔をしたネグロや雑種児（土人と白人の）が汚い衣を着て、キヨロ〳〵し乍ら歩いてゐる。

着港、直ちに僕は甲板当番で、ろく〳〵休息する暇もなく、前船橋に立ちん坊をした。

夜久しぶりで果実（バナナ、水菓、葡萄）に舌鼓を打つた。

想ひ起せば、乗船して丁度満一年になる。去年の今は海上生活の第一歩に踏み込んだのだ。いろ〳〵の美しい空想や、海に対する憧憬や、又この世界とかけ離れた生活に対しての一種の好奇心を持ツて大成丸の甲板に立つて、品川の海に眺め入つた日である。けふは日本を一万哩も離れた南阿弗利加の港の夜景を眺め乍ら当直をしてゐるのだ。

来年の今頃は何処の海に暮すやらと思ふと心細い様な心地もして来た。夜の二時頃寝静まつた船のデッキを歩き乍ら、いろ〳〵の事を想つた。霧が深く立ち籠めて、波止場のアークライトも光が朧ろに見え、出入港の船舶の霧中信号が眠むたい様な響きを伝へて来る。船乗りの生活はローマンチックの風景が多いとつく〴〵思つた。友人、妹から来信。

四月二十日

正午迄甲板当番。午後は外舷の塗方。港へ着いても上陸一つ出来ぬ目下の境遇はまことに情けないと思つた。明日あたりは上陸させるだらう。

午後放課後、港内に釣糸を垂れて鯵を沢山釣つた。

久しぶりで日記（涛声記）を書いた。

四月二十二日

午前外舷、ペインチング。

午後上陸、ケープタウン市街を散歩、思つたより立派だつた。博物館、公園などを見る。

博物館では南阿産の珍らしい動物の標本が沢山あつた。殊に土人のモデルなどはなか〳〵興味があつた。少しばかりの買物をして夕七時帰舩。

四月二十三日

午前、校外七哩ばかりの処にあるロッドボッシュと云ふ所へ南阿の偉人セシル・ローズの旧邸宅を見に行つた。随分古いものが沢山あつた。時間が充分ないので往復の電車旅行をして、やつと時間に合つた位のものであつた。

午後来観人二千人ばかりあつた。風が今日は強い。夜に入つて一層烈しく桟橋のビットが折れて、一時大騒をした。ホーサーを出すやら、イヤーロープを取るやら十一時過ぎる頃まで働いた。

碇泊中寸暇もないのにはつく〴〵閉口する。

四月二十四日

午前、議事堂、チャーチ見学。

午後、キャンプスベイにカー・エキスカーション〔電車旅行〕を催す。

四月二十五日

朝四時起床、テーブル山登山。

午後六時帰船。入浴。疲れた足を伸ばした時の心地、何とも云へない程よかつた。テーブル山上の雄大な眺め！

この「テーブル山登山」について、『中学世界』にその様子を綴っている。

「今まで日本の山にも随分登ツて妙義の険も冒して見たが、急な事は、このテーブル山に及ぶ者に出会ツた試しがない。石ばかりごろ〳〵して居て岩から岩へ匐ひ伝ツてゆく、このテーブル山の険には全く恐れ入ツた。

午前の十時頃には、どうかかうか頂上に達した。弁当を開き乍ら下を見降した。テーブル湾は、曲線を画いて、眼の下に拡がツて居る。市街は、玩具の家を列べた様に、ごちや〳〵と山の麓から海へ近くまでかたまツて見える。電車や船渠《ドック》の船舶が、キネオラマみたいに眼に映ツた。やがて、湯気の様な白い霧が山腹から逼ツて来たかと思ふと、今見て居た景色は、忽ち白い幕に包まれ、夢の様に消えてしまつた。」

四月二十六日

午後在泊外国汽船見学。

四月二十七日

午前上陸。小学校を見物。例の公園を散歩す。夜、涛声記を書く。

四月二十八日

午前掃除。午後シーポイントのハイスクール及旧城址見学。一六五二年、バンリベックの築く所、十年を費して成る。

蘭人が立て籠ツて英人と闘ひ遂に英人に占領せらる。

四月二十九日

午後、ケープタウンから十哩ばかりにあるニューランドにフットボールの試合を見る。涛声記を相馬御風氏に郵送す。

この「涛声記」が、雑誌『中学世界』(明治四十四年九月号、博文館)に「商船学生世界一週航海記」の記事となった。

四月三十日

ライオンズ・ヘッド登山。古谷氏(在留邦人)の招待会に出席。茶菓の饗応にあづかる。

五月一日

午前は絵を書く。（装飾に用ふる）

午後三時より上陸、スワン家（碇泊中懇意になつた英人の家）に行く。

父親は小汽船の船長、母は去年死んで十八の娘（女教師）を頭に六人の兄弟姉妹のある家庭へ。あまり豊かな家計ではなささうだが、何となく淋しい憐れな一家で、僕と高須と中村は無邪気な子供たちの大親友となつて今日で訪ねるのが二度目である。アーサー・スワンと云ふのが十二の少年で、小学校へ通つてゐる可愛い少年である。

帰りに船に連れて来て、絵はがきや、切手や、日本の貨幣をやつたら大喜びであつた。

明日出帆。

五月二日

午後三時出帆。二週間の碇泊に折角馴染みとなつた阿弗利加を去ること丶なつた。

出帆二時前忙しい中を、暇を見付けて、ケープタウン港を写生した。日本への御土産にする積りだ。

スワン兄妹から絵はがきに別れの言葉を書いて送つて来た。

フローレンス嬢からは、
Hoping you a happy voyage !

と書いて来た。
アーサー君のは、

We are very sorry to part with you.
I hope to meet again. I wish you back.

と極めて下手な字で書いてあつた。
三時半、船はもう港外に出てゐた。針路は南微西指して、行く港は濠洲メルボルン。六千浬の距離にあり。

五月三日

昨日から少々風邪気味。苦しくて耐らぬが、我慢する積りだ。午後三時半、総帆展け方、汽走より帆走に移り、針路は、南微東、風力四、風位西、一時間平均速力六浬半、どうかこの位の速力で続けてもらひ度いものだ。無風は全く恐れ入る。勉強しようと思ふが風邪の心地勝れないのでやめにする。早く寝た。

五月四日

モーニング当直に出て、一時間風下当番したら、風邪で気持が何とも云へぬ程悪くなつたので、甲板掛に断ツて臥床。とう〳〵乗船以来一度も欠勤しなかつたのを、茲に休業をしてしまつた。ベットに横たはつてゐても、想像に耽るばかりであまり休養にもならぬ。頭はますく\いたくなつた。

医者に診察してもらつたが、普通の風邪だと言ツた。服薬するのも久しぶりだ。

五月五日

終日ベットに横たはる。あまり読みたくもなかつたが、暇だから図書から本を借りて読む。自分の枕頭には今、こんな本がある。ケープタウンで買つたのだ。

The Horn before the mast

水夫として英国帆船に乗り込み、サンフランシスコより、ケープタウンを回航して英国に航海する経験談。セーラーたる自分には特殊の興味がある本だ。それから

Napoleon Bonaparte (By Lockhart)

今度の航海で自分の感じたのは、歴史の知識が自分には甚しく欠けてゐる事である。つとめて史書を読むで見よう。殊に欧洲近世史を読むで見ようと暇な時には、フヰシヤー氏の万国史、それから

Modern Europe (Fyffre)

などを読み出して見た。だんく\興味が出て来る様になつた。

船は二、三浬の速力で南へ下つてゐる。

五月六日

終日ベットに横たはる。今日は靖国神社の祭礼であるから印度洋にある本船も遥かに母国の祭典に敬意を表して休業。

五月八日

〔天測正午位置〕三十九度五十分南
十九度二十一分東

風邪追々に快方に赴く。床を出て出勤。

当直に立ツ。雨がびしよ〳〵降る中、合羽を着て突立ってゐたが、幸ひ身体には障らなかつた。風は少し出てきた。

五月九日

本日〔天測正午位置〕南緯四十度三分
東経二十三度二十七分

潮流の工合にて昨日より百九十浬ばかり位置が東に変じ、経度は四度変ツた。好都合。

まだメルボルンに至るに五千余浬ある。前途は遠い〳〵。

当直のルック・アウトに立つてゐて考へた。印度洋はよく昔から船の行方が消える処である。もし大成丸が印度洋で影をかくして、暫く何処かの無人島にでも漂流してゐたなら日本では嘸騒ぐ事だらう。つまらぬ空想に耽けつて見た。

風はまた落ちて、三、四浬の速力で途方も無い北へ走つてゐる。早く日本へ帰りたい。いや、今の処では早くメルボルンに着きたい。

今日久しぶりの天測。幸ひに間違なし。

五月十三日

〔天測正午位置〕40-9´S
34-4 $\frac{1}{2}$E

例によつて船内の大掃除。夕食後コ、アを飲み過ぎて腹工合が悪かつた。洗濯、入浴、久しぶりにて心地良き事限り無し。

風あまりなけれども、風が艫だから割合に走る。印度洋に出て好天気続きなのには何よりだ。

五月十四日

午前当直中、暇だから事業服の綻びを縫つた。針仕事位面倒なものは凡そ世の中にあるまい。荒天の日、傾くマストヘッドに登れと云はれるのより、一寸の綻びを縫ふ方が僕にはどんなに辛《つら》いかわからない。而し帆船生活では自分の事は自分でしなければならぬ。大成丸の航跡図の様に曲りくねつた縫ひ目を見ると吾ながら不器用なのにあきれる。

四位の風力で六浬づゝ船は走つてゐる。

印度洋の月、初めて美はしいと見た。青黒い、漣立つた海の面に金色の光をなげる月、月に何となく一種の伝奇的色彩が帯びて来る様に感じた。

五月十七日

〔天測正午位置〕南四十一度二十四分、
東四十六度二十分
127′

五月十八日

一週間ばかり続いた風がとう〳〵止むでしまつた。一、二浬位づゝ曇つた陰気な海の上を船は走つてゐる。午前ヘルムを執つてゐると大きな鯨が船尾にあらはれた。浪もない滑らかな海面を時々其背を水面上にあらはし乍ら、巨きな体を船の側近く並べて浪を立てゝ泳いでゆく光景は見物である。

メーン・トップスルの取り替へをして午前の事業は終ツた。夜「マハン」のネルソン伝を読む。

五月二十一日　日曜

午前は絵を描いて暮す。午後すしの御馳走。

夜はココアを飲み乍ら一室で談笑して暮す。鯨群に出会す。浪を背に切り乍ら船と並行して泳いでゐたが、暫らくして何処かに見えなくなつた。

気温も温和で快よい航海だ。

五月二十二日

午前、三番ホールドのライスロッカーの掃除。棚の下の狭い中に身を這ひ入れて塵埃で真黒になつた空気を吸ひ乍ら鉄板の屑や、腐れ木などを引つ張り出し隅まで綺麗に掃除をした。石炭繰りよりも余程厭な仕事だ。

午後五時頃、水平線に一条の黒煙が見えた。汽船である。皆大騒ぎをして、ホライゾンに眼を集めた。七、八浬距ツて船体は無論見えぬが、多分ケープタウンから濠洲か、ニュージランドに向う商船だらう、との鑑定であつた。

日本出帆以来、外洋で汽船に遭遇したのは初めてゞである。無論距離が遠いので信号も交換せずに別れた。二、三時間の後、煙も見えなくなつてしまつた。

五月二十三日

午後天測

41°-61′-S　62°-48′-E

午前、事業一番ホールドのサイドの錆落し。随分面白くない仕事だ。神戸で毎日かん〴〵やつた時代を思ひ出す。

セシルローズ伝を読む。

五月二十五日

久し振りで二百浬走つた。

五月二十六日

〔天測正午位置〕43°-56′S

73°-41′E

無事を予期してゐた印度洋にも暴風はあつた。

二十五日の午後八時からのファスト・ウォッチ中、十一時から十二時まで自分は操舵当番に立つた。トップスル二枚づゝ、各マストにあるだけ（無論フォースルはかゝつてゐる）で、一杯開きで船は七、八浬づゝ走つてゐた。針路は南東、風力八位であつたが、今までの「しけ」の通り、空は真黒で、雨だけは来なかつたが、何とも言へぬ凄い海の光景であつた。風力は八から十に増加し、晴雨計は一時間に〇・〇七位づゝ下降して来た。三等運転士はアッパー・トップスルを畳ました。十七、八人の人間で三枚のトップ・スルを畳むのは可成りのハードワークである。彼此一時間も費して、やつと畳むだかと思ふと交代になつて、非当直として下甲板に入つた。

風はいよ〳〵激しく浪は狂ひ廻つてゐた。動揺ははげしかつたにも係らず直ぐ寝つかれた。之には原因がある。士官から今夜は御苦労だつたといふので、ウヰスキーの寄贈があつたので、したたか之を煽ツてベットに入つたから身体中ぽか〳〵して何とも云へぬよい心地になつた。（以上二十五日ミッドナイト）

風は南から西北、北東と変化して行つた。

温度は五十五、六度から四十五度〔摂氏約七度〕に下降した。

二十六日は一日「しけ」通した。「ウォッチエンドウォッチ」となつて四時間交代で当直した。下甲板はブラインダーを閉して真暗、どうすることも出来ぬ。非当直の時は寝るより外に仕事はない。昏々として眠を貪つた。

五月二十七日

〔天測正午位置〕42°-6$\frac{1}{2}$S　73°-37$\frac{1}{2}$E　co. N2W run 109′〔run は走航浬〕

朝晴れかゝつたが、午後は降りみ降らずみの天候。

日本海海戦の紀念日なので休業。

晴雨計も昇つて風へ和いだ。スウェルのみ大きくて、船のローリングは昨日とあまり変らぬ位激しい。

「本日天気晴朗にして浪高し」とあの有名な海戦の公報の文句などが思ひ出される。甲板に出てゐて、この大きな浪の上で、此の印度洋で、今海戦が始まるとしたら、そして自分の船も戦線に立つてゐるとしたらどうであらうと、小供らしい空想に耽つてみた。

六月八日　晴

noon position 39°6′S　101-8E
co. S80°E 116′
昨夜のサイクロンも事無く済むで、今朝起きたらアッパー、ギヤーン、以下クロジャッキまで風を孕んで船は七節位の速力で走つてゐた。
午前の当直は、臭いバスや便所の掃除に暮した。
読書したが、時間が無いのにはつく〴〵悲観する。
或る人は僕を評して舟乗りには適さぬ、強ひて舟乗りにならうとしたら余程性情を矯めて心気を一転させなければ六ケ敷いと云つた。而し自分は思ふ。……バーバリズムは舟乗りの代名詞と心得る様な誤まれる思想は海員社会から一掃せねばならぬ。……。自分は商船学校に入つた以上兎も角も立派なシーマンにならうと思つてゐる。そして確かになれると自信してゐる。

六月九日

朝、ポートクォーターに汽船を見る。快速力の彼女は、また丶く間に本船を追ひ越した。

六月十日

〔天測正午位置〕39°−38′$\frac{1}{2}$S.　107°−30′E　co. S80°E run 189.

To Melbourne 880′.

六月十一日

〔天測正午位置〕40°−3′S.　112°−17′E　co. S84E. run 222′

風は北南　力七　天候曇

六月十二日

〔天測正午位置〕39°-80´S　115°-20´E　co. N85E run 141´
星の天測。間違つた。

六月十三日

〔天測正午位置〕39°-34´S　117°-7´-E　N79°E　84´
風はとう〳〵落ちて、帆はばた〳〵やり出した。一時間に一浬位の速力だ。いつメルボルンに着くか分らなくなつた。
もう近頃は何をするのも気が乗らない様だ。只義務的に当直して、ワークをして、教習を受けて寝るばかり。人間も斯うなつては動物だ。心の底から湧きだした感興に乗つて溢れる様な気力と熱心を以てしてこそ、為す事に新しい生命が宿るものだ。無理やりに強ひられてする事に何の立派な事が出来よう。
本船の練習方法の中には大に賛成すべきものと、全く誤れる方針のものとある様だ。小さな事をこせ〳〵云つて、人間を狭量偏屈のデクノ棒と化さんとする傾向は自分の全く気に入らぬ事だ。細心は尚ぶべしとするも気概なく、生命なく、只過ちのなからん事をのみ希つて其日〳〵を送つてゐるのは実に浅間しい事だと思ふ。

六月十七日

〔天測正午位置〕39°-20 ½S.　Long 126°-40´E. co. N. 83°E. 112´

To Melbourne

午前、大掃除。午後セマホァー氏信号法の練習。

船は under topc'l で六浬づゝ走つてゐる。スタボード、タツク、Sの風を正横前一点位から受けてゐる。風力は六位である。

午前十時半踟躕法を行ひシヤフトの「クラッチ」を接続し、汽走と帆走とを合せる仕事をなす。

午後三時半、総帆を畳み、汽走のみとなす。

汽走になると野蛮地から文明社会に出た様な観がある。電気がキラ〳〵輝くし、風呂も毎日湧くし、おまけにブレース一ツ引つ張る世話もなし、頗る呑気になる。而し呑気の中にも港が近くて何となくそは〳〵する様子が誰にも見え、一般に活気を帯びて来るのは事実だ。

「踟躕法」とは、帆の角度を変えて開いたまま洋上に停船する法のこと。

六月二十三日

〔天測正午位置〕39°-13´S.　142°-39´E.　co. East run 203

To Melbourne 142

大掃除。

午後には濠洲大陸の影が見えて来た。

明日は入港するだらう。濠洲殖民史の翻訳（五、六日前から始めた）一段落を告げた。もつと早く着手すればよかつたと思つた。

ヲトエー灯台を五時半頃「ビーム」に見た。

六月二十四日

〔天測正午位置〕38°-22´S.　144-54E.

八時に起きて甲板に出たら、船はポート・フィリップの入口まで来てゐた。

十時頃「パイロット」を乗せた。半浬ばかりの港口をかはつてからパイロットはセールをあけさせた。

丁度ビーム《まよこ》少し前の風で七か八位の力で可成ひどし。全速力の本船は僅か二、三浬のヘッドウェーしか無かつた。

三枚のロワー、トップスル、ジブ二枚メーン・アッパー・トップスルをかけたら十浬の速力となつた。狭い水道をセーリングでこの快速力（本船には）で乗り切る快さ、とても本船の士官などには天地がひつくり返へつてもやれさうな芸当ではない。

針路を変へて亦風は真船首《ライト・アヘッド》になつてからセールを畳むだ。前進力は以前の二浬に落ちた。午後になつてから多少風もないで、五浬位出る様になり、午後六時入港。「ホブソンベー」に投錨。

明日は桟橋へ行くのだらう。船の用事が済み次第久しぶりで上陸も出来るだらう。手紙も受け取れるだらう。愉快々々。

六月二十五日（日）

八時錨地を離れ（エンジン使用し且タッグボート二双を別に使用せり）タウン・ピアの桟橋に横付けとなす。こゝは海軍繋留地にして恰も本船の正面には英国軍艦エンカウンター号寄泊しゐたり。本船は軍艦としての待遇を受けたのだ。

正午前にホーサー（繋船ロープ）を出したり、ワイヤーを桟橋に取つたり、いろ〳〵の仕事に忙しかつた。

正午から甲板当番。

深夜のメルボルン港を眺めて自分は考へた。舟乗りもつまらない商売だと思つた。静かな夜に碇泊の艦船や、市街の建物から洩れる電灯の光を見詰めてゐると、何とも云へず悲しくなつた。……舟乗りの生活の寂しさ、辛さは、荒天と奮闘する時よりも、寂しい、静かな碇泊の当番のときに、より多く感ぜられる。

六月二十六日

正午迄甲板当番。非直でベットに寝た。上甲板で。「ランチ」をデリックで引揚げて、人々の叫び声や、士官の号令がうつら〳〵眠つてゐる耳に夢の中の活劇の様に響いた。午後二時間ばかりの上陸を利用して市街を瞥見して、帰へりは電車で帰つた。入浴。久しぶりで今日の夕、水菓子、バナナや林檎を飽きる程食べた。八時から当港海員倶楽部音楽大会に招待されて十時頃帰船。

六月二十七日　晴

風が少しあつた。午前ランチに曳かれて、ヤラ川の見学。風が寒い。河口から五浬までは四、五千噸の巨船が入れる。河口から三浬程は左岸は工場（鉄工場や化学製造所）等が多く、右岸は桟橋になつて石炭の陸揚げが出来る様な設備がある。それから上流は両岸ワーフになつて荷役が至極便利に運ばれる様な設備になつてゐる。クヰンスブリッヂまで船は遡ることが出来る。川幅は漸く隅田川の半分位だらうが、その設備は雲泥の相違だ。日本の築港も少し進歩が見たいものだと思つた。

午後、明日石炭繰りの準備。

六月二十八日

左舷は上陸。朝から石炭積込み。船中真黒になつてしまつた。白人労働者の力の強いのには驚いた。大きなバスケット一杯の石炭を軽々もち上げてゐるのには吃驚せざるを得ない。日本の人足の二人力はたしかにある。しかし其動作がいかにも落着いて緩慢で大陸的な所が、日本の労働者と面白い「コントラスト」だ。賃金が最低が八志だと云へば、其高給なのに我々生活程度の低い日本人は驚くの外ない。

石炭積込を終へたのは四時過、それから夜の七時半頃まであとの掃除をした。之がなかなか大役。目も鼻も炭粉で真黒々になつて湯に入つても中々とれない。唯一度の積込で之だから石炭船にでも乗つたら随分ひどい事であらうと想像せられた。

今日受け取つた日本からの通信でいろ〳〵な事を知つた。而も悲報の多いのに驚くばかりであつた。……

故郷を去つて僅か八ケ月の間に、かうも世の中は変るものかと、つく〴〵と無常を感じた。サウザンクロスが輝く南半球にゐて、五千浬の彼方の人の身を思へばとて何になるものか、所詮運命の支配を免れぬ此の世に弱い人の力が何にならう。悲しむのも、喜ぶのも露の結むで又乾いてしまふに何の異る事があらうと思つて見ても、やはり思ひは千々に乱れてとりとめない。今日はいやな日である。

ここメルボルンの港で日本からの手紙を数通受取っているが、妹照子の愛児昌徳の死、従弟嘉一郎のアメリカでの客死、世話になった知人板倉夫人の死などを知らされ、石炭積込みで疲れた頭に悲しみが去来して、この夜は中々寝付かれなかったようである。

六月二十九日　晴

浅野、小谷、福田（健）の三人と朝八時頃から上陸。市中の見物、South Melbourne Park からメルボルン・グランマー・スクール、植物園、議院、劇場（プリンセス・シエター）博物館などの見物。

昼飯は一寸した「レストラント」に入つて認めた。割合に安かつた。濠洲は労働賃金は割合に高いし、物価は比較的安いし、たしかに暮しよい所だらうと思ふ。

叔父上から二通……等から来信（八幡丸便ならん）あり、うれしかツた。……意外だつたのはタヒチからの手紙が来た事だ。タヒチの「ドロレー」嬢へ返書を書く。忙しい中に英文で手紙を書くのはなか〳〵の苦痛である。而し相手が仏蘭西の女であんまり英語は上手でないのだから、此方も余程気が強い。

涛声記も書き続けたいと思つてゐる。実は相馬からの便りに僕のタヒチから送つた涛声記の評が書いてあつた。無暗に賞めてもち上げてゐるので、少々煽てられた気味合がある。

六月三十日

天文台見学。海員倶楽部招待夜会。音楽あり、面白かつた。

七月一日

午前掃除。午後、競馬見学。メルボルンから五、六哩の距離にある「フレミントン」に汽車で行く。日本にゐた時も靖国神社の競馬の外見た事はなかつた。ベッテングを公然とやる競馬の会には自分はまだ行つた事がなかつた。初めて見た。驚いたといふより呆れた。競馬場を一生懸命になつて走り廻るのは馬でなくて、一時の僥倖心に血眼になつてゐる人間である。老人も、若い者も、娘も、御母さんも皆自分の賭けた馬が勝てばよいと騒ぐ有様は、競馬そのものを見て来た我々にはまるで気狂沙汰としか思へぬ。くだらないから途中でよして汽車に乗つて帰つた。

日本に帰り度い。何んだか今日は帰り度くなつた。

七月二日　日曜

一日中風が吹いて、いやな天気である。午後から見物人大勢来る。案内してやつた中に、娘二人がゐた。日本画をくれてやつたら喜んで帰つて行つた。

夜、海員教会の祈禱会にゆく。初めて西洋の教会の儀式祈禱を見た。説教は「迷へる羊」

といふのであつた。十時頃帰船。

七月三日

水族館見物。「エキジビション・ビルヂング」のある直ぐ裏である。「スワントン」街である。水族館は浅草のに比べて稍大規模だ。中に博物館、美術館、活動写真、犬の曲芸、音楽などいろ〳〵の催しがあつて、我々練習船乗組員は無料で見れた。

コリンス街で買物をして五時頃船に帰る。「読売」への通信を書く。

七月四日

午前、午後船の仕事に忙しく暮してしまつた。

午後三時頃、見物人（船への）の中に、一人上品な婦人が二人の子供を連れてゐるのがあつた。本船の船長を尋ねて来たのであつたが、不在故、当直士官の命令で僕が案内してやツた。非常に喜んで日本人は親切だと云つて頻りにお世辞を振りまいてゐた。子供に古雑誌や絵はがきを呉れてやつたら大変嬉しさうであつた。是非自分の家へ遊びに来いといふのであつたが、士官がとても許すまいと思つて残念ながら行けぬと断つた。今夜いけなければ明朝来いと云ふ。実に熱心である。行き度かつたが、どうしても無理に上陸するわけにも行かぬので止めてしまつた。帰りがけに紀念として「戴冠式のメタル」を呉れた。自分達の写真を日本へ送ると云つてゐた。果してどうだか分らぬ。

七月五日　晴天

午前九時出港。とう〳〵日本に向けて錨を抜いた。今度の航海の様に南亜や、西洋の島や、あまり人の行かぬ港の桟橋を船がはなれて滑かな海面を辷る様に動き出す時、自分はいつも思ふ。あゝこの港へ来るのも之が最後かも知れぬ。

港の人々よ、建物よ、市街よ、さらば、永へに栄へて、海に「ライフ」を送る我々の様な人間が来る度毎に、慰藉と歓楽を与ふるのを忘るな。

知らぬ港へ投錨する時の楽しみは好奇心が主である。そしてその港を出る時の哀感は宿屋で知り合になつた友人に別れる時の様な一種の軽い哀愁である。腸に染み渡る様な深い悲みでは決してない。港の景色や、背後の山の緑がだん〳〵と遠くなつて紫の雲の影に淡れてゆき、果ては水平線下に没してしまう時、我々の胸には快よい離愁が宿る。入港よりも出帆がすきである。日が暮れて静かな海が灰色から暗黒に変つて行つた八時頃、八幡丸を左舷に見た。異郷で日本の汽船に会ふ程愉快な事はない。

八幡丸は日本郵船所属の貨客船（総トン数三、八一八トン）。当時は豪州航路に就航していた。徹は後年、大正十五年から昭和三年の間、南洋航路に就航していたこの八幡丸の船長を勤めた。

七月六日
終日汽走。午前大掃除。午後ゲルシ・マストの上にて事業をする。少し風邪気味なのだが心地がわるい。ファースト・ワッチを済ませると直ぐベットに横たはつた。

七月七日
午後三時十五分、総帆展け方、汽走をやめて帆走に移る。風は南微西、速力は四浬位である。

七月九日
どうも風邪が面白くない。我慢して勤めてゐる。あまり勉強もやり度くない。気が向かぬ。朝から少し風が出て来た。船は東に向つて七、八浬位の速力で走つてゐる。気色がさつぱりしたら涛声記の稿を続けようと思つてゐるが、頭が重く、喉が苦しくてはとても筆を持つ気になれぬ。

七月十四日
針路は北、ニューカレドニアの西を通るものと見える。昨日から二百浬余走つた。風は非常に好都合である。

歯が痛むで不愉快である。涛声記の稿を続ける。頭が痛む。

七月十五日

〔天測正午位置〕南緯二十七度四十四分半、東経百五十七度二十四分半、直航針路北、百九十三浬。

七月十六日

歯が痛むで終日不愉快である。

午後、海図を記入してから涛声記の稿を続けた。風はよく吹き続いて昨日から百八十浬ばかり走つた。

夕刻、栗田と一所に上甲板を散歩した。栗田は病気で、この航海を全部病室で暮した人である。

いろ〳〵話の末、日本文学に自然描写が甚しくネグレクトされてゐる事や、海洋文学の欠乏や、審美眼を備へぬ人の人間としての無価値の事や……日没から六時半頃まで話した。

七月十七日

〔天測正午位置〕二十二度五一分、東経一五七度二七分半。北三度W。百十六浬。
風が正午には全く和いだ。午後二時半から汽走に移る。入浴。

七月十九日

〔天測正午位置〕17°-27′S　157°-1′E　n. 7°w 169′
正午から微風が吹いて来たので帆走に移る。気候が昨日あたりからめつきり暑くなつた。日本の六月末頃の陽気である。学生の服が夏服になつた。麦藁帽子がバッゲージから出された。海の色、空の色、すべて暑い夏の匂を帯びて来た。けふ「トルストイ」のレザーレクションを読むだ。面白くて〳〵耐らぬ。まだ途中までしか読まぬけれども、何とも云へぬ印象を与へられたが、とてもそれをこゝに書く事は出来ない。

七月二十二日　土曜日

四、五日前から吹き続いた貿易風は船を五、六浬の速力で北へ持つて行つて呉れる。暑さは一日々々と激しくなつて来た。甲板で少し働くと滝の様な汗がシャツをづく〳〵にしてしまふ。それでも檣の上は流石に涼しくてヤード・アームなどに仕事をしてゐる時は、快よい風が事業服の袖の中に流れ込んで来て、蒼い海の上に強い光線がきら〳〵輝いてゐる。南太平洋を眼下に見ると思はず、あゝ自然は大きい、美しい、海は広いといふ観念が生じて来る。

そしてこんな自然をほしいまゝに眺め暮してその大きな温い懐の中に眠る吾々は幸福だと思ふ。若し海員に自負《プライド》と云ふものがあるとするならば、それはこの観念であらう。

赤道も近づいて来た。赤道の彼方は北半球である。北半球には恋しい日本がある。故郷がある。兄弟が待つてゐる。早く帰りたい。

試験が近づいて来た。無線電信学も少し調べなければならぬ。つまらぬ小説の「ロドニー」も見なければならないのだが、之ばかりは誠に御免だ。小説を暗記してその試験を受けるなんて文科の学生ならぬ舟乗りの吾々に何の必要がある。それにその「筋」を暗記して何と云ふ人が、何処でどんな事をしたとか、そんな事を覚えて答案を書くなんて世の中に之位馬鹿気た事があるもんか。それも其の梗概を述べて其批判、感想を述べさせるならよいが、その筋の丸暗記なんて随分下らぬ事だ。

七月二十三日　日曜　雨―晴

〔正午位置〕（推測）南緯九度四一分半　一五六度一二分東、北一九度西一一〇浬

午前当直。正午あと汽走に移る。蓋しブーゲンビール海峡に近づきたる為なり。

入浴、自習、暑気甚しく眠るのに骨が折れた。

七月二十四日

ブーゲン・ビール海峡無事航過した。

午前当直。午後英語の試験。あまり六ケ敷くはなかつたが、自分の講義に学生が熱心に注意してゐるかどうかを試めして見ようとする浅間しい卑劣な心がありくと読める。英語の意味の解釈でなくて、物語の中の人物はいつ生れたか、とか、何才の時に家を出たかとか、主人公が友人の誰れ彼れと賭博をするときの掛金は如何程であつたかとか実に下等な問題ばかりだ。

午後六時汽走をやめて、帆走に移つた。風は右舷船尾から来て五位の力だ。七浬位づゝ走つてゐる。

七月二十六日

緯度は南二度となつた。もう赤道まで僅かである。明日は航過するだらう。

今日は石炭繰り。やつた時間は僅かだが、生れてこんな辛いと思つた事はない。赤道直下でコール、ハッスと聞いたゞけで、もう沢山だ。真黒に煙つた石炭の粉を吸ひ乍らショベル片手にホーッと息をするとき、あゝ何うしてこんな苦しい仕事をしなければならぬかと、正直な処つくづく情けなくなつた。強いと信じてゐる自分の体はまだ駄目だと思つた。暑さは暑いし、面白いことはなし、全く厭になつた。

風は非常に好い。八浬位走つてゐる。無線電信も勉強せねばならぬのだが、この暑さでは一向やる気になれぬ。

七月二十七日

東経一六〇度五五分の地点にて

午前六時赤道航過。八ケ月住み馴れた南半球に別れを告げて、いよ〳〵北半球に帰つた。こゝから野島まで二千五百浬、あと二十日の航海である。希くは無事に愉快に暮したいものである。

世の中には、人の意見に反対して喜こび、何事にも骨の折れる仕事を嫌ひ、犠牲的なことは極力為さず、俺は自分の厭ひな事は決してやらぬ、天真爛漫だと、屁理屈を並べて豪傑を気取つてゐるものがある。こんな奴に係りあつては一生不愉快な思ひをせねばならぬ。

自分はこんな人間は厭ひといふよりも憎む。人間に希はしいものは、修養である。品性である。言語や身装《みなり》は粗野でも構はぬ。その品性さへレファインせられた人ならば自分は常に之に尊敬を払ふのを忘れぬ。

人間に美はしいものが一ツある。それは犠牲的精神である。

七月二十八日

〔天測正午位置〕一六一度二八分半東

二度四分半　北

暑い。昨日と今日は射撃競技会。吾々前檣楼員は優勝を得た。記念撮影。

涛声記原稿を書く。

七月二十九日

〔天測正午位置〕3°−42′N　162°−14E　n. 25°E107′大掃除。下甲板当番。割合に涼しかつた。昼間上甲板の温度は八十四、五度だが、下甲板は九十度に上るだらう。

午後三時半総帆を畳み汽走に移る。風は全く和いでしまつたからだ。

明後日、無線電信の試験のある筈。入浴。

七月三十日

無線電信を少々勉強。ぶら〳〵暮してしまつた。

「トルストイ」の「レザーレクション」を読み続けた面白い。

日本の事を思はぬでもないが、却ツて航海も終りに近づいた今より、南阿あたりにゐる時の方が故郷恋しい思ひが深かつた。

教習係より海図の製作を頼まれ、昼間の事業時間を全部与へるからやつて呉れぬかとの事であつたが、どうも俺には定規を引いて几帳面に図を引くなんて事はうまく出来さうもないから、其旨断ツた。但し濠洲史を書いて校友会へ出す事だけは承諾した。

七月三十一日

海図の一件また懇請せられ、断りかねて、やる旨返答した。けふは無線電信の試験。

八月一日

昼間は暑い海図庫に入つて世界地図の製作にかゝつた。
けふは機関術の試験。といつても呑気だ。

八月二日

医術の試験。午後三時汽走をやめて、帆走に移る。
「バンカー」の石炭がなくなつたからだ。明後日、石炭繰りをやる筈。この暑さにあの暑いホールドの中に入つて真黒な煙を吸ひ乍ら石炭を繰るのかと思ふとぞつとする。

暑い毎日の航海作業が続く中で、その上、学科試験まで課せられた学生たちは随分きつかったろう。こうして明治の海の男たちの卵は鍛えられたのだ。

八月三日

風が少しもない。ぱたり〳〵帆は力なく煽つて、昨日から僅か三十七浬しか走つていない。いつ日本に着くのやら分らぬ。

八月四日

午前石炭繰り。こんな辛い思ひをしなければ、舟乗りになれぬのかと思ふと全く悲観する。幸ひ怪我もせず、病気にもならず、今日の苦役を終へた時には全くほつとした。風は少しもない。時々雨スコォールがある。

午後、イブニング、ウォッチで随分働かせられた。身体もがっかりしてしまつた。今日は無暗に水を飲む日だ。皆汗になつて出してしまつたから清々した。

舵を取りながら思つた。酒のこと、美しい女の事と、賑やかな街、いろんなものが頭に浮ぶ。早く帰りたい。

八時から少しやらねばならぬ仕事があつたが、とう〳〵疲れてゐたのでやらずにしてしまつた。

これだけの事はどうしても、仕上げねばならぬ。日本に着く前に。

海図の製作。涛声記原稿の完結。校友会雑誌への原稿。専任教官へ出す所感文。

八月六日　日曜

石炭繰りの骨休みだから少し休ませたらよささうなものを、ブレースを引張らせたり、汗のだく〳〵出る事ばかりだ。

船は一向走らぬ。同じ処をばたり〳〵してゐる。

八月八日

海図の製作で一日を暮した。

二週間の後には日本に帰れるかと思ふと、嬉しくない事もないが、此の頃は少し頭の工合が変になつてきたせいか、無暗に我と吾身が癪に障つて仕方がない。

八月十日

昨日から六十浬しか走らぬ。

北緯十八度、日本まで千三百浬。

専任教官に差出すべき感想文を作らうと思つて筆を取ツたが、心にもありもせぬ殊勝らしい感想を書く気はどうしてもなれぬ。若し涛声記が雑誌に掲載されてゐるならば、その雑誌を感想として差出したいと思ふ。あれこそ初めての海上生活についての偽らざる感想である。

八月十三日　日曜　晴　風なし

午前は海図室で、例の海図の記入に費す。午後所感を書く。題目は「遠洋航海　目的ヲ論ジ併セテ本航海中ノ所感ヲ述ブ」といふのだ。

昨夜、日本への無線電信が通じて、校長から返信が来た。曰く「無事航海ヲ祝シ、乗員ノ課労ヲ謝ス。当地格別ノ事件ナキモ、時々暴風ノ被害アリ」と。あゝ無線電信の電波に乗つて日本に飛んでゆき度い気がする。

館山まで最早、一千浬の距離となつた。以後十日以内には着くだらう。

八月十四日

けふは自分の誕生日である。二十三の歳をこの太平洋に加えたのだ。一向感想なし。

八月十六日

〔天測正午位置〕23°-33´N　144-46E　run 177´

無線電信で最近の消息がわかつた。乃木大将が独乙皇帝の宴会に臨んだとか、倫敦の同盟罷業が鎮圧されたとか、桂内閣が倒れかゝつてゐるとか、吾々にはあまり関係がない記事ばかりである。

風は六位のものだ。クロースホールドで船はよく走る。もう日本まで八百浬以内に来てゐる。

八月十七日

今朝から荒れだした海は、午前に至つて物凄い光景を呈した。十ケ月前この北太平洋で遭遇した大暴風にも劣らぬ烈しさである。ウォッチandウォッチとなつた。午後四時当直交代として上甲板に出て驚いた。海は潮煙りで真白になつて、風はマストに金切声を立て、叫んでゐる。晴雨計は二八、五七位まで下降して、船は風下に傾斜したま丶（四、五十度の斜角だつたらう）リーサイドから波を汲む事も珍らしからぬ位である。

しばらく立つてゐる中に、合羽には潮が通つて心地悪い事一通りでない。何の事はない潮風呂の中に立つてゐる様なものだ。恐怖の感もないではないが、斯うなると寧ろ事の成行に任せてゆかうと云ふ気になつて、比較的安心の地を発見する事が出来る。

もう帆は悉く畳み、「ハッチ」はバッテン、ダウンしてしまひ、ラッシングする物は、緊く縛りつけてゐるから、何にも用事はない。只、上甲板に突立つて荒れ狂ふ海を眺めてさへゐればよいのだ。只聞いてゐて何とも物凄いのは、この大荒天の真最中、日本へ無線電信で通信してゐるその放電の響きである。風や浪の音の絶間にチー、チ、チーチと鋭く細く聞ゆるその音は、手荒い苛責に耐えかねて助けをよぶ女の悲鳴とも聞きなされて、腸にしみ渡る様だ。況して無線電信のアンテナーの取りつけてあるマストが風に彎曲んで今にも倒れさうになつて、二、三時間中には、通信断絶しさうになつてゐる光景を見ると、一層悲愴の感に打たれる。船長が潮にぬれたまゝ、プープデッキから絶えず、この倒れかゝつたマストを心配気に見てゐる様は気の毒の様だ。

或は大成丸も、今日が最後かと、自分はひそかに思つた位だ。ミッドナイトに起きた時分には大分暴風雨は収まつてゐた。

北東に向って船は、ベアポールのまゝ五浬位づつ走つてゐた。「サイクローン」のパッセージは、本船と同じ方向を執つて来たものらしく、北西へ進行してゆき、その中心の速度はあまり早くはないらしい。風は十二のマキシムに達した。

八月十八日

暴風雨は大方収まつて、午前トップスルを掛けて船は四、五浬づゝ、北東へ向つて進むでゐる。

事業教育休み。午後小説を読む。あゝ日本へ帰りたい。

八月二十三日

館山入港。あんまり嬉しくもない。只叔父上、その他からの手紙がこゝに届いてゐたのには思はず〔予め入港日を知らせていた〕無線電信の恩恵を感じた。
今日から招待会の準備に忙しい。

八月二十七日
久し振りにて日本の町を歩く。去年出掛けた花田と山田と三人で飲むだ藤橋にゆき、小森谷を加え四人、果物、菓子、ビール、魚、久しぶりで腹の虫を満足させた。

文中の「山田」は山田寅次郎と思われる。同氏は明治四十五年七月六日出港の第八次大成丸遠洋航海（第二次世界周航）に三等運転士として学生監督の任に当たっていたが、航海中、大正元年九月八日サンディエゴで客死。同氏の客死について、『海のロマンス』の巻頭で米窪太刀雄（満亮）が弔意を捧げている。

八月二十八日
出港（午前五時）、午前九時半横浜着。
招待会装飾で忙しい。
明日の自分は新聞記者係となつて、羅州丸にゆき、記者達の接待をする事となつた。
同室二期生の送別会。

八月二十九日（火曜）

今日は我大成丸が世界周航を無事成就した披露を兼ねて練習船学生の実地操練を世間に紹介する為めに、後藤逓相以下各省高等官、貴衆両院議員等を船中に招待し、逓相、校長、船長等の演説の後、賓客は逓信省灯台船「羅州丸」から操練を見物せしむる事となつた。

午前五時から其用意に取りかゝり、午前十時には船内の陳列品の整頓、飾付等を凡て終へ、賓客を待つた。やがて逓相以下えらい人達で船は一ぱいになつた。後藤逓相の演説格別面白くもなかつた。感服する程の事も言はなかつた。校長も簡単な演説を試み、船長も航海の概略を述べた。

プープデッキのオーニングの下で烈しい日光がカンバスを透してジリ〳〵照りつける、立つてゐて暑くて耐らなかつた。それから賓客一同を「羅州」に送つた。自分と他三人の学生は新聞記者接待係なので一所に「羅州」に行つて見た。大成丸の外から帆走の模様を見たのは初めてゞである。なか〳〵上手にやつた。が、どうも馬鹿らしくて仕方がなかつた。何が馬鹿らしいのか、自分にはよく分らぬ。あゝやつて汗水たらして綱を引つ張つたり、帆をかけたりして、真面目に働いてゐる皆の態度が馬鹿らしく見えると言ふのか、或は帆前操練そのものが馬鹿らしいのかよくは自分にも解らない。

要するに、自分が「舟乗り」と言ふ者に対する態度は、初めから客観的である、批評的である。之で舟乗りが勤まつてゆくとすれば不思議なものだ。

送別茶話会（館山に於て二期生の為に開いた）に、或友が演説して、真面目腐つて練習船の目的を説き、石炭繰りや、砂ずりをするのは吾々の精神を鍛練する一つの手段に過ぎぬ。何も労働者の様に其の仕事の為に働いてゐるのではない。賃金の為に働いてゐるのではない。忍耐心、克己心の修養の為めだ、と言ふ様な非常に真面目にして而も下らない議論を聞かされた時、吾々の仲間にもあゝした考へを持つてゐる人間もある。波瀾もない、刺戟もない生活に甘んじて着々其途を辿つてゆく人もあるんだと、非常に其人が可哀さうに思はれた。自分はそう言ふ人達から不真面目だ、堕落した奴だと思はれるかも知れない。お互の事だ。而し自分も舟乗りになつた以上舟乗りとしてやるべき丈の事はやる。但し其やる考へが其人達とは少し異つてゐる丈だ。見よ、二十年後を見よ、と自分はひそかに微笑んだ。

今日の操練は展帆、適帆、上手廻し、適帆、溺者救助、畳帆等であつた。今日は羅州丸で一日新聞記者と一所に遊び暮した罪は、船にゐて一生懸命に働いてゐる諸友に深く謝さねばならぬ。

羅州から大成に帰つて夕飯を食つた。上陸を許されたが出なかつた。

八月二十五日には第二次桂内閣は総辞職し、桂内閣と政友会との政権授与が行われ、八月三十日に第二次西園寺内閣が成立している。桂内閣の逓相だった後藤新平は辞職直前の仕事だったのだろう。

八月三十日

未明、横浜港出帆、品川に入ツた。午前八時投錨、とう〳〵品川に帰つた。之で世界一周を全く了へたわけだ。こゝまで来る途中、上甲板で新任甲板掛以下諸役員の任命があつて辞令書を交付せられた。自分は「第三分隊長を命ず」といふ辞令を得た。格別有難くもない。只よく働く人で士官や船長の目にとまらず、何の任命にも与からなかつた人達には全く気の毒だ。

品川に入つても上陸は出来ぬ。左舷当直員が帰船する迄は駄目だ。

日本の土地に一年ぶりで着いてから一週間になる。只館山で三時間ばかり上陸した限りだ。それでゐて、飛び立ツ様に陸にゆき度くはない。嘗て思つてゐた様に嬉しくもないのはどういふものであらう。駄目だ〳〵、まだ航海の癖がついて居るのだ。陸へ上れば屹度面白くなつてくるのに違ひなからう。明日は上陸。

商船学校生活での最重要課題であった大成丸による世界一周は無事終了した。航海日数三〇七日に亘る大航海を大した病気もせずに成し遂げた気力、体力とともに、練習船の狭い船内で、毎日の忙しい訓練の中、克明に日記を記録していたことは感心する。後年の船乗りとして父の活動は、この航海の体験が貴重な基礎となっていたことは間違いないだろう。

母港品川に帰港した翌八月三十一日には、待望の上陸をして、叔父内海三貞の大磯の別荘を訪ねた。父母を幼くして亡くした徹は、懐しい日本に帰っても頼るべき親の家もなく、寂しかったと思うが、母方の祖父内海利貞の没後面倒を見てくれていた叔父三貞に帰国の挨拶に赴いた。三貞は利貞の次男で工学博士の実業家（三河セメント社長）であった。

その夜は叔父をはじめその家族たちに、航海談をしたり、留守中の出来事を聴いたりし、御馳走にもなり、一泊して帰船した。

遠洋航海を終了してからは、卒業する迄に実際に就航している商船に乗組み、実地において海員としての教育を一年間受けるアプレンティスの制度があり、徹は十月にその任務に就くこととなる。それまでは引き続き大成丸に乗船、船内業務に従事、教育を受けていた。

その間、休暇には上陸し、そのときは叔父の根岸の本宅に滞在しているが、その間の日記を見ると芝居見物などもしている。明治末年の東京の風俗の一端も垣間見られるので一、二抜粋してみよう。

九月三日
三番船で上陸。相馬御風氏を尋ねた。ビールの御馳走になり十時頃辞した。
「中学世界」へ書いた僕の原稿料が十円、御風氏の処へ来てゐるさうだ。皆で今使つてしまつたら面白からうが、公暇中の自分の身の措き処に窮してゐる今日、旅費の一部にあてたらよからうと自分は思ふ。それに叔父上からまた少しばかり頂戴して、信州地方へ旅行しようと思つてゐる。叔父上に相談してみようと思ふ。

九月二十四日（日）

午後、相馬御風氏と文芸協会の試演劇を見物にゆく。

イプセンの「人形の家」。なか〳〵面白かつた。新らしい力ある劇である。婦人解放とか、婦人の自由とかいふ六ケ敷しい問題は分らぬが「テキパキ」した台詞、女主人公「ノラ」の性格の変移は面白いと思つた。

近頃見た最も愉快な劇である。劇場で吉岡将軍に遇つた。

坪内〔逍遥〕先生にも御目にか丶つた。島村〔抱月〕、金子〔薫園〕両先生には挨拶しなかつたが、中学時代の旧師が斯う新らしい、若々しい運動の中心となつて奮闘してゐるのを見ると愉快でたまらぬ。中学の先生など丶いへば、大概、無気力な、因循な人達が多くて、一生涯其位置にへばり付いてゐるものだが、斯ういふ先生達は感心に其の類ではない。……

「吉岡将軍」は早稲田中学時代の同級生で、早稲田大学の応援団長として名を馳せたので弥次将軍と呼ばれた仁である。

九月二十五日

夕刻から叔父夫婦、大叔母と自分の四人は雨の中を俥を飛ばして帝国劇場に赴いた。叔父の衣服を借りて絹物づくめのなりで、あの華美《はで》な色彩に包まれた広い劇場の一等席に坐つて見ると、なんだか自分も一つの滑稽な劇を演じてゐる様な気がした。観劇といふ事を一大事件に心得て、之が仕度、準備、着てゆく着物のことから、向ふへ行つての食事の事にまで大骨折をする大叔母や、叔母の心地を自分は滑稽にも気の毒にも感じた。あゝして、世間の人や、周囲の事物にまで恐ろしく周到な注意を払つて、堅固な要心をし乍ら、堅くなつて芝居を見てゐる此の人達に全く同情せずにはゐられなかつた。……

劇は「夢殿」といふ旧劇、訥子、高麗蔵、梅幸、宗之助などが演じた。あまり面白くなかつた。

喜劇の二幕物、大郎冠者の作、拙劣なコメディーだ。東西習慣風俗の相違から出来る意志感情の錯誤、勘違ひなどを材として仕組むだものである。

十月十一日

一等運転士から僕等のクラスは今度汽船転乗のことになつたと申渡された。大成丸生活もあと一月足らずの内に終へてとう〱汽船にゆく様になつたのだ。……

本月の小遣として叔母から貰つて来た十円足らずの金は一円余りしか残つてゐなかつた。今、汽船に派遣されるとしたら全く困る、一文無しでは仕方がない、といつて外から入る当ては一文もない。相馬の妹に貸してある金があるが、それを催促するのは可哀さうだ。一文無しで半月我慢しやうと決心した。

十月十六日

午後一時から上陸、京浜電車で帰京。相馬にゆく。御風君と二人で夜、江戸川亭に落語を聞く。

十月二十日

朝、学校より辞令が来て、僕は郵船会社、博愛丸乗組を命ぜられた。

午後、平原一等運転士の許を得て帰京、根岸に行き、叔父上御留守故、叔母上に御目にかゝり、金参拾円を頂戴す。汽船乗組の準備金及小遣なり。

四　商船実習

自明治四十四年十月
至大正元年十月

大成丸での訓練生活は終了、卒業までの実習としてアプレンティスの任につくことになる。配乗を命ぜられた「博愛丸」は日本郵船所属、総トン数二、六二九トン、一八九八年（明治三十一）英国ロブニッツ社建造の貨客船。当時は上海航路に就航していた。

〔明治四十四年〕十月二十一日　雨

大成丸に帰り、荷物を調へて午後一時退船、俥にて郵船支店（横浜）に行き、ランチに送られて「博愛丸」に行つた。江原は「松山丸」だから一所のランチに乗つた。雨がしと〱降つて厭な天候。知らぬ船へ初めて乗るので一種いふにいはれぬ感がした。江原は初めて東京へ来る時こんな気がしたと言つた。心配の様な、嬉しい様な変手古な気持だ。山田実君がアップ〔アプレンティス〕として乗つておられた。一等運転士に紹介して呉れた。船長にも紹介してくれた。

十月二十二日　日曜

ドックに入つた。

「博愛丸雇入公認」

十月二十八日

ドックで職工や人足の監督をして一日がつぶれた。夜三等運転士と共に活動写真を見に行く。帰へりに蕎麦を食ふ。十一時過帰船。

十月二十九日

出渠して№1キーに繋留した。

十月三十一日

荷役、忙しく暮した。本月の月給一円七十何銭（十日分）を事務長より受取る。他人の金を貰ふのは生れて初めてなり。

十一月一日

午前十時出帆、神戸に向ふ。正午より四時迄の当直。初めて汽船の船橋に立つた。船橋の仕事が何一つとしてうまく出来ぬのに、つくづく悲観した。二等運転士のサブ、ウォッチなり。而し初めから何もうまく出来るわけはないから追々覚える積りなり。

十一月二日

午後二時神戸着。（№4）直ぐ荷役が始まつて夕八時迄寸暇なし。

十一月三日

神戸出帆。

十一月四日

成程他人の中へ入るのは辛いものだ。といふ事が初めて分つた。船乗りの仕事も案外気兼ねのあるものだ。

十一月五日

夜零時から四時迄の当直にボンヤリしてゐて、ログを見損つてセコから恐ろしく叱られた。

どう考へて見ても自分が足らぬからだとは思つて只自ら恥ぢた。とても俺には舟乗りになれぬかと少し悲観した。而し何糞、今に見ろといふ気は充分ある。

十一月七日

上海に入港。荷役は早く済むだ。夕、メッスルームは洋食の御馳走。

十一月八日

荷役はなし。午前「ボート」のマークを書く。午後、一等運転士と共に上陸。上海城内を見物。夜は上海の淫売窟を見る。不潔、不快、いはん方なし。メッスルームの夕食は、船長以下、士官一同にて会食す。

博愛丸は横浜へ帰港し、十一月十九日に再び上海へ向かった。十九日の日記は英文である。

Nov. 19th

Mr. Yamada left ship for "Kawachi maru" and I was left alone to take his place.

10. am left Yokohama for Kobe. 4pm～8pm watch on duty with chief officer. He is an able and kind gentleman and seems to be always in good humour. I thought I myself

happy to serve under such kind officer. Removed from 3rd. officers cabin to my own which had been occupied by Mr. Yamada and which is situated on starb. side just below the bridge.

十一月二十二日

早朝門司入港。郵便、荷役等にて例の通り忙しい。

午後三時長崎へ向けて出帆。


十一月二十四日長崎を出帆し、二十六日上海着。二十八日午後三時上海を出帆した。

十一月二十九日

船長に呼ばれて風力の事についてログブックの書き方が悪いとて大に叱らる。而し船長は懇々と教へて毫も毒気のない小言を言ってくれるので真実有難いと思つた。そして色々自分の経歴などを話して後進者の参考としてくれるのは誠に行き届いた人だと思つた。

一等運転士から今日も林檎を頂戴す、久しぶりに入浴。心地大に良し。

明朝長崎入港の筈。

十二月七日　日光丸雇入公認

博愛丸から同じ日本郵船の「日光丸」に転船することになった。

十二月九日

日光丸に来てから三日になる。四等運転士は親切にいろ〳〵世話を焼いて呉れる。二等運転士もいゝ人らしい。一等運転士は寡言、厳格の人と見た。船長に今日紹介された。八木政吉と兼ねて名は聞いてゐたが、会ふのは初めてだ。抑も、自分がこの船へ来たのには訳があるのださうだ。日光丸のアップレンチスのT.といふ人が船長に非常に信用がなくて、船長がそれを下船させて、会社に向けて誰か一人代りを寄越せ、博愛丸のアップレンチスをこちらに呉れろと交渉して、俺が来ることになつたのださうだ。其の来た俺が先より尚悪くては誠に致方がない。充分注意してやる積りだが、なか〳〵気骨の折れることだ。船乗りもなか〳〵六ケ敷しい世渡りだ。

日光丸は総トン数五、〇五八トン、日本郵船の豪州航路の貨客船として明治三十六年三菱長崎造船所で竣工した。日露戦争で海軍に徴傭され、仮装巡洋艦として軍務に服したあと、豪州航路に就航。最高速力一七・八ノットは当時の国産船としては画期的な速力であった。

明治四十五年

正月十日（月）

香港、マニラ、木曜島と夢の様に過ぎて来て、今シドニー港に居る。機械の様に働いて自己を没却して其日々々を過す今の境遇も随分と無意味なものだ。思へば船に乗つてから二年此の方さても寂しい月日を送つたものだ。感情は荒んで煩悶もなく冥想もない。二年前の我と、今の己と比較して自分乍ら変り様の甚だしいのに驚く。この後三年、五年と経つたらどんなになるだらうか。故郷もない、家も無い我は、又親しむべき友もない。我まゝ、気まゝに空を飛べる小鳥が好むで船といふ狭くるしい、籠に入り込むで機械の様に働く様になつたのも何かの運命だらう。

交通頻繁なこの港に来て、建物や、船舶の巨大なものを見て一向今の自分には刺戟がない。荷役に疲れてベットに横たはる一時間を此の世の極楽と思ふこの頃の自分はさても浅ましい動物ではあるまいか。

二月十五日

日光丸は台湾海峡を北東に走つてゐる。この船に来て二ケ月余り、無事に一航海を終へて、

二、三日中には日本に着くのである。
あくせくと其日々々を暮して碌々眠る暇も無い此の頃の生活、頭は益々散漫になる。情緒は荒むでゆくばかり。かくして学校を出て、会社に入り、同じ仕事を繰り返へしてそして一生を了へる事は俺にはどうしても出来ぬ。もう少し意義のある華やかな生活が望ましい。

二月二十二日

横浜着。

この後、引き続き日光丸に乗船し豪州航路を勤めるが、日記は断続している。

三月十二日　香港にて

今日は幸福な日である。珍らしい人に三人会つた。その一。長田戒三君〔早稲田中学時代の友人〕安芸丸で訪新《シンガポール》する道中に出会つたり、海野君が船に訪ねて来てくれたのと、安芸丸の平位〔商船学校の友人〕にあつたこと、長田からいろ〳〵旧友の消息などを知るを得たり、思ひがけない事が多かつた。夜十一時安芸丸から帰船した。

安芸丸は総トン数六、四四四トンの日本郵船所属の貨客船。当時豪州航路に就航していた。

七月十八日

木曜島着。（濠洲北端の小島）

長田戒三、溝井千枝男、Easton、石谷の諸氏から手紙が来てゐた。長田のは新嘉坡から、溝井のは米国から、イーストン氏のは濠洲から、世界のあらゆる方面からの通信を一時に見るのは興味ある事だ。実務履歴の都合からあと一月ばかりでこの船を去る事になるのだが、何となく名残り惜しい気がしないでも無い。

七月十九日

曇り勝の空だ。昨日の明るいエメラルドグリーンの水の色が、今日は青黒い陰気な色に変つて船橋から見える限りの全ての物はいかにも重苦しい感じを与へる。

当直を終へて湯に入り、食事をすまし、メッスルームで雑談をしてさて室に帰つた。

この頃は寸暇もないといつてよい。碇泊中は荷役で暇なし、航海中は真夜中から四時迄の当番、それから床について、七時半には起され、サイト〔天測〕をとり朝食を食ひ、船中の時計を直し、ぐず〳〵してゐると十一時半になる。食事をして十二時から当番で午後の四時迄船橋に立つ。航海日誌をつけ、室に帰へり、湯に入つて、夕食を食ひ、さて一休みと思ふと、自分が英語と数学を教へてゐる若い水夫が待つてゐる。一時間ばかり代数とリーダーの訳読を教へると、もう七時である。ミッドナイトから起きねばならぬから、すぐ床につく。二、三時間寝たかと思ふとクォターマスターが「十一時半です」と起しに来る。そして又翌日も同じ様な生活をつゞける。書物を読む事も、考へ事も何も出来はしない。こんな忙しい生活が世の中にあらうか。

七月二十六日　マニラ港

特に記事なし。

当時の日本の政治状況を見ると、明治四十四年八月、桂内閣から第二次西園寺内閣へ政権は移譲されていた。

戦後の日本は対外的には、ロシアの復讐への警戒、借款団の中国進出、満蒙の処理等の問題を抱え、その対応、処理に忙しく、一方戦後の不況で財政、経済は容易ではなく、国民生活をも圧迫していた。

しかしながら海運界は、戦勝による国際信用もあり、貿易は急速に増進し、輸出も明治三十六年を一〇〇とすると、明治四十三年には一五二、大正二年には二二五と大幅に増進し、船舶保有量も大正三年当時では一七〇万八、〇〇〇トンに達し、イギリス、ドイツ、アメリカ、ノルウェー、フランスに次いで六位に躍進している。

日本郵船、大阪商船、東洋汽船等海運会社は、新造船の建造、航路の拡充に努め、政府による補助、例えば遠洋航路補助法等の政策により、欧州、北米、南米、豪州への航路の活発化が進捗した。

明治四十五年七月に入ると、明治天皇の御不例が突然に伝えられ、三十日には崩御、人心に大きな衝撃を与え、ここに明治維新以来、巨大な発展を遂げた、明治という時代が終焉を迎えた。教育勅語、神国思想、天皇尊崇、軍事大国への渇仰等によって帝国主義的な思潮が醸成された明治の時代が、三十有余年後にいかなる不幸、惨禍を国民にもたらすこととなるのか、これを見透すことのできる賢明な為政者は、残念ながら日本にはいなかった。

大正の世に入った八月には、徹は日光丸の実習を終え、「烏帽子丸」に転船する。

大正元年

八月十二日

日光丸を愈々去つて五港定期の烏帽子丸乗組を命ぜられた。

香港で陛下崩御の悲報を拝承してから二週間になる。しめり勝ちな日本に帰つて身体の休まる暇もなく転船八ケ月を暮した日光丸を去ること丶なつた。

昨日は南、今日は北、漂泊の生活のさびしさが強く身にしみた。大磯に先日叔父を訪ねて頂戴した金も大分酒に消えてしまつた。刹那々々の快楽を追ふて、憧憬れる様な、物思ふ様な、さういふ心地が次第になくなつてゆく自分をひたすら浅ましく思ふ。

烏帽子丸は日本郵船所属、総トン数四、〇九八トン、一九〇一年（明治三十四）八月英国ハートルプールで建造された。

八月三十日

函館着。初めて北海道に来た。この六月頃は、南半球のメルボルンにゐたのが、今は北半球の北海道に漂ふ自分の身の変を訳けもなく不思議に思つた。

夏服では涼し過ぎる位。夜は八時頃まで荷役でとう〳〵上陸せずにしてしまつた。

九月二日

小樽見物。花園座に新派劇を村田君と共に見る。まづくて、とても見られたものにあらず、一時間ばかりで出る。帰途やなぎ屋に飲む。十時帰船。

九月十二日

名古屋港着。

九月十三日
夜十二時プープデッキに総員整列、明治天皇御大葬の遥拝式を行ふ。僕は命ぜられて、弔鐘十八を打つた。悲壮な感が禁じ得なかつた。

九月十四日
神戸入港。荷役も今日は休みであつた。

一大悲報が耳をつん裂いた。

「乃木大将夫妻、先帝のあとを慕ツて、自殺す」

日本の生きたる国宝、世界の名将として知られた乃木大将は夫人と共に御大葬の夜、自ら刃に伏したに就いて新聞の説は、大将が古武士の典型を示したものとして、即ち武士道を発揮したものとして、決して非難すべき事でないといふに一致した。大将の此の処決は国民精神に非常な感動を与へた事はいふ迄もない。


明治天皇大葬の日、大正元年九月十三日夜、乃木大将は赤坂新坂町の自邸において、夫人静子を斬り、自害、殉死を遂げた。

九月二十日

村田サードメイトが蘭貢丸に転船した。僕も話相手を失つて誠に淋しい。同窓中、村田くらい清廉な男は少なからう。学識、人格からいつて、級中第一だらうと思ふ。惜むらくは鋭い切れ味を欠いて其の人の好い処につけ込まれて、悪者共に、してやられる様な事はあるだらうと思ふ。しかし其所が彼の美質たる所以かも知れぬ。別れに臨み僕は彼の健康を祝して乾盃した。

九月二十一日

村田から端書。意外な事を報じて来た。同期の山田〔寅次郎、大成丸のサードメイト〕が佐々木船長の自殺の頃、死亡したとの事。

あの山田が、と信じる事が出来ない。而し確かに死んだとの事。僕と山田とは深い因縁もある事だ。まだ死んでは可哀さうだ。佐々木船長の自殺、山田の死、この間に何か関係はないか、と村田はいつてゐる。僕もさう思ふ。そして死因は何か、病気か、変死？　或は自殺？　早く真相が知りたいものだ。

『練習帆船大成丸史』によると、佐々木盛吉船長は、第八次大成丸遠洋航海の途次、サンディエゴ入港中、大正元年八月三十一日に自殺、山田寅次郎三等運転士は、九月八日同じくサンディエゴで脳卒中のため死去した。この航海は大成丸として第二回目の世界一周であり、米窪太刀雄（満亮）の『海のロマンス』の記述するように、困難を極めた難航海であった。

あゝ、哀れなる山田、呪はれた大成丸よ、異郷の海に其の指揮者を失つてきつと心細い事であらう。一年半をあの船に暮した俺は今度の異変を聞いて異様な感がする。「月島丸の変」は悲惨の極み乍ら、其処に男性的の奮闘の自然の恐ろしい破壊力と戦つた努力の跡が偲ばれる。

商船学校航海練習船月島丸が、明治三十三年十一月十七日室蘭から石炭輸送の際、遭難失踪（原因は不明）、職員七名、生徒七九名、一二二名全員が死亡、行方不明となった事件があった。月島丸は明治三十一年三菱長崎造船所で建造された一、五一九トンの初の鋼製帆船の練習船であった。

九月二十七日

函館着。

明日未明出帆小樽へ向ふ。流石に北海道だ、大分涼しい。

十月二日

心地の悪い日である。昨夜七時頃、この函館港へ入つた。まだ函館に上つた事はないから、今夜一つ出掛けて見よう。

八時頃荷役が済むだから出掛けた。いろいろの処を見てやらうと思つた。料理屋兼そばやの灯がついてゐる家に上つた。そばに酒を持ってこいと言つたら、天ぷらに酒を持つて来た。暫らくして、そばを持つて来た。一杯食つて飛び出した。此価三十三銭。今度は銘酒屋の様な店に飛び込んで冷酒を一杯飲むだ。八銭とられた。最後に遊廓を見物した。

十月七日

横浜入港。

十月十日横浜出港し、神戸へ往復、十七日横浜に帰港している。

十月十七日

横浜着。いよ〳〵実習も満期に近づいた。明後日下船する積り。

十月十九日

横浜にて下船。〔船員〕手帖は函館から送つて貰ふことにした。帰京。

十月二十三日

登校。幹事、本多諸教授に遇ふ。十一月の試験を受ける積り也。午後高須を赤坂に訪ふ。

十月二十四日

午後六時頃から朝吹常吉氏に招かれて、築地の邸を訪ふ。大に饗応せらる。夫人、令妹に紹介された。大に酔ふ。

根岸に帰つたのは十二時過。

十一月二日

卒業試験。運用術の試験があつた。二年振りで学校の教室で答案紙と相対した。甚しい不成績でもなさゝうだ。

十一月十日

昨日の午後だ、小谷と橋本に別れて二時頃根岸に帰へつた。郵便が学校から来てゐる。卒業試験中止、来月更に施行のことである。真逆と思つたのに中止を宣言されて高い処から谷底へ急にたゝき落された様な気がした。而し涙も出ない。大叔母などは酒を試験前呑んでゐたのが悪かつたと言ふ。兎も角あまり試験を馬鹿にしてゐたのが悪かつた。今度はしつかりやらう。とう〳〵一ケ月損をしてしまつた。朝、田中から手紙が来た。矢張り俺と同じ運命に陥入つたのを知らせて来た。

厭だ〳〵。舟乗りなんて馬鹿らしい。而し一旦はこの馬鹿らしい仲間に身を投じなければならぬ自分の運命を悲しむ。

十一月十二日

牛込の叔母と天王寺墓参。帰途文展を見る。

徹の父茂吉、母鈴子の墓は谷中墓地にある。「天王寺」は谷中のこと。谷中の天王寺五重塔は幸田露伴の小説で有名だが、昭和三十二年放火により焼失した。

十一月十四日

厭な日だ。永井荷風の「冷笑」を見る。荷風の作品には自分を引きつける所が多い。所謂江戸趣味の追憶文学に随喜の涙をこぼすのは浅薄だと多くの人は言ふ。而し江戸趣味の追想は江戸に育つた自分に言ふに言はれぬなつかしさを与へるのは、北方に育つた青年が未明などの陰鬱な暗い自然描写に知らず〳〵身を引き入られてゆくのと同じである。ローカル・カラーがいかによく出てゐても耳障りな方言や、色彩の貧しい田舎の生活の描写は都会に育ツた自分には何等の興味をも刺戟をも与へない。

子供の時、母や姉妹と共に両国の川開きの夜を毎年見に行つた事を思ひ出すと、東京の夜の華やかな空気、東京の女の粋な艶やかな姿がいかに強い印象を幼ない自分の頭に刻みつけたかを考へざるを得ない。日本橋倶楽部の二階の上に、芳町や柳橋の芸者などと一所に遊覧船で一杯になつた大川の景色……、水にゆらめく沢山の灯の影と青黒い空に時折美しい花の様な閃光を散らす花火を眺めながら、着飾ツた雛妓が「玉や……」「鍵や……」と笑ひ騒ぐ華やかな声を自分は嬉しい様な、淋しい様な言ふに言はれぬ感情を以て聞いてゐた。もうそれも十年も前の事だ。連れて行つた母は死んでしまつた。姉妹は嫁いで世帯染みて、ぬか味噌臭くなつてしまつた。東京に特有な華やかな色彩、意気なそして優しい女の姿、都会生活の派手な放逸な裡に遣瀬ない、哀愁を宿した情趣を自分は永井荷風の作品に得た。

永井荷風に心酔しているが、江戸っ子の父には荷風の江戸趣味の小説が好みに合っていた。「冷笑」は明治四十二年十二月から四十三年二月まで『東京朝日』に連載、夏目漱石の「門」がそのあとに連載されている。

木村荘八の挿絵のある岩波版の『墨東綺譚』を後年愛読していた父を思い出す。

私が、中学生時代、高等師範学校附属の歴史の中で、永井が寺内寿一（陸軍元帥となる軍人）と同級生（明治三十年三月同中学卒）で、寺内が永井を軟弱の輩として鉄拳を加えた話が残っているると伝えたら、父は「両者のうち後世に名を残すのは永井であろう」と語ったのを、鮮明に憶えている。

十一月二十九日

朝から風が吹いて寒い日だ。昨夜は夜中に雪が降つたさうだ。

午前病院に叔父の見舞にゆく。去る二十五日手術以来、叔父は根岸の養生院に加療してゐる。病名は上顎蓄膿症といふのださうだ。……

夕刻から一しほ寒くなつた。離れの八畳に火鉢をかゝへて机に向ふ。衝突予防法の一頁を読む。奥の座敷から調子を合はせる三味の音がピーン〳〵と聞えた。寒い夜の糸の音、自分にはなつかしい聯想を与へる。三味線は叔母が習つてゐるのだ。今、年増の奇麗な御師匠さんが来て稽古してゐるのだ。

十二月二日

運用術の試験。出来た。

十二月三日
朝デビェーションを勉強す。大丈夫満点の積りなり。
十二月四日
満点とは行かなかつたが、多分相当の点はあるだらう。試験は全く厭だ。どうか之で千秋楽にしたいものだ。
海事局にまはり、其の帰りに皆で、今半で昼食を食ひ、かへりに日本橋の通りで中折帽を買ふ。
十二月十一日
平位と国士と三人で小林敏君を養生園に見舞つて帰途浅草に廻る。
十一時頃帰宅して見たら学校から試験合格の通知が来てゐた。今度は当り前の方だが、嬉しかつた。
十二月十四日
海事局の身体検査、甲種合格。中島、田中と三人で、帰途、日比谷公園を散歩。

十二月十七日

卒業後は、三井物産へ就職しようと思ふ。郵船会社の船員に対する横暴なる態度は全く癪に障る。仕事は少し辛くとも、三井の方が訳の分る人間が多いだらうと思ふ。

兎に角、目下の処一日も早く自活の道を啓かなければならぬ。根岸の家の不愉快な空気の中には全くゐたくない。

徹は、十二月十九日、商船学校の航海科全課程を終し、無事卒業した。同時に海軍予備少尉候補生の資格を得た。

第三章　運転士時代

大正12年8月1日たか子宛の絵はがき
鹿島丸の写真が印刷されている。

一　日本郵船入社

大正弐年

正月四日

郵船入社。出勤。

暮れには、郵船会社の船員に対する横暴な態度が癪に障り――具体的にどんなことがあったのか分からぬが――郵船を敬遠、三井物産に就職しようと思ったのに、急に変心、郵船に入社することとなったのはどうしてか、その間の経緯は不明だ。
日本郵船入社時の初任給は三十五円であった。

正月七日

中武、田中と三人、神楽坂で送別会をやる。

〈三池丸〉(三等運転士)

自大正二年一月
至大正二年五月

正月九日
社命、横浜在泊、三池丸三運を命ぜられ、明日赴任と。夜神楽坂で本多の益さんと飲む。
三池丸は、総トン数三、三〇八トンの貨客船。一八八八年(明治二十一)三月英国の造船所で竣工した。

正月十日
松野助君に送られ新橋を出て横浜、三池丸に乗組む。目下船渠にあり。

正月十六日
朝、二機、事務員等と共に海務署に出頭、海員雇入、雇止の代理人をなす。

正月二十三日
「どうにかなる」といつも斯う思つて自分は暮して来た。何百人か志願者の中、わづか五、六名しか採用せぬ商船学校の選抜試験も斯うした考へを持つて受けて見たら幸ひに入学が出来た。学校時代になまけて落第した時もある。俺に果して終りまでこんな酷しい労働や学問に堪へられるだらうかと危んだが、やはり「どうにかなる」と思つてさして心配もしなかつた。

卒業間際に就職など、他の人はいづれも心配してゐたが、俺は矢張りどうにかなるだらうと思つて楽観してゐた。幸ひ卒業試験に相当の成績を占めた故か、直ぐ郵船会社に入る事となつた。

不注意、やりぱなし、遅鈍な俺が兎も角も、最初から就職問題などに悩ませられずに三十五円の月給取りになつたのは不思議な現象に違ひない。

一月二十九日

チーフから下らぬ叱言を言はれ全く腹が立つたが、初めての馴れぬ身で仕方が無いと諦めた。……

事務長より本月分の月給（二十四円）を貰ふ。月給らしいものを貰ふのは生れて初めて也。

一月三十日

石炭積み。バラスト積み。

明日は本船の試運転。風が強い。寒さも激しい。出帆も追々近づいた。

一月三十一日

早くから試運転。終つてコンパスの矯正の為、本牧沖を二、三時間走り廻り、午後五時から第一海堡の座礁船の救助に赴く。寸暇だになかつた。

海堡傍へ着いたのは七時頃、座礁船と通信する手段がなかつた為、遂に錨泊して夜明を待つことにした。アンカー・ウォッチ。テレグラフを引つ張つたのは今日が初めて。又一日船橋に立ちづくめ。一運〔一等運転士〕の言ふこと、為すこと一々癪に障るが、あゝいふ人間だと思つて気にもかけぬ事にした。

二月三日

午前十時頃から荷役。午後五時半までハッチの廻りをうろついてゐた。夜は船長、一運、二運皆上陸、一人で舟番。

淋しかつたが、なんだか誰もゐなくて馬鹿に気持がよい。

二月四日

午後四時、横浜出帆、台湾に向ふ。初めての独り当番《ウオツチ》。なか〳〵心配なものだ。財布も空をかゝへて、他人ばかりの船にゐるのは随分心細いものだ。馬鹿をした揚句だから仕方が無いと思つてゐるが全くやり切れぬ。

二月六日

早朝、神戸入港。直に荷役。

神戸は思ひ出多い土地である。上陸して遊びたいが、金が無いので止めにした。金のないのもいゝが、横浜を出帆する前、是非合羽丈は商売道具だから買つて置かうと思つてゐたのに日本橋の豪遊（?）で意外な影響を財布に与へて買へなくなつた。当番をする度に雨が降らねばよいと、それ許り気にしてゐる。どうか二月一杯丈御天道様も気を利かして雨を降らさないで貰ひたいものだ。随分無理な注文には違ひない。

午後六時、荷役を終へ、夕飯を済し、入浴後、一機の室で二運、機生と四人で十一時頃迄談した。なか〳〵面白かつた。出帆は明日か、明後日だらう。

大正初期頃までは、船橋は今のように閉鎖式の構造でなく、オープン式であった。昔の帆船時代のままの船橋の姿であった。ブリッヂの士官は、風雪に晒され勤務した。合羽、外套は必需品であった。

二月八日

神戸出帆、瀬戸内海は watch and watch 眠き事限り無し。チーフの態度いよ〳〵癪に障る。

二月九日

午後二時半、門司着。

二月十一日

紀元節。風まだ烈し。昨夜は錨当番で寝たのは十二時半。今朝は八時に起床。午前だけで、午後からは荷役なし。一機の室で阿弥陀をやつて、めかり饅頭を食べて談した。夜は二運、事務長と一機の室でトランプをした。就床十時半。明日夕刻か、明後日未明の出帆だらう。

二月十六日

午後三時基隆着。荷役は真似事ばかりで、五時頃済。夜は事務長、二運と共にカルタをして十時過就床。

二月十七日

早朝より荷役。チーフとの折合頗る面白からず。一層横浜へ帰つたら下船しようかとも考へた。プロモーションの関係から考へたら損な事は極まつてゐるが、そんな事はどうでも構はぬ。全くあんな奴の下に働くのは、厭で耐らぬ。荷役―人足―労役―と思ひ廻らして見ると俺はもう舟乗りの生涯に愛想が尽きた。薄志弱行の誇りは免れないが、何でこんな職業に身を投じたかと今更馬鹿らしくてならぬ。勉強、奮励と思はぬではない。而し他の方面に対してならやる気もあるが、荷物の心配や人足を怒鳴りつける事が何の面白味があらう。

二月十九日

安平へ着。午後一時半。館山の様なRoadstead〔停泊地〕。不景気な何の感じもない所だ。遥かに台南の街がやゝ人里らしい影を見せてゐるだけ。

明日出帆の筈。暑くなつた黒服を白衣に着替へた。

二月二十日

午後六時出港、打狗に向ふ。

九時打狗着。港外仮泊。

二月二十一日

早朝抜錨。午前九時港内に投錨。

渡辺の哲ちゃんが早速訪ねて来てくれた。忙しかつたので夕刻を約して別れた。夕刻、井組に渡辺哲君を訪ね、一所に増温泉といふ料理屋に行つて飲み乍ら談す。久し振りの面会。何とも言へず嬉しかつた。俺独り飲むだ。十二時過帰船。

二月二十五日

今日訪ねようと思つてゐた処へ、哲ちゃんの方から訪ねてくれた。打ち連れて外出、今日は滋養亭といふ西洋料理屋で御馳走になり、帰途哲ちゃんの寓居により、井之組の主人、井川菊三氏等に紹介され、一所に花を引いて十二時過帰船。明日出帆の筈。

二月二十六日からの日記によると、二十六日打狗を出帆し、途中随分荒《し》けられたが、三月三日朝九時門司着、同日午後三時出港、四日に大阪に着いている。「瀬戸内の watch and watch で疲労甚し」とある。三月五日横浜着。

三月十一日

午後四時横浜出帆。小谷から手紙が来てゐた。大いに抱負を述べて来た。

「小谷」は徹の商船学校時代からの親友である。私の小学生時代、小谷家の家族と金沢八景へ海水浴に行った記憶がある。

三月十四日

昨夜函館入港、今朝浮標に繋ぐ（午前六時）。直ちに荷役。午後四時出港。小樽に向ふ。

雪もよひの寒い空、見渡す限り、山も木も真白である。先達て、台湾で暑い思ひをした許り。今北海道で震へ乍ら働くかと思ふと、舟乗りの変転極まりない生活に不思議な興味を覚える。

三月十五日

午後三時小樽着。烏帽子丸の修業生として嘗て来た事がある。こんな三池丸の様な船で、雪の降る中をまた来ようとは思ひがけなかつた。六時に荷役を止めて、食後二運と大に大成丸時代のことなど語り合ふ。

三月十七日

午後チーフと言ひ合ふ。不愉快極りなし。人足の手前にがみ〳〵言はれて腹の立つ事夥し。あんな奴と思つても矢張り癪に障る。

明日午後出帆、函館に向ふ筈。

雪の街、北海の空、灰色の海、何て淋しい処だらう。
荷役、人足相手の荷役、考へると、ぞつとする。
こんな職業を選んだのは全く大不覚だと思ふ。星をたよりに航海する神秘的な生活、異国の珍らしい色彩に酔ふ事のできる舟乗り！と思つたのは全く幻影に過ぎなかつた。

三月十八日
午前十時、小樽出帆、函館に向ふ。

三月十九日
早朝函館着。直に荷役。今日は温い好い日だ。こんな時、陸上でゆつくり寛いで遊んだら嘸気が晴々するだらう。
先達て、チーフと言ひ合つた時は、チーフは言つた。「君は本気で荷役を見てゐない」全くさうだ。之ばかりは真実だ。誰が本気で荷物の心配をしてゐるもんか。
航海者と運送組の区別はつけなければならぬ。一体、会社の制度、否一般の海員制度が悪い。改革を要するのだ。

三月二十日

曇。温い日だ。午後出帆の筈。

三月二十三日

横浜着。夜は留守番、淋しい。別に帰りたい家のあるで無し、そう行き度いとも思はない。而し東京は何となく懐しい。生れた処だもの、育つた土地だもの。若し暇ならば出て見ようと思つてゐた。

三月二十四日

午後三時から暇を得て上陸。四時半の急行汽車にて東京にゆく。日下〔徹の姉の嫁ぎ先〕を訪ねようと、小供に玩具なぞと買つてゐる中に、雨が降り出した。腹は減る、仕方なしに尾張町の「なかや」といふ日本料理の看板のかゝつてゐる家に入り、酒を命じて飯を食つた。女中が停留所まで送つてくれるとの事に相々傘で四つ角に立つと驚いた。芝の兄が友人と一所に立つてゐる。見付かつては大変と、女中を急き立てゝ、ある汁粉屋に入つた。出て来て電車を待つたが新宿行が来ない。女中をかへして、カッフェー・ライオンの所に立つてゐたが、もう十時過ぎだから、大久保〔日下の居住地〕でもあるまいと、また「なかや」へ引きかへして呑みなほした。こゝの家でとめてくれゝばいゝと思つたが、流石に初めての客ではあるし、狭い料理屋の事でとめる事は出来ないと、言ふ。新橋停車場側の宿屋へでも行つて泊まらうと、「なかや」を出て、雨の中を宿屋に行つた。狭い、汚い部屋に通された。番頭が出て来た。見た様な顔だなと思つたら、向ふから「あなた藤田さんではありませんか。久し振りですね。私は中学で御一所の平井です」平井！　さうだ、思ひ当つた。奇遇、どうして宿屋の番頭なんかしてゐるのか聞き度くもあり、いろ〳〵話したくもあつたが、遅いから後日を約して寝てしまつた。

「芝の兄」とは、徹の異母兄の敏夫のことで、茂吉の前妻の子。茂吉の前妻は新橋芸妓、玉の輿組の名伎「豊吉」で、明治十五年にコレラのため死去した。豊吉は、犬養毅の書生時代の面倒を能く見てやったといわれる。敏夫は慶應義塾の出身で、学生時代は野球の選手をしていた。同窓の平沼亮三（実業家にしてスポーツ界の長老、晩年には横浜市長も勤めた）の親友だった。一夜に、知己と東京の真中で遇会するとは東京の街は大正の初めには未だ狭かった。

四月四日

昨日、神戸出帆。大分船が動揺して二番荷物が転がり、大分損害をかもす。チーフは無暗に怒る。俺も聊か悄気々味だ。

二運は博多丸へ横浜で転船の筈。いよいよ俺一人だ。あゝ厭だ〳〵。

四月十三日

厭な船も三ケ月余になる。松任は伊豫丸、平位は平野丸、誰は何丸と皆いゝ船に転乗するのに、俺一人こんな三池の様な船にくすぶつてゐるのは、いかにも残念だ。而しもう長い事もあるまい。何処か遠くへ行きたいものだ。

四月十五日

小樽出帆。五日間の小樽碇泊は毎朝早くから荷役に起されて碌々暇もなかつた。

日記によれば、四月十五日小樽出帆後、函館を経由、横浜に向かった。

四月二十日

午前七時横浜着。転船の機会あれかしと祈る。

転船命令は来なかつた。また一航海せねばならぬ。

さて、明日出帆だから、けふは午後早くから出掛けよう、が、さて何処へ行かう。根岸〔叔父の家〕へも行かねばならぬ、妹〔相馬の家〕にも会ひ度いが、土産物さへ買ふ金もない。事務長から三円ほど都合して貰つて、之でどうかしなければならぬ。湯にでも入つてゆつくり休みたいものだ。疲れ果てゝしまつた。何処か静かな心地のよい座敷にゆつくり寛ぎたいものだ。何処にしやう。

四月二十三日

神戸着。

四月二十八日

昨夜十時半まで荷役。今朝未明の出帆。大阪着。午後六時に出帆、横浜に向ふ筈。早く浜に着いて東京へ行き度い。

四月三十日

早朝横浜入港。夕刻より上陸。東京にゆく。新橋停車場を出て直ぐ丸善洋服店にゆき、洋服代を払ふ。

五月一日

朝十一時過、帰船。雨で荷役は出来ない。ぶら〳〵暮した。
今日、木下船長が安原新船長と交代した。二人共、好個の紳士、兎に角、自分がサード・

メイトとして木下船長に世話になつた事は非常なものだ。嘗て一度も怒鳴られた事はなし、懇々として教へてくれた恩は忘れぬ。それにしてもチーフの態度こそ全く厭になつてしまふ。

五月十一日

小樽に四日の碇泊も今日が終り。午後二時函館へ向けて出帆の筈。今度こそは転船の機会にあはぬかと、いつも函館を出る時にはさう思ふ。全く内地航路は厭だ。停泊中も今頃の様に朝五時から叩き起されては耐つたものでない。それに荷役最中は、片時もハッチの側を離れるなとの厳命、まるで牢屋へ入つた様なもの。とう〱小樽では一度も上陸しなかつた。陸の呑気な処でゆる〱寝て見たい。

二　大正期、第一次世界大戦

（一）第一次世界大戦前後

〈賀茂丸〉（次席三等運転士）

自大正二年五月
至大正三年八月

〔大正二年〕五月十六日　横浜

欧洲航路、賀茂丸に転乗を命ぜられた。事務長（三池丸）の山田淳逸君と此夜引継の宴を神楽坂の待合君川に催す。

五月十七日

賀茂丸に乗組む。山田実三君首席三運。余は次席三運なり。一等運転士は高橋栄二郎氏、好人物也。船長は河原勝治氏、有名なる船長也。全て三池丸より居心地よし。

賀茂丸は総トン数八、五二四トン、速力一六ノット、明治四十一年三菱長崎造船所で竣工。日露戦争後における欧州航路増強のため竣工した、当時における優秀貨客船である。

五月二十一日

横浜解纜。欧洲に向ふ。

七月一日

新嘉坡にて悪烈な暑さ。印度洋の蒸す様な生暖いモンスーンにも閉口せずに、とうとうスエズまで来た。

船乗りは俺の性に合はぬ事がだん〳〵と痛切に感じられて来た。同窓の誰彼に比べて、俺は比較的順境（舟乗りとして）に立つてゐるにもかゝはらず、全く俺は航海者として不適当なる事が自分丈には明白になつた。けれ共、今辞めるのはいかにも薄志弱行の誹りを免れぬ。意気地がないといはれるのは心外である。何とかして活路を開いて思ふ方向へ進まなくてはならぬ。こゝ三、五年の辛抱だ。汚い仕事や、辛い労働を厭ふのでは決してないが、……荷物の積付や、見張りをする時は、全く情けなくなつて涙がこぼれる。而し之は愚痴だ。兎も角も努力して、美しい生活を啓かなければならぬ。

七月二日

今スエズ運河を通つてゐる。左右は広漠たる阿弗利加及び亜剌比亜《アラビア》の砂漠、そこを行く駱駝と土人の外には家もなければ町もない。只褐色の平野が遠くに連つて、雲一つない空が鮮かな青色を帯びて覆ひかぶさつてゐる。

七月十七日

倫敦着。早速、高木孫三郎君〔中学時代の友人か〕が来訪。七年振りの面会に暫らく昔に還へつて種々物語つた。日曜に同君の案内で諸所を見物して歩くことにして、此日は外出せずに別れた。

七月二十日

午後外出。山田君と二人でフェンチャーチ停車場まで汽車、同所に待ち合はせしてくれた高木の孫さんの案内で、博物館、美術館、倫敦塔、公園、有名な街などを見物した後、高木君の移転したばかりだといふ家に立寄り、〔欧米人の〕妻君から御茶の御馳走になり、息子の芳郎君（二才）にも会つて、それから又三人連れで、「いく稲」といふ日本料理店にて日本料理を馳走になつた。帰途は山田君と二人で一時頃帰船。

七月二十四日

アントワープ。

七月二十八日

ミッドルスブロウ《〔ミドルズブラ〕》。昨日このミッドルスブロウに着いた。石炭と大砲を積むために、来たのである。

あゝ早く日本に帰へりたい。

初めての欧州航路を体験したが、このあと、翌大正三年三月までの日記はない。

大正三年（一九一四）

三月某日

香港を出てから荒天つゞき、神戸の二夜はその嵐と戦つた疲れをやすめるには充分ではなかつた。

二度目の欧州航路で、香港を出て日本向け帰国の航海中、荒天に遭い、神戸着二泊したのであろう。

六月三日

暫らく日記を怠けた。

今、欧航の第三次の半を終へて、ミッドルスブロウ碇泊中だ。いつか機会を得て、舟乗の足を洗ふと思ひ乍ら、つい〳〵一航海、一航海と重つて時々は之で一生無意味に過ぎてしまふのではなからうかと厭な気のする事さへある。

賀茂丸での第三次の欧州航路を終え、大正三年七、八月頃に神戸へ帰航しているが、二次、三次の航海中の日記はなく、同年八月以降の分が残っている。賀茂丸には大正二年五月から同三年八月まで在船。

同年七月には欧州では、オーストリア・ハンガリーとセルビアとの間に戦端が開かれ、ドイツも参戦、たちまちにして世界大戦に拡大した。我国（大隈内閣）も日英同盟を根拠にして、関係各国の疑惑を招きつつも、八月二十三日、ドイツに対し宣戦布告した。

八月〔日付の記載なし〕

独露宣戦布告。全欧の大動乱。

いよ〳〵世界の平和は破れた。この船〔賀茂丸〕も欧洲へ今の処向ふ事も出来ぬ事になるかも知れぬ。どうか欧羅巴の戦雲たなびく模様を見られる様出帆したいものだ。若気の至りか、戦乱の危険水域への航海を期待していた。しかし、八月、下船命令により賀茂丸での欧州行はなくなった。

八月二十一日

甲種待命。横浜で下船して東京に帰つた。下宿を探して神田錦町の菊水館に止宿することにした。五十嵐信嗣君も同宿。

〈立神丸〉（二等運転士）

自大正三年九月
至大正三年十月

九月九日

毎日ぶら〳〵と暮してはや待命も二十日ばかりとなつた。突然社命、立神丸二等運転士を命ぜられ、明日、筑前丸で横浜から神戸へ赴任すること丶なつた。

立神丸は総トン数二、六九九トン、明治三十一年三菱長崎造船所で竣工。筑前丸は日本郵船の船で総トン数二、四四九トン。

九月十日

午前十時二十分の汽車で横浜に向ふ。新橋駅で、高橋四郎、五十嵐信嗣の二君が送つてくれた。横浜で筑前丸に乗つた。

九月十一日

午後三時神戸着。支店に行つたら、まだ立神丸は入港してをらぬとの事、今夜遅く入るだらうとの事だから、支店に掛け合つて明朝乗組む事ときめて夜は「菊地」に泊る。

九月十二日

立神丸に乗組む。二等運転士から引続を受けた。いろ〳〵面倒臭い仕事が多い。今夜は独り船に止る。よく眠る。

九月十八日

十五日神戸を出帆。門司、長崎を経て、今釜山に着いた。セコンドメートの仕事も別に差支なくやつてのけて、少なからず安心した。今夜十時の出港、すぐ当番だから寝る暇もない。

それでも賀茂丸にゐる時より、余程心地が落着いてきた。半歳も辛棒したら、凡てが却つて楽になるかも知れぬ。

九月に入り、病を得、十月八日に立神丸を下船することとなった。年を越え、翌年の二月まで日記はない。

自大正四年二月
至大正四年九月

〈大栄丸〉（二等運転士）

大正四年

二月二十日

昨年十月初旬、病躯をかゝへて、神戸に下船してから四ケ月余り病院生活やら、旅館生活やら、酒の巷に耽溺したやうな生活やらで早くも二月となつた。

けふ、午後支店から電話で、横浜の遠江丸へ行けとの事。藪から棒で少し面喰つたが、どうやら、かうやら旅装を調へ午後十時四十分の急行で、西村君、松任君夫妻に送られて三宮を発し、今急行の二等室にて之を書いてゐる。退屈紛れに、正宗の瓶詰を買つて、餞別の蜜柑を肴にちびり〳〵やり乍ら、睡魔を誘ふてゐるが、一向眠くならぬ。仕方無しに鞄の底から古日記を取り出して読み乍らゆくと、何とも言へぬ興が湧く。今汽車は大津あたりを走つてゐる。列車は大分混雑で楽に足を伸ばす余地も無い。大方明朝までは寝られぬだらう。

二月二十一日（日）

午後二時平沼着。直ぐ車で横浜郵船会社支店に向ふ。支店は皆留守。書管係の当直に頼むでランチを出して貰ひ、遠江丸に来た。

久し振りで鶴橋一運に会ふ。外出中の二運が帰へる迄一運の部屋で待つ。

引継を終へて二運は上陸、夕飯を済して初めて来たばかりの船に一人で当直。

夜汽車の疲れが身体にたまつて眠い様な変な心地だ。久し振りに船に寝るのかと思ふと厭な心細い気がする。

二月二十三日〔この日の日記はどうした訳か、英文で書いている。〕

23. th. Feb.

As soon as I returned on board Totomi, chief officer Mr. Tsuruhashi informed me of my transfer to Taiyei Maru now in Yokohama dock. Mach alarmed with the sudden appointment, arranged my baggage left the ship about 2 pur and paid my “fare-well” to the shipmates and joined on board Taiyei Maru recieving Mr. Morikawa 2nd. officer.

3.30 p.m. went ashore, visited Kusakas, met all the family entertained with most kindness and left peacefully there.

遠江丸二等運転士の職が急に大栄丸に変更、遠江丸を去ることになったようだ。大栄丸は、川崎・神戸造船所で明治四十五年八月に竣工、総トン数二、九四〇トン。

徹の姉の嫁ぎ先である日下《くさか》家を訪ねている。

四月十五日

横浜出帆、大栄丸第二次航。打狗に向ふ。

徹は、大栄丸で台湾航路や、主として北海道の木材積取のため北見方面の航海に従事した。その頃の日記を見てみよう。

七月十七日

今、北海道北見沿岸、幌別で材木積取中、霧に苦しめられて、やつとこさ着いた所は北海道の片田舎。上陸も出来なけれや、ゆつくり船で休む暇もない。早朝四時頃から起されて、夜十時頃までの荷役、たゞ時間の過ぐるのを楽しみに其日々々を送る。

大栄丸もつく〴〵いやになつたが、今下船する訳にも行かず、せめて今年一杯辛抱して少しは金でも拵へて多少面白い陸上生活をして見たい。

八月十日

先月二十八日、神戸出帆以来、大阪、函館、小樽を経て、只今根室北岸で材木積取中。先達て、神戸で羅針盤の矯正のとき会つた本社のK氏に、免状を取る都合上、本船では困るから、何とかしてくれぬかと、それとなく転船の事を依頼して置き、また欧洲航路に出たい事をもほのめかしておいたから、今度か、遅くも此の次、横浜へ帰つたら何とか会社から沙汰があるだらう。而し昨年来怠け勝の俺の事だから、本社でも採用して呉れぬかも知れぬ。会社は酒を呑むとか、遊ぶとか言ふと、直ぐ難癖を付けたがるのだから、或は当分このボロ船に押し込まれ通しかも知れぬ。

八月十八日

斜里（北見）に来てから、天候不良で材木の荷役がはかどらぬ。二、三日は丸で仕事なしの休みといふわけで、傭船者は頭痛鉢巻の体。それでも、やつとけふ浪が静まつたのでぼつ〳〵筏が出だした。明日あたりは満船して出帆出来るかも知れぬ。ランニング・デーも二、三日超過してゐるから荷主は一生懸命急いでゐる様子だ。

大浦内相、一万円問題で倒れかゝつた大隈内閣が留任に決して、二、三閣員の入れ替へがあつた。大隈内閣謳歌者たる余は嬉しくて耐らぬ。老躯を君国に捧げて奮闘する老偉人の身に幸あれ。

「大浦内相問題」とは、大正四年五月の国会において、当時の大隈内閣の大浦内相が議案にからみ、野党議員の一部を買収した事件で、大浦兼武は辞職し、落着したが、この件を日記は指しているると思われる。

徹は早稲田中学の出身で、大隈重信の薫陶を受けており、彼を尊敬していた。

九月十九日

近江丸に転船。大いに喜ぶ。大栄丸もおさらばだ。

日記は欠落、九月から十一月に飛んでいる。

近江丸は総トン数三、五八二トン、上海航路の貨客船で、英国グラスゴーの造船所にて建造された。

〈近江丸〉（二等運転士）

自大正四年九月
至大正五年二月

十一月五日　上海

夜上陸。船長、三運と三人で、日本人倶楽部で玉を突く。帰りに三運西川君と二人で萬歳館で入浴、それから麦酒を半打程傾けて、いゝ機嫌になり、「月迺や」、「有馬」へ行つて飲み直したり、夜明け三時まで騒ぎ通して船に帰つてぐつすり寝込んだ。

「金に尽きるは遊びの習ひ」とは、古い文句だが、俺も今、全く大きな借金こそ無いが、金については殆ど手も足も出ない羽目に陥入つた。御大典をひかへて貧乏するのは、随分みじめなものだが、どうしても仕方がない。もう大酒は断然謹むつもり。

いつまで叔父や、姉に迷惑かけても居られない。本月末のボーナスで金の方の始末を残らずつける積りだ。

この近江丸の船長は実によく出来た人間だ。かういふ人格の人の下に働くのは非常に愉快を感ずる。

十二月七日

横浜へ着いて三日目になる。今度帰りに門司で土佐丸と衝突して本船船腹に亀裂を生じ、今、船渠に入って修理中である。

土佐丸は総トン数五、四〇二トン、日本郵船の欧州航路に就航、英国で建造された。欧州定期航路に就航した最初の日本船である。

(二) 戦乱の欧州航路

〈伊予丸〉(二等運転士)

自大正五年二月
至大正六年九月

大正四年十二月以後、大正五年六月までの日記は欠けている。上海航路の近江丸勤務のあと、徹は大正五年二月に欧州航路の伊予丸に転乗した。役職は二等運転士、月給は五十五円であった。伊予丸は三菱長崎造船所建造の、総トン数六、三二〇トンの欧州航路の貨客船。

大正三年八月、我国が世界大戦参戦の結果、本邦欧州間は交戦区域となり、邦船は、独巡洋艦、潜水艦の攻撃の目標となった。

インド洋、地中海、東大西洋における航海は戦禍の危険にさらされるに至り、日本郵船の欧州航路の貨客船は甚大な損害を蒙った。即ち、大正四年十二月に八阪丸(一〇、九三二トン、船長・山脇武夫）、大正六年五月に宮崎丸（七、八九一トン、船長・太田義一）、同年十一月に常陸丸（六、五五六トン、船長・富永清蔵）、大正七年八月には徳山丸（七、〇三二トン、船長・寺田常次郎）、同年十月に平野丸（七、九三五トン、船長・フレザー）が、ドイツ艦艇により拿捕、撃沈された。常陸丸の富永船長は本船が拿捕された後に自裁している。富永船長の事蹟については作家、長谷川伸（一八八四―一九六三）が、その著『印度洋の常陸丸』（昭和五十五年、中央公論社）に詳述している。

なお大戦中の日本郵船殉職船員は一四八名であった。鶴見の総持寺境内にその慰霊碑が建立されている。

大正五年

七月三日　南阿ダーバンにて

本年二月下旬この伊豫丸に転乗して、戦乱中の欧洲へ一航海して、今ダーバンに着。二、三日中に新嘉坡へ向けて解纜する筈である。

倫敦は只暗い、さびしい街だつた。昔の華やかさは見られなかつた。高木氏にも会つた。潜航艇の危険も予想外に甚しかつたが、幸ひ無事に航海することを得た。

先達てケープタウンに寄港した際、練習船大成丸時代に世話になつたスワン氏宅を訪れた。大いに歓迎してくれた。非常に愉快であつた。

七月二十日
七月五日に南阿ダーバンを出帆して十五日を経た。印度洋のモンスーンも大したことなしに過ぎ、今船はマラッカ海峡の関門、プロプラスの灯台附近にさしかゝつてゐる。

ここで日記は途絶え、翌大正六年の一月中旬に飛んでいる。乗船は伊予丸である。

大正六年
一月十七日
欧洲航路、伊豫丸での初航も目出度く、終へて横浜へ着いたのが去年〔大正五年〕の八月。碇泊中は相変らず酒に耽溺したが、それでも内航にゐてどうしても出来なかつた経済上の経理や其他自分自身に係る無形的の負債も大方処理する事が出来た。
去年の八月下旬からの第二次航において往復の危険地帯も無事航過して、今復航の途次、新嘉坡に向ひつゝ、船は波静かな印度洋を東に走つてゐる。早く日本に帰りたいとそれのみ思つてゐる。俺もとう〳〵三十〔数え年〕になつたと、つくづく思ふ。碌々として、為す事なく年をとつてゆくのが馬鹿らしいと、いつも思はぬ時はないが、陶然として一杯の酒に酔つてゐる時はまた、何の心配もない独り身をつく〴〵祝福する時もある。

三月二十一日

伊豫丸欧洲航路の第三次航のさきがけの今、船は新嘉坡についた。この二月の半ば、神戸に着いてやれ嬉しやと思ふと、情なくも船は神戸止まりとなつてしまつた。

二日ばかりの暇をもらつて東京へ帰つたけれ共、叔父との用談の為めで、ゆつくりする暇もなかつた。さう斯うしてゐる中、とうとう出帆となつて、又もや長い航海に出る事となつてしまつた。

四月十九日

今日、ケープタウンに着いた。暇を得て、佐々木君とアップの田中君と三人でCamps Bayへ遊びに出掛けた。嘗て大成丸で行った事のある所だ。矢張り昔のまゝのよい景色だ。七年前の自分を思ひ出して、思想上何等の進歩もしてゐない現在の有様を何となく寂しく感じた。

六月一日　　リバープールにて

五月十九日、倫敦着。本船本航ミッドルスブロウ行中止、リバープール寄港の事を初めて知つた。

ブルーファンネルの諸船が御用船に召上げられた為、郵船の船がリバープールに寄航、同地より東洋行の荷物を積むこと、なつた。

五月二十六日、倫敦出帆、途中無事二十九日、リバープール港に着いた。流石に世界第一流の港とて、その設備至り尽くせりで、英国の海運王国を誇る所以も少し分つた様な気がする。

倫敦に着いて、英国民の食糧の欠乏してゐる事の予想外に甚だしいのに驚いた俺は、リバープールに着いて益々其感を強めた。戦争も長く続くまい。来年の秋迄には晩くも英国の方から折れて出るだらうと思ふ。

今朝、社船宮崎丸が五月三十一日、英国海峡に於て撃沈せられた悲報を得た。

願くは乗組員一同無事なれ。


宮崎丸は総トン数七、八九一トンの欧州航路の貨客船、五月三十一日イギリス海峡で独潜水艦の雷撃を受け沈没。殉難者八名であった。

戦争の終結を英国敗退、来年秋までに終わるだろうと徹は予測している。終結の時期はその通りだったが、敗退したのはドイツであった。

六月五日　リバープール

本日、宮崎丸遭難員一同本船に乗組む。一昨日、市中を散歩の際、日本人と見て軽蔑侮辱の態度をする女や、子供が多いのに少からず憤慨す。

帰船、早速一論文を草して、《Liverpool Post》に投書す。大に英国民の日本人に対する態度の不当をならす。

それが、本日の同紙の寄書欄に現はれた。早速多大の反響を見た。大いに愉快に思ふ。傲慢無礼の英国人も道理には頭を下げるだらう。

六月六日

同紙は特に、《Our Friends, the Japanese》と題して社説を掲げ、自分の寄書に対する論評を載せ、市民の無礼に対して懇切なる同情と謝罪とを致した。

此の夜、本船員の市中を散歩する際、当市婦人、紳士等の当市民の一部が日本船士官に加へたる無礼の態度に付て、弁明謝罪の意を表はすものさへ生じて来た。痛快に堪へず。英国与論の力の偉大なるに今更ながら驚嘆し、余の一文の斯くまで有力なりしかと、私に得意の微笑を洩らすを禁ずる能はず。

本日五日リバープール・ポスト紙上に表はれたる余の寄書論文の全文左の如し。

Sir,—It is one of the most difficult tasks to attempt to write, in a language quite different from our own, an impression I, as a Japanese, have experienced in your city coming here for the first time. Therefore, all in adequate and impolite expressions of pen, if any, may I hope, be excused.

It gives me a great regret that the attitudes of the people here towards the Japanese are unreasonably unkind and insulting.

Yesterday an officer of my ship, when walking along a certain street, received an unexpected insult from a group of ladies, who spit on his face while he never gave any sign of offence towards them.

Another officer also tells me, in an indignant tone, a disagreeable experience here of having been attacked by a groups of boys who threw stones at him shouting, "Helloo! Jap! Come on!"

There are many such things experienced by the members of my ship, while they remained polite and reserved, as the true Japanese should do. Why should we be treated like this, because we are of Japanese nationality and because we are coloured?

Sir, we are now doing our best in supplying England with provisions and munitions at the risk of our own lives, when the barbarism of the Huns is making high seas of the world a more dangerous and merciless place than the world of Satan. And arriving here after a long and anxious voyage with overwhelming hardship known only to sailors, isn't it natural that we should expect a warm and kind treatment from those for whom we are striving at our own risks?

We two nations are allies, though separated by thousands of miles of water, and we are, at this critical moment in the history of the world fighting hand in hand against Germany & her allies for the sake of civilisation humanity.

We hope not only the citizens here, but all English people alike would treat us as their friends & let us realize the fact that the English people are kind & sympathetic towards their friends, irrespective of their colour.

An officer of a Japanese steamship

六月七日　リバープール

宮崎丸船員の来た為、大いに船の中は賑ふ。今夜出帆の筈。

例の論文が新聞に出て以来、読者の同情、市民の公憤、予想外に大にして、市会は決議を以て一部市民の無礼を遺憾とし、将来警察の力を以てしても、かゝる不都合を取締るべしと主張し、或者は日本士官全部をリバープール各主要クラブの名誉会員に推薦すべしと発議するものさへ生じた。一般市民から、かゝる同情を得たる以上、余の英国市民に対する悪感情も拭ふが如く消え、却て其公徳に厚きを感じたる故、又一文を草し、英国市民の日本人に対する同情、尊敬の念はよく之を諒せり、一部無知の徒の無礼の態度は敢て心にとめざるべし。而して対等両国民の交情はいよいよ親密を加ふべき機会を得たるをよろこぶ、との趣旨を以て、之をリバープール・ポスト紙に投ず。

この文は、載せて七日の同紙の投書欄にあり。

郵船倫敦支店長も宮崎丸乗組員を見送り、旁々当市にあり、之を聞き、大いに喜んで曰く「帝国領事丁度の抗議よりも余の文効果大なりし」と。大いに面目をほどこす。

六月八日

リバープール・ドック抜錨。河の中に仮泊。

六月九日

午前一時、リバープール抜錨。アイルランド北岸を迂回して、ケープタウンに向ふ。途上、潜航艇の出没、危険多く、官憲の命により、午後十時、ラフ・フォール港（Lough Foyle, アイルランド Londonderry の河口）に避難、投錨す。

六月十日
英国海軍の出港命令を待ち、午後八時抜錨。いよ〳〵危険区域を突破せんとす。今夜は警戒厳重を極む。

六月十一日
本船附近を航海せる船舶にて、潜航艇に襲はれ危難の無電を送るもの頻々、さながら地獄の海を渡りつゝある心地す。幸にも本船無事。

六月十二日
今日も無事に過す。

六月二十二日
危険区域を無事に通過してしまつた。今ダカール沖〔アフリカ、現セネガル国〕にゐる。
オスカー・ワイルドの「ドリアン・グレー」を読み終る。面白かつた。近頃読むだ書物の中、最も印象深きものである。彼の芸術観は、巻頭の序文で尽くされてゐる。曰く
The artist is the creator of beautiful things. To reveal art and conceal the artist is art's aim. The critic is he who can translate into another manner or a new material his

impression of beautiful things.

The highest, as the lowest, form of criticism is a mode of autobiography.

Those who find ugly meanings in beautiful things are corrupt without being charming. This is a fault.

Those who find beautiful meanings in beautiful things are the cultivated. For these there is hope. They are the elect to whom beautiful things mean only Beauty.

There is no such thing as a moral or an immoral book. Books are well written, or badly written. That is all.

Oscar Wilde

六月二十五日

今、船〔伊予丸〕は、赤道直下を通過してゐる。太平洋と異つて、大西洋の熱帯は全くしのぎよい。

寝られぬまゝに、ウヰスキーとソーダを命じて、ちびり〳〵やり乍ら、或匿名作者の英文小説を読むでゐる。恐らく作者は女性だらうと思ふ。思ひ切つた筆で自分のモーメンタリーの感情を写してある処は、殆んど息もつかせずに読ませる慨がある。文も下手ではない。が結末に於てがつかりしてしまつた。やはり月並の小説だつた。ワイルド程の深みもなければ強みもない。作者の名は、Banco。

"The boy who dint"

リバープールの日本士官侮辱事件に関し六月五日の「リバープール・ポスト」紙上に表はれたる余の投書に対し、公憤を発して余に同情したる市民の声及び余のリバープールを去るに臨みて再び同紙に寄せたる訣別の辞を左に掲ぐ。

〔新聞の切り抜きが貼付されている。〕

六月二十七日

大西洋にて、セント・ヘレナ島へ七百浬の海の上。

今度日本へ帰へつたら、自分は請暇下船しやうと思つてゐる。そして暫らく休養だ。

見たいもの。

涼しい秋の夜に、帝劇の一幕。但し女優劇でないもの。

聞きたいもの。

小さんの落語、研精会の長唄。

食べたいもの。

神田川、栗めし、松茸、川魚料理、鮎の塩焼。

行きたい処。

伊香保、奈良、京都、越後、多摩川。

LETTERS TO THE EDITOR

"INEXCUSABLE CONDUCT."

Sir,—Allow me to express my deep gratitude for your kindness in publishing in your valuable columns a letter of mine which invoked such striking attention and sympathy from the public that I felt convinced the majority of Liverpool people are entertaining quite friendly feelings towards their Far Eastern allies.

It gives me great pleasure and satisfaction to note that last night some engineers of my ship, when shopping at Liverpool, happened to be addressed by several ladies of evidently higher class, who before the presence of passers-by apologised for the misdemeanours committed by some of her sex, against which I protested in a most polite manner, and assured them that there should never be such conduct again.

In another part of the city one of my junior officers came across a gentleman who consoled him for the same matter, explaining that the degraded behaviour of the minority of the people here could never be the attitude of the whole citizens. To apologise before the public for the wrong of others on behalf of their fellow-citizens is an act that requires profound sincerity and moral courage, and this appeals much to the hearts of we Japanese, especially when it is played by the fair sex.

Within a few days we shall be afloat on the dangerous waters on our home voyage, and we hope we may arrive safe in our beloved Japan with the idea that the friendship between the two island empires should ever be closely united, and the peace of the world would be secured before long through the undaunted efforts of our allied nations.—Yours, &c., T. FUJITA,

Second Officer Japanese s.s. Iyo Maru.

June 6, 1917.

Sir,—I notice in your to-day's issue that the Rev. Stanley Rogers has written referring to a letter which appeared in your issue of yesterday's date from an officer of a Japanese ship, who complained of the bad treatment received from some people in a Liverpool street by certain members of the crew.

I have no knowledge as to who this officer is, but if he had a complaint to make, before writing to the Press, he should have made it to me as representative in this city of his Majesty the Emperor of Japan. Since I became Consul my experience has been that all Japanese visiting this port have met with the greatest courtesy and kindness.—Yours, &c., P. E. J. HEMELRYK,

Hon. Consul for Japan.

Japanese Consulate, Liverpool, June 6, 1917.

Sir,—I have read with the utmost sympathy and indignation (which I am sure will be shared by the majority of fair-minded Liverpool citizens) a communication which you have received from a Japanese ship's officer. Is it possible that such incidents should occur in an enlightened town such as Liverpool is represented to be?

It is a great pity that the ladies (?) whom the officer refers to could not have been severely punished for their disgusting behaviour to men who are daily braving the untold perils of the sea on our behalf. But it is a sad truth that even in these days of universal education there is a certain portion of the Liverpool working classes that makes a point of laughing and jeering at anything or anybody at all strange or outside their own narrow line of vision. But I trust that our Japanese allies will treat this conduct with the contempt which it deserves, and before leaving Liverpool will have opportunities of realising that the majority of British people appreciate and extend their warmest thanks to the representatives of our great and honourable ally, Nippon.—Yours, &c.,

AN ENGLISH ADMIRER OF JAPAN.

Dingle, Liverpool, June 5, 1917.

Sir,—I have read with amazement, as doubtless thousands of others will have done, the letter of a Japanese steamship officer on his experiences in a Liverpool street. It is enough to make one's blood boil with indignation to think of such an incident occurring here of all places in the British Empire. Why did not the gentleman give information to the police at once? Is it too late to seek some reparation? Let me at all events, as an Englishman, apologise for myself and for the many thousands of others who will have read with burning shame of this gross, cruel, and stupid insult to a member of a gallant and allied nation. If we treat our allies in this fashion we don't deserve to have a single one. Yours, &c., C. H. J.

INSULT TO ALLY.

ALDERMAN'S REGRET AT ACTION OF IRRESPONSIBLES.

In reply to Mr. Lawrence Holt, at the City Council, this afternoon,

Alderman Hyslop Maxwell (chairman of the Watch Committee) said he deeply regretted that an officer of one of the allies of this country had been insulted in Liverpool. He had discussed the matter with the Head Constable, who was trying to obtain definite information. In the meantime he was sure that the Watch Committee, the City Council, and the city generally would regret the occurrence (applause). The conduct complained of could only be attributed to a small section of irresponsibles (hear, hear).

日記6月25日のページに貼付されている新聞の切り抜きの一部

九月十三日
伊豫丸下船。

(三) 新しい人生への船出

大正五年二月伊予丸に乗船以来、一年半に亘り、戦乱の欧州航路を三航海勤めたのち、同年九月、結婚請暇で休暇をとり、九月十三日、同船を下船することとなった。

結婚の相手は、柴田タカ。明治三十年四月生まれの二〇歳。高等海難審判所の勅任理事官であった柴田敏千代の次女として東京青山に生まれ、府立第三高等女学校(第三高女)の出身である。

徹の日記には、「九月十九日結婚」とのみの記録しか残っていないが、挙式は上野の精養軒で行われた。結婚の経緯については、私は両親からも何も聞いた記憶がないが、察するに、敏千代が役人になる前、日本郵船の機関長を勤めていたことがあり、その縁故で徹とタカの縁談が生まれたのではないかと思う。その仲介役を務めたのは誰かも、今となっては知る由もない。新婚旅行は日光であった。

徹の新しい人生がこれから始まるが、連続していた日記は断続的に続くものの翌七年の九月に途絶えている。

新居は下谷の中根岸であった。

大正六年

九月十九日

結婚。

九月二十八日

日光へ旅行。

十月十九日

東京本社へ出勤。

〈伏見丸〉（二等運転士、次席一等運転士、首席一等運転士）

自大正六年十二月

至大正八年十月

十二月十日

伏見丸へ乗船を命ぜらる。（神戸へ）

伏見丸は大正三年十二月三菱長崎造船所で竣工し、総トン数一〇、九四〇トン、最強速力一六・六ノット、鹿島丸、諏訪丸、香取丸、八阪丸等と並び欧州航路の優秀貨客船であった。本船は欧州航路に就航していたが、大正六年二月のドイツの無制限潜水艇戦の宣言のため、同航路の危険に鑑み、大正六年九月からアメリカ航路に転用された。

十二月十三日
夜急行にて東京駅発。

十二月十四日
午前九時神戸着。荷物を同窓会へ預け、松任の留守宅を見舞ひ、昼食を長田戒三と共にし、午後二時、伏見丸へ乗船、山下と交代す。夜山下と一運、首席一運と四人にて玉川に飲む。同夜同窓会に泊まる。

伏見丸での徹の勤務は二等運転士（二運）であった。山下有粼と松任米太郎はともに商船学校時代の同窓で、松任はインド洋海域で遭難した常陸丸の二運として乗船しており、同艦を攻撃したドイツ仮装巡洋艦「ヴォルフ」号に抑留されるという体験をした。松任は徹の親友であり、その婦人は母タカと同じ府立第三高女出身であった。私も小学生の頃、父に連れられて、夏休みに神戸の須磨に住む松任宅を訪問した記憶がある。

　十二月十五日
朝十時帰船。爾後郵便物搭載にて忙し。つくづく厭になる。オールナイトの荷役。寒さはげし。十一時頃郵便物搭載すむ。早く御免蒙ってソーファの上に眠る。

　十二月十七日
午後三時神戸出帆。四日市に向ふ。

　十二月十八日
午前八時四日市着。強風の為、荷役出来ず、午後四時頃まで休む。夜オールナイトの荷役。

　十二月十九日
午前五時四日市出帆。午後三時清水着。直に荷役。久し振りにて神戸から清水までの航海当直に立つ。

伏見丸は北米シアトル航路に就航、大正六年十二月横浜を解纜、北米へ向かうこととなる。アメリカの地は徹にとっては初めての航路先である。

大正七年

正月四日

早朝、無事北米ビクトリヤ着。直に荷役、大して忙しくもなし。聞けば、この船は、今度、横浜、神戸を経て、上海、香港、マニラに寄港すること丶なつたさうだが、いづれさうなれば、僕はこの船を去つて待命になるか、或は居座わつて、もとの二運となるか、いづれかであらう。この儘、ファーストメート代理ではやり切れたものではない。

二月一日

午後八時、船は今、横浜を去る六百浬の所をなつかしき日本に向け走りつ丶ある。うまく行けば、三日の午後に横浜へ入港出来る。横浜へ着けば、何か変つた便りも聞けるであらう。

二月二十五日

余の米航の処女航海を了へて、今日、香港着。相も変らず夜荷役、大して忙しい事もないが、あまり面白い仕事でもない。
船窓より、陸の灯火の巷を見れば、流石に酒と女の絃歌の境地が目に浮ぶ。

三月十二日　香港にて
明十三日に出帆。上海に向ふ筈である。此の二、三日荷役に忙殺されて、ゆる〳〵ものを考へる暇もない。ドック中は比較的呑気に暮したが、さりとて落着いて休むでもなかつた。兎に角不愉快な船である。長くとも今年一杯で御免蒙りたいと思つてゐる。
常陸丸の船長自殺の報が伝つた。吾友、松任の安否如何。
三日程前、天草丸の田中を訪れ痛飲した。香港の白粉の巷に行動を共にした。中島の死を語つて二人共あまり酒は旨く呑めなかつた。

四月二十日　北米　タコマにて
米航の第二次として、今夕、タコマに碇泊中。積荷で船は不相変忙しい。
明日シアトルに寄航、二十四日出港。五月八日頃横浜へ帰れる筈。

九月三十日
本月七日、男子出生ス。操卜命名。母子共健全。

二十五日横浜着（神戸より）。一昼夜碇泊、翌二十六日北米向け、第四回目の航海に上る。

東伏見宮殿下重大ナル御使命ヲ帯ビテ、英国へ御渡航ニナルニツキ、本船ニ御搭乗相成リタリ。至ツテ平民的ノ皇族ニ御見受ケ申シタ。航海中、折々船橋へ御出デアリ、自分等モ親シク御話シ申上ゲル折度々ナリ。

海軍ノ事ナド細々ト自分達へ御説明下サルアタリ、折々見受クル乗客中ノ官吏ヤ、軍人ナドノ尊大振ツタ態度ニ比ベテ、御丁寧ナル事全ク驚クバカリデアル。


徹の日記に「翌二十六日北米向け」とあるが、日本郵船の『五十年史』の年表には、「大正七年九月四日、東伏見宮依仁親王、横浜よりヴィクトリアに渡航」の記録がある。

父徹は、中学時代には安部磯雄の教えを受けたこともあって、成人してからも安部を尊敬しており、また文学面では、永井荷風の江戸趣味に共感していたし、家庭で酒を嗜しみながらの団欒の中で、しばしば役人たちの悪口を酔うにまかせて口にしていたことを思い出す。父は権力には嫌悪感をもっていたように思う。

しかし、この日記の書き振りからは、やはり、明治生まれらしく、皇室への崇敬の念をもっていたことがうかがわれる。

大学ノートに記載された日記は、この大正七年九月三十日、伏見丸乗船中のところで途絶えている。

その後、日記を書き続けたかどうか分からないが、恐らく日記はつけていなかっただろう。いずれにせよ、母の手にはそれらしきものは残っていなかった。

その後の父の書いた記録としては、大判（A５の大きさ）の「備忘録」が残っている。それは、大正十三年八月、船長に昇進してからの記録で、船長としての最初の船、六甲丸の航海歴から始まっている。最初の部分は日本文で書かれているが、大正十四年十月に門司丸船長就任以後の航歴は全て英文で記されている。

徹の日記は途絶えてしまったが、結婚後は家族宛に航海先から出した手紙が、母の貴重な遺産として残されている。

これからの記述は、この手紙を主として、父の海上生活を辿ってみることにしよう。

（四）航海先からの手紙

発信日付　大正八年九月三日
宛先　東京市牛込南町十九　藤田たか子
発信地　神戸（伏見丸）
封書

横浜碇泊中は例によつて、いつも晩くなり、ゆる〳〵話も出来なかつた。それでも操が大変丈夫さうに育つて居るのに、何より安心しました。前の航海に操が、ねまき一枚しか持つて居ないのが可哀さうで、一航海中気にかゝつて居たが、今度は外出衣も出来たやうで安心しました。

毎日乳母車に乗つて喜んで居ると思ひます。

神戸出帆は荷役の為、延期、明後日、長崎へ向け発航のことゝなりました。神戸は横浜程忙しくないので、気がゆつくりします。

今度、今一度米国へ行つて帰へれば、休暇を貰へるから、何処へ旅行しやうかと、旅費や計画をいろ〳〵研究して居ます。

休暇を了へて出勤後、或は本社の航海課へ勤める事になるかも知れぬ。……

永年の海上生活から陸上枢要の位置が得られるのは一寸結構の様ですが、陸上には又それ相当のむづかしい点があるので、充分考慮の後決定する積りです。……

神戸の暑さは非常なもので、一寸閉口して居ます。

神戸の物価は東京より三、四割高い様子、陸上生活者（郵船の）は生活難をこぼして居ます。八畳一間の借り賃が、一ケ月十五円とは驚き入つた次第。……

神戸にて　　　　徹

大正八年十月伏見丸を下船、その後本社の航海課の陸上勤務となったが、その間当時建造中の新船、榛名丸の艤装要員として長崎の三菱造船所に派遣された。この時は、母と操、小枝子も同伴し、長崎に滞在した。往路か復路か定かではないが、八幡丸で横浜長崎間の航海中、操には外国人の子と船内で遊んだ記憶が朧げに残っている。

徹は、大正十年十一月、新船の首席一等運転士に任ぜられ、欧州航路に就くこととなる。

榛名丸は総トン数一〇、四二一トン、全長一五八・五メートルの欧州航路向けの貨客船。欧州航路の戦時喪失船（宮崎丸、八阪丸等）の補充として、箱根丸、筥崎丸、白山丸とともに新造され、それぞれ一万総トン級、速力一六ノットの優秀貨客船であり、いわゆるHクラス船として欧州航路に布陣、活躍することとなる。

〈榛名丸〉（首席一等運転士）

自大正十年十一月
至大正十一年十二月

発信日付　大正十一年二月二十三日
宛先　東京牛込納戸町六番地　藤田操
発信地　門司
絵はがき（榛名丸の写真の入った日本画）

昨日門司入港。本日正午上海向出帆の筈。
一同御無事、御留守番を頼む。
小枝子、不相変、アベアベと泣き居る事と存ず。皆々よろしく。

建造中から係わった榛名丸に約一年勤務して、大正十二年二月に、同じ欧州航路の貨客船、鹿島丸に首席一等運転士として転船した。

鹿島丸は総トン数一〇、五五九トン、速力一六・五ノット、神戸・川崎造船所で大正二年十月竣工。

大正 11 年 2 月 23 日
操宛の絵はがき

〈鹿島丸〉（首席一等運転士）

自大正十二年二月
至大正十二年十二月

発信日付　大正十二年四月七日
宛先　東京牛込納戸町六　藤田操
発信地　ロンドン
絵はがき（The Thames Embonkment, London の風景画）

これは、倫敦の真中テームス川の河岸です。鹿島丸は、この河の下流にある「ドック」に只今碇泊中です。

操も小枝子も、おとなしく御留守番をすれば、御土産を買つてやります。左様なら。

四月七日　藤田

発信日付　大正十二年八月一日
宛先　（前信に同じ）藤田たか子
発信地　香港
絵はがき（鹿島丸の写真の入った日本画）

昨日香港着。

割合涼しいので大変楽です。台湾海峡も好天気で、穏やかな航海を続けて居るから、御安心あれ。

操、小枝子、元気なりや。

八月一日　香港　　　藤田

発信日付　大正十二年八月九日

宛先（前信に同じ）藤田小枝子

発信地　ペナン

絵はがき

ペナンに着きました。無事安心あれ。

今夜出帆、コロンボに向ふ。

小枝子は不相変フタナイデチットしますか。

十二年八月九日

〈近江丸〉（一等運転士）

自大正十二年十二月
至大正十三年二月

発信日付　大正十三年二月一日
宛先　東京赤坂区青山南町二丁目七六番地　藤田徹内
発信地　大阪
封書

一月二十九日神戸、翌日大阪に着。只今同港に碇泊中。

或は今度待命になるかも知れんと思つて居たが、今日迄別に命令が来ないところを見ると、もう一航海させられるものと見える。厭になつてしまふ。一航海といつても、十日ばかりだから、上海へ行つて、今度神戸に帰るのは、紀元節の日だ。その日を楽しみに、今一航海行つてくる。

議会は解散になり、天下の有様が、頗る物騒になつて来た。早く世の中が落着いて暮し易くなればよいと思はぬ日はない。

身体も達者、安心せよ。寒くなるから、子供達、気をつける様。

明日大阪出帆、神戸を経て上海に向ふ。

近江丸には、大正十二年十二月鹿島丸から転船し、十三年二月まで乗船した。二月に待命の辞令を受けているので、この手紙に書かれている「もう一航海」は無かったものと思われる。

近江丸は総トン数三、五八二トンの上海航路の貨客船。英国グラスゴーで建造。

本文中に「議会は解散」とあるが、大正十二年十二月、山本権兵衛内閣が総辞職し、清浦奎吾の内閣が翌十三年一月発足した。政友会、憲政会、革新倶楽部の所謂「護憲三派」が内閣を否認、清浦特権内閣に抵抗した。一月三十一日に内閣は議会解散した。総選挙で三派は勝利した。政局不透明のまま推移し、六月に入って内閣総辞職を行うにいたり、後継は加藤高明が三派を中心とした連立内閣を組織した。

〈吉野丸〉（一等運転士）

自大正十三年三月
至大正十三年六月

発信日付　大正十三年四月十八日
宛先　赤坂区青山南町二丁目七六　藤田たか子
発信地　香港
封書

けふ香港につきました。長崎へ夜分入港、上陸しませんでしたが、人に頼んで「カステ

ラ」を送つて貰ひました。届いた事と思ひます。あの「カステラ」は名物だけあつて、うまいから吃度、小枝子が喜んで食べる事でせう。例の通り慾張つて沢山貰ふ算段をするだらうと思ふと可笑しくなります。

シドニーでもメルボルンでも濠州は凡て物価が高いから、操の御土産は少々閉口だけれ共、折角楽しみに待つて居る事だから、何かい丶ものを見付けてやりませう。

六月末帰つたら、日曜日に船が休みの時は玉川へでもつれて行つてやろうかと考へて居ます。小枝子は動物園以来味をしめて、吃度一緒にゆくと云ふ事でせう。

明朝未明、出帆マニラに向ひます。忙しいから之で擱筆。

吉野丸は総トン数八、九九八トン、一九〇六年（明治三十九）竣工の北ドイツ・ロイド所属の貨客船（船名クライスト）であった。第一次世界大戦の賠償船。当時は豪州航路に就航していた。

発信日付　大正十三年四月二十一日
宛先（前信に同じ）藤田たか子
発信地　マニラ
封書

けふ「マニラ」に着きました。日本の七月位の暑さです。伏見丸に居た時分来て以来、四年あまりになるけれ共、昔のまゝの港です。

けふ夜半の出帆、「ザンバンガ」といふ小さな港に立ち寄り、木曜島を経て、濠州へ向ひます。

和子はだんだん可愛ゆくなつたでせう。追々暑くなるから、子供達の食物に注意する様。疫痢などは実際恐ろしい子供の病気だから、吾々の仲間で子供を亡くしたりするのは、大抵之にやられて居る様です。

取急ぎ之で御免。


父徹は吉野丸下船後、大正十三年八月に船長に昇職、上海航路の六甲丸（総トン数三、〇二八トン）で、船長としての初めての航海に就いた。その後、カルカッタ航路の彼南丸《ペナン》（総トン数五、二八〇トン）を経て、大正十四年十月、門司丸（総トン数三、七五七トン）に転船した。

門司丸では、カルカッタ、豪州航路を航海している。

第四章　船長時代

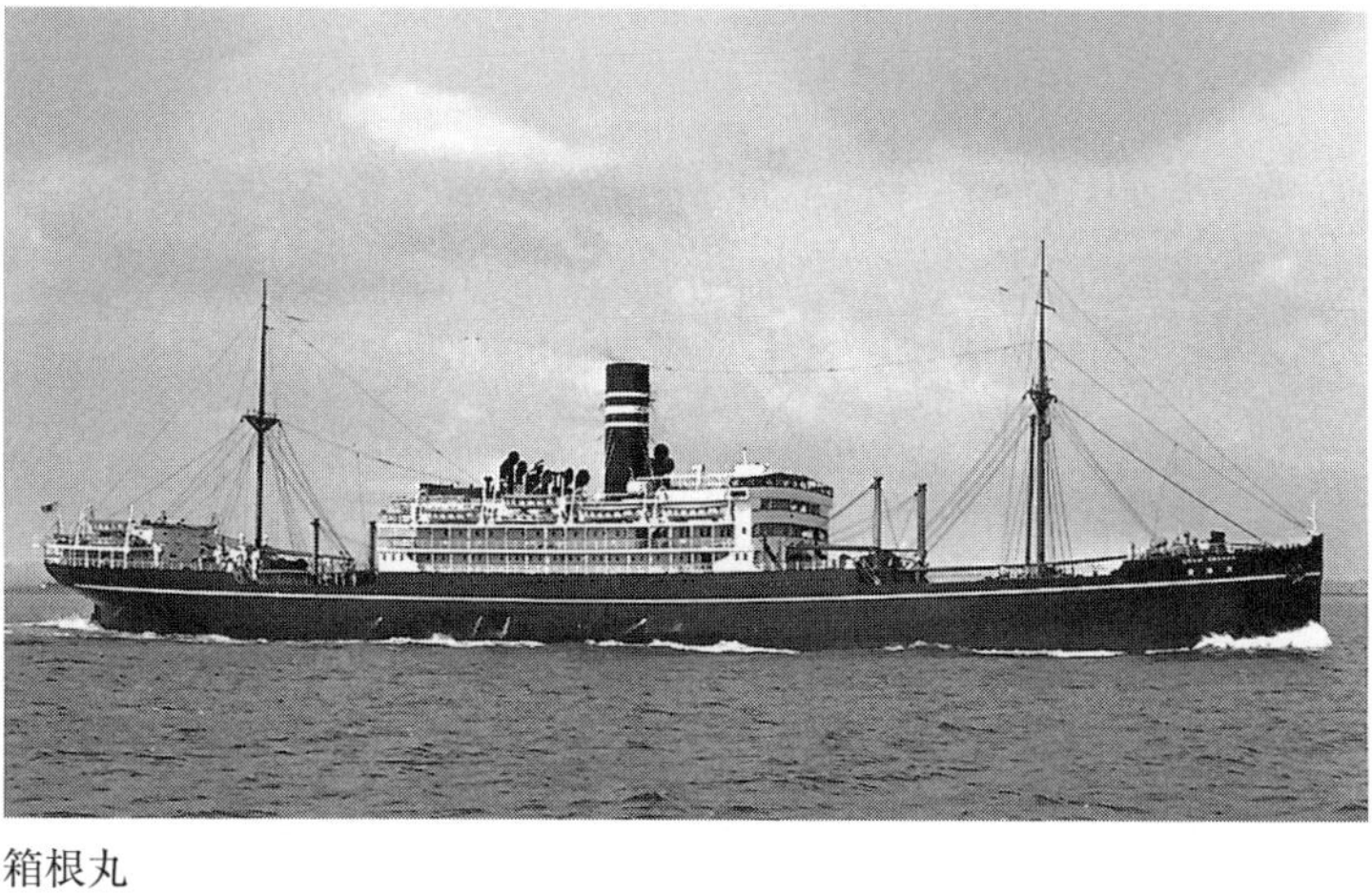

箱根丸

一　大正末期から昭和へ

自大正十三年八月
至大正十四年七月

（一）船長就任後の記録

〈六甲丸、彼南丸〉

○彼南《ペナン》丸航海記（「備忘録」より）

大正十三年八月八日、六甲丸船長ヲ命ゼラレ、翌九日横浜港ニ於テ前任船長高田久作氏ト事務引継ギヲ了へ、同十日午前十時、名古屋向ケ出帆ス。

船長トシテ船ヲ操縦スル皮切リデアル。天候平穏、無事、名古屋着。大阪入港ハ初メテノ事トテ大ニ心配シタガ、存外手際ヨク浮標ニ繋留スルコトガ出来タ。

大阪出帆ハ確カ十三日ダツタト思フ（此ノ記事ハ何等ノ日記ナク、記憶ヲ呼ビ起シテ既ニ丸二年ヲ経タ今日、門司丸乗船中ノ航海記録ヲ書キトメテ置ク積リデ稿ヲ起シタノデアルガ、船長就任当初カラノ記録ニシタイト思ヒ、六甲丸及ビ彼南《ペナン》丸在職中ノ出来事モ記憶ヲ辿ツテ記スコトトシタ）。

内海水先人、寺中二作氏乗船、門司ニ向ツタ。pilot ヲ使用シ得ルノハ此ノ上海航路ニアリテハ、三往復ニ制限セラレテアルサウダガ、要スルニ最初カラ自分デヤルノモ、二三回 pilot ヲ取ツタ後ヤルノモ同ジ事デアラウ。pilot ナシニ最初カラ独リデヤル方ガ却テ頭ニヨク残ルダラウト思フ。

十四日門司着。即日出帆、十七日上海着。二日間碇泊ノ後、上海発、名古屋ニ向ツタ。丁度、猛烈ナ低気圧ガ、草垣島方面ニ進行中ナノデ、之ヲ避ケル為、下関海峡ニ向ヒ、同海峡ダケノ pilot ヲ取リ、姫島カラ右折シテ、豊後水道ヲ通過シテ、名古屋ニ着シタ。此ノ航路ヲ選ンダノハ大出来デアツテ、為メニ完全ニ低気圧ノ中心カラ遠去カツテ目的地ニ着スル事ヲ得タ。

名古屋カラ横浜ト無事航海ヲツヾケ、船長トシテノ処女航海ハ終了シタ。

続イテ上海定期ヲ二航海シテ帰ルト、九月二十七日突然、彼南丸《ペナン》転乗ヲ命ゼラレタ。横浜ニテ下船、二十八日本社へ出頭、翌二十九日、夜行ニテ当時神戸碇泊中ノ彼南丸へ赴任スベク東京駅ヲ立ツタ。三十日神戸着、

彼南丸船長　大十三・九・二七付

船長・後藤忠治氏ト交代、翌十月一日神戸発甲谷陀《カルカツタ》線トシテ門司ニ向フ。Pilot 寺中二作氏乗船、十一日門司着。

初航海の六甲丸は総トン数三、〇二八トン、大正十二年三月十日三菱長崎造船所で竣工。
彼南丸は五、二八〇トン、一九一三年（大正二）一月英国グラスゴーで建造され、日本郵船が購入。当時インドカルカッタ航路に就航していた。

前任の後藤忠治は、徹の商船学校時代の一期先輩で、同氏は後年、昭和十九年十一月から二十一年十二月まで、日本郵船の常務取締役の要職を務めた。

徹は十九年八月十八日、帝亜丸で戦没したが、後藤氏がその報せをもって小石川小日向台町に住む私の母を弔問したことを、戦後私は、母から知らされた。私は父の戦没当時には、陸軍主計将校として南方インドネシアに駐屯しており、父の死は知る由もなかった。

後藤氏が、母に伝えた模様がどのようなものであったか、今にして思うと、もっと詳しく聴いておけばよかっと悔やまれるが、母亡き今は叶わぬこと、しかし母は父の死を話すこともつらい想いで避けたかったかも知れぬ。

（大正十三年）十月十二日門司発、香港ニ向フ。六連マデ pilot 乗船、此ノ航海ハ台湾海峡ニテ可成リ烈シイ荒天ニ会ツタ。

甲谷陀《カルカツタ》ハ生レテ初メテ行ク港デアル。新嘉坡《シンガポール》、彼南《ペナン》等ハ欧州航路デ度々寄港シタガ、蘭貢《ラングーン》、甲谷陀ハ十数年ノ海上生活中、嘗テ一度モ寄港シタ事ハナカツタ。

蘭貢ハ蘭貢河ヲ溯ルコト四十海里、江ノ左岸ニアル Burmer 第一ノ海港。英領ナリ。税関官吏、港務官、水先人、皆英国官吏ニシテ、土人ヲ相手ニ威張ル習慣ガ自然外国人ニモ現ハル、ト見エ、一種ノ下劣ナ殖民地気質ヲ露骨ニ見セラル、コトハ初メテノ来航者ニ取リテ実ニ不愉快ナ印象ヲ与ヘル。

自分ハ欧州、米国、濠州等ノ諸港ニ航海シテ、shipping 関係ノ官吏ニモ屡々接触シタガ、蘭貢、甲谷陀ノ役人ノ如キ低級ナ、傲岸ナ人間ヲ見タコトハナイ。甲谷陀航路第一ノ不愉快ナ点ハ、之等、下等ナ役人ト応接シナケレバナラヌ所ニアル。

〔中略〕

甲谷陀初航ヲ無事終ヘテ、大正十三年モ押シ詰ツタ暮ノ二十八、九日頃横浜ニ帰着、東京デ初春ヲ迎ヘテ、十四年一月四日、横浜出帆、孟買《ボンベイ》ニ向ツタ。綿花積取ノ臨時航海デアル。孟買モ初メテノ港デアル。

同ジ英領印度デアリナガラ甲谷陀ヤ、蘭貢デ受ケタ様ナ不愉快極マル印象ヲ与ヘラレナカツタノハ不思議デアル。

同地停泊中ハ印度デノ最良ノ季節デアツタ為メ、気候涼シク、折カラ来泊中ノ大阪商船ノ印度丸ヤ、社船丹波丸ノ船員等ト野球ノ試合ヲシタリ、又印度選手権ノ庭球争覇戦ヲ見物シタリシテ、一週間余リノ碇泊ヲ比較的愉快ニ過スコトガ出来タ。

予定通リ、棉花ヲ満載シテ三月下旬横浜へ帰ツタ。

ソシテ、四月上旬第二回目ノ甲谷陀航海ニ向ツタ。コノ航海ハ苦シイ航海デアツタ。印度ノ一番暑気ノ酷シイ五月中旬ヲ十日余リモ碇泊スルノデアルカラ、トテモ耐エラレナカツタ。時トシテハ、室内温度一〇八度位ニ昇リ、食慾ハナクナリ、睡眠ハ不足トナリ、全ク命カラガラ六月初旬同地ヲ出帆シタ。

日本ニ帰ツタノハ七月初旬。

帰宅シテ見ルト、妻ノ父ガ胃癌ガ危篤ダトアル。トテモ一月ハ保ツマイト医者デアル義兄ハ言フ。兎モ角、請暇下船スル旨ヲ本社ニ申シ出ルト、許可ハスルガ、人繰リノ都合ガアルカラ、七月下旬出帆ノ上、神戸マデ船ヲ持ツテ行ツテクレ、神戸デ代人ヲ差シ向ケルカラ其処デ下船スルヤウニトノ命令デアル。一週間ヤ、十日ハ危険ハアルマイト、承諾シテ、七月二十七日頃神戸マデ廻航シテ石井駿吉氏ト交代シテ下船、急行デ帰京シテ見ルト病人ノ容態ハ悪化シテモウ四、五日ハドウカトイフ有様デアツタ。幸ヒ余ガ帰宅シタ時ニハ意識ハ明瞭デ、色々話シナドモ出来タガ、五、六日シテ危篤ニ陥リ、八月六日ニ亡クナツタ。葬儀ノ事ヤ、何ヤカト繁忙ナ日ヲ送リ、八月二十五日、大方用事モ片附イタノデ、出勤シテ見ルト、近々乗船ノ命令ガ出ルラシイ模様デアル。丁度其ノ時、級友、佐藤勝太郎君ノ岳父ガ危篤デ同君モ下船スル事トナリ、十月十二日、余ハ同君ノ後ヲ襲ツテ、門司丸船長ヲ命ゼラレタ。

（門司丸船長　大正十四年十月八日付）

発信日付　大正十四年六月二十三日
宛先　小石川区大塚窪町十一番地　藤田徹内
発信地　シンガポール
はがき

本月初旬カルカツタ発、帰航の途、只今新嘉坡碇泊中。今夕出帆、西貢《サイゴン》、香港、上海を経て日本に向ふ。

香港、上海、各地「ストライキ」にて騒擾中なれば、碇泊時間多少延期して、横浜着は多分七月下旬となる積り。

追々酷暑に向ふ時節一同健康注意せよ。

小生、頑健安心あれ。本便香取丸に托す。


〈門司丸〉

自大正十四年十月
至大正十五年十月

発信日付　大正十五年四月十一日
宛先　小石川区大塚窪町十一　藤田たか子
発信地　門司港

一　封書

四月五日附の御手紙拝見。小生出発後、皆元気よく、操の腹下しも全快の由、何よりの事と安心した。

名古屋、大阪を経て、神戸に八日着、十日出港、本日門司入港せり。

今度も例の如く、田中君の御宅に厄介になり、碇泊中は、船の仕事は別に忙しくなかつたけれ共、外にいろ〳〵の用事があつたり、会があつたりして極めて忙しく暮した。

八日夜は田中君と吟松亭にて晩餐を共にし、いろ〳〵話を伺ひました。同君長男は今度小学を経、神港中学、関西学院と県立三中と三つの試験を受けさした処、成績が優等とはゆかず、いつも中位であつたので、非常に心配して居た処、全部合格してしまひ、いかにも嬉しさうに話して居ました。……操なども、いまに試験で苦労する時があるだらうと思ふと誠に可哀さうです。

九日には、午前中折柄入港中の静岡丸に松任君をたずね、船で午餐の御馳走になり、久しぶりで快談しました。……亡くした長男の事ばかり話して、……愚痴をこぼして居ました。

夜は諏訪山の常盤と云ふ料理屋で、今度本店へ栄転する神戸支店長の送別会に、出席したところ、席上、河内研太郎さんに御目にかゝりましたから、一別以来の挨拶をして、昨年の不幸の時、いろ〳〵心配して下さつた礼を述べ、昨今柴田家の様子も話して差し上げました。……研太郎老人はなか〳〵元気で、お酒も飲み、話も若い者に負けないと云ふ様子に見えました。また財界の景気でもよくなれば、一旗挙げる積りなのでせう。……

子供たちも御父さんが留守で淋しがつて居るでせう。子供達が達者で暮せる様に御父さんは外へ出て働いて居るのだから、よくおとなしく御留守をする様云ひ聞かせてやつて下さい。潮干狩や御花見もよろしいけれ共、あまり独りで遠くへ出さぬ様頼みます。……

満州辺の高気圧のせいか、門司港も非常に寒く、まるで冬が来た様、之では東京の花もまだ開かぬでせう。……

明日出帆、香港に向ふ。では左様なら。

四月十一日

門司丸は総トン数三、七五七トン、大正十一年九月十五日横浜船渠で建造。インド、オーストラリア等に就航した。

徹の義父、柴田敏千代は、前述のように大正十四年八月死去したが、文中の「昨年の不幸」とはその時のことを指している。

日本郵船創業一二〇周年記念として刊行された『航跡』(平成十六年五月)中、「旧友会の碑」の項に、文中の河内研太郎について次のように記されている。

「河内研太郎は、五二才で当社を勇退して大連汽船基礎作りに参画後、第一次世界大戦時に、船会社を設立して船成金になりました。河内は海洋気象台、商船学校や神社、仏閣などに巨額の寄付を惜しまず『人は宜しく陰徳を施さねばならぬ』と説き、友情に厚く、同僚や後輩からは、心の親友、青年の心の味方と慕われていました。」

柴田敏千代は既述の通り同じ日本郵船出身であり、河内との親交があったのであろう。

発信日付　大正十五年五月十二日
宛先　（前信に同じ）藤田徹内
発信地　カルカッタ
封書

去る五月五日に甲谷陀《カルカッタ》に着きました。今度は、碇泊中、社船の鳥取丸が明日当地を出帆する都合になつたので、其れに托して手紙を出すことが出来ました。

当地着までの航海は極めて順調で平穏な、また愉快な日を送りましたが、当地入港以来暑さの為めには全く閉口させられて居ます。日中は大抵、九十五六度から百四度位の温度で船の鉄板は熱のため、触れぬ位に焼いて、室の中はまるで蒸し風呂の様に温まつて、とても寝る事も出来ぬ位の暑さです。幸ひ病気にもかゝらず、丈夫では居るが、なかなかの苦しみです。

乗組一同も元気で、病院に入るものも一人もなく、仕合せの事と思つてゐます。……何しろ、マラリヤや熱病の本場所だから、大いに要心して居ます。心配せぬ様。それから今度の帰航は荷の都合で、船は横浜に寄港せず、神戸または大阪止りとなりましたから、御前は都合して神戸（又は大阪）へ出て来る様にして下さい。出発の期日等は門司あたりから、電信で知らせるし、又宿屋其他の事は取り極めた上、何かの方法で予め知らせて上げます。

……

子供は、和子は無論同伴するとして、小枝子、操はつれて来られるや否や。操の学校は十日位休ませても差支なきや。……小生も操にあひ度いし、なるべく学校を休むでつれて来る様にして下さい。……

神戸着は大体、六月十四、五日頃だらうと思ふ。

発信日付　大正十五年六月二十五日
宛先　（前信に同じ）藤田たか子
発信地　門司
封書

無事御帰京の事と存す。

小生昨日、大阪出帆、今朝、門司着。積荷後、直ちに上海向け出帆の予定。

操、和子、宝塚の歌劇には大満足の事と存じ。

……

封書

発信日付　大正十五年八月十四日
宛先　（前信に同じ）藤田操
発信地　南洋テニアン島

横浜出帆以来、天候平穏、八月九日南洋サイパン島に着きました。この島は、マリアナ群島の一部、欧州大戦後、日本の委任統治に移つた新領土です。島民は黒んぼ、日本人は大分居ます。人口五千人位の島。上陸地から町まで行くには、トロッコに乗つてゆきます。生れて初めて、トロッコに乗つて旅行しました。そして帰りはボートで船に帰へりました。泳ぎも久しぶりで試みた。毎日天気がよく、風が涼しく、内地より余程楽です。サイパン島の荷役を終へて、今度は十四、五浬のそばにある、テニアン島へ寄港しました。この島はサイパン島よりも、もつと寂しい島で、これから後、日本人が開拓して、砂糖の畑にしようとして居るところ。島には町も何もありません。日本人の開拓に来て居る人の住居や、開拓の事務所がある位のもの。まるで絶海の孤島の様な趣です。こゝに建築材料などを陸揚し、今日濠州ブリスベーン向け出帆します。

子供皆達者なりや。この手紙が日本に着く頃は、大分内地も涼しくなるだらう。

本船ブリスベーン、シドニー、メルボルンまでゆき、それから復航の途につく。日本帰着は、多分十月初旬になるだらう。内地は、そろ〳〵伝染病の流行する季節故、殊に食物に気を付ける様。

柴田皆々様によろしく。

八月十四日

南洋テニアン島にて

藤田たか子殿

○濠州航路雑記（「備忘録」より）
大正十五年八月二十六日（門司丸第十九次航）午後一時 Queensland Brisbane 港着。

嘗テ大正十三年四月下旬、吉野丸一等運転士トシテ寄港セシトコロ。一種ノ懐シサヲ覚エル。

碇泊僅カニ四、五時間ノ間ヲ利用シテ、機関長及船医ヲ伴ヒ、市中ヲ見物ス。

Sydney ニ比シテ、マルデ片田舎ノ観アルモ道路、建物相当整頓シテ、白人濠州ノ片影ヲ伺ハセルニ充分デアル。

十数年前ノ練習船ニテ Melbourne ヲ訪ヒ、又其後一、二年ヲ経テ、日光丸実習生トシテ濠州航路ニ航海セシ時モ、濠州人ノ話題ヤ新聞記事ノ到ル所ニ英人禍ニ対スル恐怖ノ片鱗ヲ示サヌ事ハナカツタ。其ノ白濠主義ノ叫ビハ今日迄休ミナシニ絶叫セラレテヰルト見エテ、手ニシタ新聞二種ニモ、其レ其レ日本人ニ関スル記事ガ見エル。而モ Brisbane Daily Mail ニ見エルノハ日本人ニ対スル敬遠的称讃ノ記事ダカラ笑ハセル。

日本ノ当局者ガ、最近日本人ノ人口増加ニ対シテ日本ハ既ニ加奈陀、加州ヤ、濠州ニ移民ヲ求メントスル政策ヲ放棄シテヰル。御心配、御無用ト言明シタト云フ通信ヲ引用シテ日本帝国ノ克己的ナ政策ヲ口ヲ極メテ称揚シテヰル。

"New Japan" ト題シテ "Noble Gesture" ナル見出シノ下ニ通信ヲ掲ゲテヰル。ソシテ社説ニ曰ク「日本ガ濠州カラ視線ヲ外ラシタノハ有難イガ、今ヤ吾ガ濠州ハ白人国ノ注視スル所トナツタ。仏蘭西、伊太利等ノ諸国ハ濠州自身壮大ナ地域ヲ有シナガラ、之ヲ開墾セズシテ宝ノ持チ腐レトスルナラバ、吾々ガ行ツテ開拓シテヤラウデハナイカト云フ様ナ形勢ニナツテキタ。吾々濠州人ハ悠々呑気ニ構ヘテ居ルベキ時デハナイ。大イニ奮励努力スベキ時機ニ到達シタ」ト自国民ニ警告ヲ与ヘテヰル。

発信日付　大正十五年八月三十一日
宛先　（前信に同じ）藤田たか子

発信地　オーストラリア　シドニー港
封書

南洋テニアン島を八月十四日出帆、濠州ブリスベーンを経て、八月二十八日シドニー港に安着。今日（三十一日）メルボルン港へ向け出帆の予定。

濠州は吉野丸で来て以来、二年振りの土地。気候がよいのが何よりで、八月の末だけれ共そちらの冬だから、日本の丁度十一月頃の寒さです。

メルボルンから「タスマニア」と云ふ濠州の南にある島へ寄港して、それからマニラを経て日本に帰へることになる。横浜着は十月の中旬だらう。

濠州の御土産は例のおいしい「ビスケット」を買つてかへるから、子供達は楽しみにして待つて居なさい。それから西洋の絵本と。

此の頃は、和子も大きくなつたから、一人前に絵本も欲しがるだらうと思つて、和子の分も一冊買つてやりました。

いづれ先の港から又通信する。手紙は、神戸宛にすべし。濠州の電車の切符、操にやるべし。

皆によろしく。　シドニー出帆の朝

〈八幡丸〉

自大正十五年十一月
至昭和三年三月

発信日付　大正十五年十二月二十三日
宛先　小石川区大塚窪町十一　藤田徹
発信地　南洋サイパン島
封書

十二月十九日、南洋サイパン島着。天候概して、平穏無事な航海をつゞけました。

……

一月二十五、六日頃、横浜着の予定。

正月帰つた日は、雑煮を作らへ置《こし》くべし。いま日本の六月末の気候、夏服になり、只今筑前丸の出野卓ちやんに会つた。同船により此の便を送る。

八幡丸は総トン数三、八一八トン、当時南洋航路就航の貨客船である。一八九八年（明治三十一）英国で竣工。

次の手紙は、八幡丸二次航時のものである。

発信日付　昭和二年二月十一日
宛先　（前信に同じ）藤田たか子
発信地　門司
封書

六日夜、横浜へ着いた処、遅いのでランチが出ず、やつと発動機船の便で、十二時頃帰船、翌未明出発、九日早朝、神戸着、十日朝神戸出帆、只今門司に着きました。

雪もよひの寒い天気で、閉口して居ます。幸ひ其後、風邪も引かず、達者だから、御安心を乞ふ。

生れる子供の名はいろ〳〵考へたけれど、結局少々平凡ながら、昭和の御治世に因むで、男ならば「昭《アキラ》」、女子ならば「昭子《アキ》」と定めました。和子と合わせて、昭和が出来るわけです。

明日朝、出帆、南洋に向ふ。

……

寒気凜冽の折柄、御養生専一となさるべく

十一日　紀元節の午後　藤田

発信日付　昭和二年七月三日

宛先　（前信に同じ）藤田隆子
発信地　南洋サイパン島
封書

其後一同変りなきや。昨今は、内地もなかなか暑い事でせう。門司出帆以来、海上平穏、パラオ島を経て、サイパンに着きました。南洋は、目下割合に涼しく、朝夕は何とも云へぬよい気持です。

今日、当地出帆、トラック、ポナペ、ヤルート諸島に寄港、本月末、このサイパンに戻り、それから横浜直航だから、八月五日頃、横浜着の予定です。

其の頃は、丁度学校も休みになつて居る筈だから、碇泊中、暇があつたら、子供達を海水浴に連れていつてやりませう。海水浴や、山登りが盛んになるにつけ、新聞によく子供の溺死や、山中での災難が報道されて居るから、小枝子や操も家の者が一所でない時は決して、水泳や川遊びに出さぬ様御注意ありたし。……

別紙は操と小枝子へ。　以上

七月三日

たか子殿　藤田

〔別紙〕

操は毎日げんきで学校へ行つてゐますか。おかあちゃんのゆうことをよくきいて、おとなしくしてゐると、八月五日ごろ、おとうさんがかへつた時、小枝子や和子と一しよに海に泳ぎにつれて行つてあげます。
師範附属は、八月一日からおやすみになるのでせう。おやすみ中、ひとりで川へ遊びに行つたり、おかあちやんにきかないで、おともだちと遠くへ行つてはなりません。うちのやどかりはまだいきてゐますか。こんどは、もつと大きい蟹をつかまへて、操にもつて行きましやう。小枝子とけんかをしたり、和子をいぢめたりすると、おとうさんが、皆を鎌倉や逗子につれてゆく時、操だけおるすばんをさせます。
操クン
昭和二年七月三日　ヲトウサン
×　×　×
小枝子、学校デ先生ノユウコトヲヨクキキマスカ。ヨミカタヤ、サンジュツ　ワ　ジヨウズニナリマシタカ。ウチノニワニ、ウエタ花ハキレイニサキマシタカ。コンド、ヲトウサンガ、カヘツタラ小枝子ヲ海ニツレテイツテアゲマス。オカアチヤンニ水ギヲ、カツテモラツテ、海へ遊ビニユクシタクヲシテオキナサイ。
海ハドコガヨイデシヨウネ。カマクラ、カ、ヅシ、カ、オキツ、カ、ハヤマ、カ、ミンナガイチバンスキナトコロニシマシヨウ。ニイチヤントソウダンシテキメナサイ。ソレトモ小枝子ワ、キシヤニノルトゲーヲシテクルシイカラ、ジヨン〔飼い犬の名〕トフタリデ、オルスバンヲシタホウガヨイデスカ。ソレデハ、ソウユウコトニキメマシヨウカ。ヨコハマアテニ、ヘンジヲクダサイ。

小枝子ジョウ　　　　　　　　　　　　ヲトウサン　ヨリ

七月三日

発信日付　昭和二年八月十八日

宛先（前信に同じ）藤田たか子

発信地　北海道小樽港

封書

十五日午前十時、横浜出帆、途中航海平静、本十八日午前九時、小樽港着。食糧品、石炭積込の上、明十九日未明、露領カムチャッカ西岸に向ふ。

九月初旬カムチャッカ発、函館へ寄港の上、十日前後横浜へ帰着の筈。

○八幡丸カムチャッカ航海日記ノ一節（「備忘録」より）

昭和二年八月十五日（八幡丸にて）

横浜ヲ午前十時出帆、小樽ニ向フ。

海上平穏、快晴続キ、極メテ楽ナ航海ヲシテ、十八日小樽入港。

日露漁業会社ノ charter トナル手続ヲ済マシ翌十九日小樽出帆、露領カムチャッカニ向フ。十九、二十、二十一日ハ天候良好、平穏ナ航海ヲ続ケシモ、二十一日夕ヨリ時々霧襲来、二十二日未明ヨリ濃霧トナリ、千島北端「アライド」島ヲ認ムルニ困難ヲ極ム。

二十二日午前十時、霧堤ノ間隙ニ島影ヲ確メ、針路ヲ定メ「オゼルナヤ」ニ定針スルコトヲ得タリ。「オゼルナヤ」港ヲ発見スルニ多少苦シミタルモ、幸ヒ霧晴レテ好錨地ヲ求ムルヲ得。

見渡セバ、カムチャッカ半島ノ荒涼タル風物ハ往年練習船時代、寄港シタル南米ノ南端「フォークランド」島（之ニ比較ニナラヌ程ノ小サナ孤島ナガラ）ヲ髣髴セシムル感ガアッタ。

山上ニハ雪ガ所々ニ残ツテ、草ハマダ流石ニ青ムデハ居ルガ、樹木ノ鬱蒼タルモノナク、椰子ノ葉繁ル南洋カラ突然回航シタ吾ガ眼ニハ之ハ亦何ト言フ、ツメタサ、淋シサダラウ。殺風景ナ漁業会社ノ背後ニハ、数千尺ノ高峯ガ真黒ニ突ツ立ツテ居テ、其ノ中腹ヲ霧ノ幕ガ這ヒ廻ツテ居ル光景ハ決シテ明ルイ感ジデハナイ。

乗組ノ属員共々投錨スルヤ否ヤ、手ノアクノヲ待チ兼ネテ、舷側カラ釣糸ヲ垂レタ。面白イ様ニ鰈ガ釣レル。皆夢中ニナツテ釣ツテ居ル。

材木百本バカリノ揚荷ヲ済マシ、今夕直チニ「ヤイナ」へ向フ。

発信日付　昭和二年九月十九日
宛先　（前信に同じ）藤田隆子
発信地　門司港
封書

横浜出帆以来天候佳く、海上平穏、本日、門司着。

神戸にて、田中猶樹君に会ひました。同氏は、神戸市から本月二十五日に行はれる県会議員の選挙に無産政党の候補者として、社会民衆党から推されて出馬しました。本船が着いた日も二ケ所で演説会を開いて、大いに気勢をあげて居ました。新聞其の他の評によると、当選確実との事です。……最初の普選だから、結果は非常に興味があります。大いに激励してあげました。

小供達は腹をこはさぬ様、よく気をつけてやつて下さい。……

明日正午出帆、パラオに向ふ。

〈豊橋丸〉
自昭和三年三月
至昭和三年十一月

一　発信日付　昭和三年四月十九日

宛先　小石川区大塚窪町十一　藤田たか子
発信地　神戸港
封書

四月十七日正午横浜出帆、名古屋を経て、今朝、神戸入港しました。元気だから御安心下され度。

本月分費用金弐百五拾円也社為替を以て送付したるに付、本社にて御受取り下され度。

来月からは、家族渡しをしてありますから毎月本社から受取る様、五月末のボーナスも家族渡しとしてあるから、其時之も本社から受取るべし。

明朝出帆、大連向け航海の途に上る。いづれ大連より通信する。


……

子供達、病気、怪我をせぬ様御注意肝要。目下海上平穏なれば御心配あるな。

於神戸　徹

たか子殿

豊橋丸はT型貨物船の一隻として大正四年五月、神戸川崎造船所で竣工、欧州航路に就航していた。総トン数七、二九八トン。徹は昭和三年三月から十一月まで、船長として本船に勤務した。

本航路は、往航は横浜より北海道及び内地諸港に回航の上、釜山（大連）、セブ、マカッサル、シンガポール、ポートサイド、ハーブル、ロンドン、ロッテルダムを経て、ハンブルクに至り、復航はダンカーク、アントワープ、ブレーメンに回航の上、ロッテルダム、スエズ、マニラを経て本邦に帰航することとなっていた。

発信日付　昭和三年四月二十九日
宛先　（前信に同じ）藤田たか子
発信地　大連港
封書

海上無事、去る四月二十三日大連着。

積荷を終へて本日、マカッサー港（南洋セレベス島）向け出帆、それから新嘉坡、コロンボ、スエズを経て、欧州に向ひます。

手紙及び新聞、雑誌は凡て、倫敦向け御送りを乞ふ。

……

大連碇泊中、佐藤勝太郎君の鳥羽丸と会合、一夕大に会談しました。……

発信日付　昭和三年五月十日
宛先　（前信に同じ）藤田小枝子
発信地　南洋セレベス島　マカッサル

——絵はがき（絵が欠落）

コレワ、南洋セレベス島、マカッサ港ノマチノナカニアル、オンガクドウ　デス。オトウサンハ、ケサ、コノミナトヲデテ、シンガポール　ニムカイマス。カズ子トケンカヲシナイヨウニ、シナサイ。

五月十日夜

——発信日付・発信地　前信に同じ

宛先（前信に同じ）藤田操

絵はがき（Donnerspark 公園の写真）

オトウサンはケサ「セレベス」の「マカツサ」港につきました。あした新嘉坡にむかいます。小枝子とケンカをしないようにしなさい。

五月十日　豊橋丸

徹

——発信日付　昭和三年六月十六日

宛先（前信に同じ）藤田たか子

発信地　スペイン　バレンシア港

封書

四月二十七日付の御手紙、並びに新聞、雑誌、古倫母にて落手仕候。

皆々無事の由、何よりの事に存候。

日本出帆以来、早くも二ケ月を過し、昨日南欧の西班牙バレンシアに着。本日夜、当港出帆、いよ〳〵倫敦に向ふ事と相成候。

本朝、代理店主人の案内にて、バレンシア市内を見物仕候。欧洲の古き国だけありて、寺院や官庁の建物等小さい乍ら、荘厳の趣ありて、昔この国の全盛時代の面影を偲ばしめ候。国民は一般に遊惰に流れ、中流以上は夜二時、三時位までカフェーやダンシング・ホールで遊び暮し、昼は十二時過ぎまで寝てしまふもの多き由、貧乏人だけ一生懸命働き居る様子、何処の国も同じ事ながら、日本などよりも少しはげしい模様に有之。

今年の夏は小生不在なれども、横浜の姉さんと相談して、鎌倉、逗子附近、適当な場所が見付かつたら、あまりぜいたくでない程度で、一同海水浴に行つては如何。但し海辺の暮しは子供が喜ぶ代り、危険も多いから、充分気をつけ、監督に注意する事肝要。

倫敦へ着いたら、いづれ手紙を出す。

皆々によろしく。

六月十六日　豊橋丸　藤田　徹

この夏は、手紙の通り、父の姉の日下家と共同で藤沢市の片瀬で一軒家を借りて、両家の家族は仲よく避暑をした。今は残っていないが、竜口寺の裏にあった展望台近くの、郵便局の近所の家である。

雨の多かった夏だった。

発信日付　昭和三年六月二十六日
宛先　（前信に同じ）藤田小枝子
発信地　ロンドン
絵はがき（子供の絵）

ロンドンニツキマシタ。
ミンナゲンキ　デスカ。オミヤゲヲタクサンカイマシタカラ、タノシミニ、マツテイラッシヤイ
倫敦にて　藤田

発信日付　昭和三年六月二十七日
宛先　（前信に同じ）藤田和子
発信地　ロンドン
絵はがき（子供の絵）

カズ子ハ、オトナシク、オルスバンヲシテイマスカ。コンド、オトウサンガカヘツタラオミヤゲヲアゲマシヨウ。

アキラヲカアイガツテヤリナサイ。

発信日付・発信地　前信に同じ
宛先　（前信に同じ）藤田操
絵はがき（子供の絵）

二十二日、倫敦着。英国ハル港へ向け出帆。それよりロッテルダム、ハンブルクを経て、リバープールに行く。六月五日附の御手紙落手。皆元気の由、安心致候。

発信日付　昭和三年六月二十八日
宛先　（前信に同じ）藤田たか子
発信地　イギリス　ハル港
絵はがき（道化師の絵）

本日英国ハル港着。明朝出帆、和蘭ロッテルダムに向ふ。今後の郵便物は、内地便、横浜郵船会社気付にて、本船宛御送付を乞ふ。それから、至急、風月堂にて缶詰ヨウカンを買ひ左記宛御送付を願ふ。

(Capt. Fujita, SS Toyohashi Maru, N.Y.K. Agent, Portsaid, Egypt.)

発信日付　昭和三年七月一日
宛先　(前信に同じ) 藤田操
発信地　オランダ　ロッテルダム
絵はがき (オランダ風車の風景)

和蘭ノロッテルダム　ニツキマシタ。イマコノクニノ　アムステルダム　トユウトコロデ、オリムピック大会ガヒラカレテイマス。日本ノ選手モ　ダンダン　アツマツテキテ、今月ノ末ゴロカラ面白イ試合ガ　ハジマルソウデス。

コ、カラ、豊橋丸ワ独逸ノ　ハンブルク　ニ向ヒマス。

発信日付　昭和三年七月二十八日
宛先　(前信に同じ) 藤田和子
発信地　イギリス　ニューポート
絵はがき (三日月をみる三人の子供たちの絵)

ミカヅキ　サマ　ガ　デマシタ。

コレカラ　サンニン　デ　オドリマセウ。
チッタッタ、チータッタ、チ……

――――
発信日付・発信地　前信に同じ
宛先　（前信に同じ）藤田昭
絵はがき（おうむと猫の絵）

アキラ　ワ　マダ　ジ　ガヨメナイカラ、ニイチヤンヤ　ネヱチヤン　ニヨンデモライナサイ。コ、ニアルトリ　ト　ケモノワナンデスカ。

――――
発信日付　昭和三年九月二十一日
宛先　（前信に同じ）藤田たか子
発信地　長崎港
封書

本日、無事長崎入港、之から門司、呉、神戸を経て、十月二日頃横浜着の予定なり。其後、そちらより便りに接せず、如何し居るや。一同無事なりや。子供達の学校も、もはや始まり居る事と思ふ。日下より度々たよりに接したり、横浜も皆元気の由、何よりの事に存候。

かへりの航海は暑さに苦しめられたれども、暴風にも出会せず、大体平穏な航海を続けたり。病気もせず、達者なれば御安心を乞ふ。

……

最近会社よりの通知によれば、船員留守宅に巧妙なる詐欺漢出没して、家人を欺きて、金品を詐取する件頻出の由、御如才なからんも御注意肝要に存じ、又（之は気狂ならんと思ふが）会社の船長、機関長等百名あまりの留守宅にあて、中傷的の手紙を差出し、家庭の平和を擾乱せんとする不届ものも現はれたる由、生活難が深刻になるにつけ、いろ〳〵の手段を以て、何らか金にせんとする者現はるゝは困つたものに存候。

今夜、当港出帆、多忙に付、之にて擱筆。皆々によろしく。

この豊橋丸の欧州航路は、四月十七日横浜を出帆、大連、セレベス島、シンガポール、コロンボ、スエズ、地中海、バレンシア（スペイン）、ロンドン、ロッテルダム、ハンブルク、リバプールに寄港、十月初旬横浜着の半年に亘る長い航海であった。

帰国後、休暇の折（昭和三年十一月）、家族で箱根旅行をした。芦の湯近辺で乗車中のタクシーが溝に落ち、このアクシデントで父は膝を痛め、歩行困難となり、四谷の浅見外科医院に入院。豊橋丸はこの一航海のみで下船、病気休暇をとることとなった。

治癒後、熱海に療養のため滞在した。

発信日付　昭和三年十二月十八日
宛先　（前信に同じ）藤田たか子
発信地　熱海
封書

予定通り、七時半頃に無事帰宅出来ましたか。小枝子が待ち兼ねて居た事だらう。……先達中の入院で、退屈に耐へる事は卒業したので、独りになつても左程閉口しない。おとなしく本を読むで居ると、知らず〳〵時間がたつてゆく。但しもう直き読む本がなくなりさうだ。……

こゝへ来て、僅か二、三日だけれ共、温泉の効き目か、気候のせいか、足はめき〳〵よくなる。試みに体温計で計ると夕刻に発熱は全然なくなつた。食事も旨い。この分でゆけば、予定通り来春早々出勤出来るだらう。

……二十五日以後に、宿所も、「ふるや」から頼むで、近所に真誠館と云ふ家へ、座敷を取つて置いて貰ふことにした。熱海も近頃は段々、箱根の様に凡てが、贅沢になり、なかなか費用もかゝることだ。而しこの温泉の質は僕の病気に適当してゐるから、これが何よりの、めつけものと思つて居る。また夜も昼も春の様に暖かいのは全く有難い。

けふは夕刻、飯前、街を散歩してみた。只あとで、からだが少々疲労するだけで、足は少しも痛まない。毎日風呂の中でよく揉むせいか、だん〳〵直立して歩けるやうになつた。安心してもらひ度い。

暇だから左に、月曜日と火曜日の献立を報告する。

十二月十七日（月）

朝　味噌汁、蒲鉾のわさび醤油、福神漬、香物
昼　椀もり（さより、はんぺん）、かます塩焼、ビステキ
夕　茶椀むし、甘鯛てり焼、海老ときうりの酢の物、かき蒸煮

十二月十八日（火）

朝　味噌汁、浅草海苔、ごぼう煮付、香物
昼　茶椀もり（ゆば、蒲鉾、小魚）、小鯛塩焼、蛤の桑名むし
夕　茶椀蒸し、かきフライ、鯛と鮪のさしみ

発信日付　昭和三年十二月二十日午前
宛先　（前信に同じ）藤田操
発信地　熱海
封書（墨書。和紙に墨と絵の具で描いた錦浦の絵が同封）

熱海は毎日好いお天気で、ぽか〳〵と暖かい気候です。

明後日の土曜日に、また熱海に遊びに来たいとの事、印刷機を買つてもらふのと、どちらがよいですか。自分のすきな方にしなさい。両方はいけません。

赤ちやんは、いつもおともが出来るから一番徳ですね。

おとうさんの足は、だん〳〵よくなりました。もう操と競走が出来るくらゐになりました。

錦浦の絵をかいたから送ります。〔口絵参照〕

発信日付　昭和三年十二月二十五日
宛先　（前信に同じ）藤田隆子
発信地　静岡県伊豆山　相模屋
封書（墨書）

二十四日午後、伊豆山相模屋に着。只今の座敷は、二階八畳、海に面し、眺望絶佳、ふるやより遥かに心地よし。但し一両日中に先約ある為、下の六畳に移転せしめられる予定也。

小枝子、操、千人風呂にて遊泳、大喜び。但しこゝにピアノやオルガンが無いので、小枝子は少々不平の様子なり。

昨晩……八時頃一同就床したところ、夜中に操が「御父ちやん〳〵」と起すので吃驚して、どうしたか尋ねると、操が……「小枝子ちやんが泣いて居る」と訴へるので、小生も驚いて起きて見ると、……地団太踏みながら、赤ちやんの様にわあ〳〵泣いて居る。……小生は急病にでもなつたかと思つて「小枝子、御父ちゃんの所へいらつしやい」と言ふと、小生の床の側に歩いて来ました。「御腹が痛いか、頭がいたいのか」と聞くとわあ〳〵泣き乍ら、「足が痛い」と云ふかと思ふと、いきなり、小生の床の中に潜り込み、其儘ぐう〳〵寝てしまひました。小生は呆気にとられて、寝顔を眺めて居ると、やがて大きなあくびを一ツして、手足を心地よささうに伸びをして……其儘朝まで寝て居ました。朝起きて、夜中のことを聞くと、少しも記憶にない様子です。多分夢を見て居て寝ぼけた事と思ひます。近来の滑稽です。

ふるやの諸勘定は全部（茶代共）百七十円程でした。この宿は、ふるやより少しは安いだらうと思ひます。……

年賀状、熱海出発前入手しました。只今書いて居る最中です。

さがみやは、震災前と少しも変りなく、万事熱海より居心地よし。

但し子供は、熱海の方が気に入つた様子也。

……東京は寒いだらうと思ふと帰り度くない。


不慮の事故による脚の病も、四谷の浅見外科医院の治療、そして熱海温泉での療養を経て、快癒、翌昭和四年二月、船長として航海の前線に復帰することとなる。今度は、河内丸という南米東岸航路の貨客船である。

同船は総トン数六、〇九九トン、一八九七年（明治三十）英国グラスゴーで竣工した。四本マストのスマートな船容で、当初は欧州航路に就航、昭和期に入り南米航路に就航、ブラジルへの移民船でもあった。姉妹船に、鎌倉丸、神奈川丸がある。

操は、小学生のとき横浜港に碇泊中の同船を訪ね船長室を見たが、英国製だけあって、シャれた印象を受けた記憶が子供心にも残っている。

（二）五次に亘る南米東岸航海

自昭和四年二月
至昭和六年七月

〈河内丸〉

発信日付　昭和四年二月二十四日午後
宛先　小石川区大塚窪町一一　藤田隆子
発信地　神戸港
封書（巻紙に墨書）

二十一日〔二月〕出帆、以来、天候平穏、名古屋を経て、昨夕、無事神戸港着仕候。船の中は、スチームがあるため、まことに温く久しぶりにて熟睡いたしました。……

兎に角、多少費用が、かゝつても現在の家の様な寒い寝どこは是非改良しなければいけな

河内丸　南米東岸航路　航跡

河内丸船長
在船期間辞令　昭和4年2月16日— 6年7月15日（2年5ヶ月）

徹の手紙の発信日付		往復	発信地
一次	昭和4年　2月21日	往	横浜出帆
	2月24日	往	神戸
	3月　9日	往	シンガポール（モンバサに向かう）
	4月　2日	往	ロレンソ・マルケス
	5月17日	復	ブエノス・アイレス（日本に向かう）
	7月28日	復	門司　神戸止め
二次	4年　8月	往	神戸出帆
	9月　6日	往	シンガポール
	10月　6日	往	ケープタウン
三次	5年　3月10日	往	香港
四次	5年　9月　9日	往	香港
	10月　8日	往	ロレンソ・マルケス
	10月16日	往	ケープタウン
	11月　2日	往	リオデジャネイロ（ブエノス・アイレスに向かう）
	11月15日	復	ブエノス・アイレス（日本に向かう）
五次	6年　2月24日	往	香港（シンガポールに向け）
	3月	往	シンガポール

いと思ひます。小生待命が、も少し長ければ、その間に実はなんとかしやうと思つて居たのですが、案外早く乗船する事になつて、今更ぶしやうして過したのを後悔して居ます。

幸ひ子供達が丈夫だから、いゝやうなものの、木賃宿でも、も少し冬はあたゝかいだらうと思ひます。と云つても、決して御前様を責める積りではありません。小生が冬の防寒に対して、あまり留意しなかつた事を痛切に感じた次第を遅まきながら述べる次第です。

明日出帆、門司を経て、南米に向ひます。

けふ夕食後、神戸の街を散歩して、操のためにフツトボールを買ひました。美津濃の店で割合に安くいゝ球が見付かりましたから、東京に送る様に云ひつけて置きました。運送の便宜上、空気を抜いてあるけれ共、小川町の美津濃へ持つて行けば、無代で空気を入れて呉れるさうです。

小枝子にも何か送りたいと思つて居るけれ共、適当なものが見付かりません。その内考へて置きませう。……

足の方は其後異常なく、この分なら日本に再び帰へる時迄には、すつかり昔の通りになるだらうと喜んで居ます。

以上

発信日付　昭和四年三月九日

宛先　（前信に同じ）藤田操

発信地　シンガポール

郵便書簡（絵入りの河内丸のメニュー）

オ父サンノ船ハ、ケフ、シンガポールニ着キマシタ。五六日前カラ夏服ニ、キカヘマシタ。マダ一番アツイ時デハアリマセンガ、ソレデモ、日本ノ七月グライノ気候デス。明日シンガポールヲ出帆シテ、阿弗利加ノ　モンバッサ　ト云フ港ニ向ヒマス。収チヤン、ヤ、オバアチヤンタチニヨロシク。

メニューは一九二九年三月八日（金）のディナーである。ディナーはスープ、魚、ビーフ、カレーライス、ロースト・マトン、サラダ、デザートの果物、紅茶、コーヒーなど。河内丸は移民が船客の主体であったが、相応のキャビンを備え内外の一般船客も乗船した。そのためのメニューが普通の客船と同様作成されていた。このメニューには、冬の富士山と雪に覆われた農家、水車の絵が画かれている。

発信日付　昭和四年四月二日
宛先　（前信に同じ）藤田操
発信地　東アフリカ　ロレンソ・マルケス

絵はがき

三月三十一日、東アフリカ、ロレンソウ・マルケス港ニ着キマシタ。コレハ海水浴場デス。皆ニヨロシク。

このロレンソ・マルケスは、後年、即ち、太平洋戦争中の昭和十七年七月、徹が日米交換船、浅間丸の船長として、野村、来栖大使ら在米邦人をグリップスホルム号から引取り、横浜へ移送した引継港であった。

発信日付　昭和四年五月十七日
宛先　（前信に同じ）藤田操
発信地　ブエノス・アイレス
絵はがき（ブエノス・アイレスの夜景）

ケフ、南米ヲ出帆、日本へ向フ。

発信日付　昭和四年七月二十八日
宛先　（前信に同じ）藤田たか子
発信地　門司港
封書

航海中差上げた無線電信御受取の事と存候。

長途の海上無事、本日、門司入港御安心あれ。今度南米でいろ〳〵の事情で出帆が遅れた為、従つて日本帰着が定期より遅延した為神戸止めとなりました。

約三週間以上も神戸滞在の事故、小暇を得て、二、三日位は帰京出来る事とは思ひますが、幸ひ小供達の学校も休暇中故、一同で神戸へ避暑旅行もよからうと電信を打つた次第です。若し留守番が都合がつき、支度が出来れば、昼の汽車で神戸へ来たらよからうと思ひます。

……

神戸着次第郵便なり、電信なりで出発の時刻其他知らせるから、それ迄に支度をして置いて下さい。

脚はすつかり、なほつて元気だから御安心下さい。……

神戸宛に此の手紙の返事を直ぐ出して下さい。

この夏は結局一家揃って神戸へ移動、神戸では鷹取方面の借家に滞在した。須磨や宝塚に遊びに行った記憶があるが、母亡きあとの今となっては、どのように神戸での夏休みを過ごしたのか、子供たちはみな小学生以下だったので、忘却の彼方に忘れ去ってしまった。ただ、徹の親友、松任米太郎氏の須磨の自宅に、夜訪ねた記憶が残っている。

父徹の河内丸南米向け二次航は八月に神戸を出帆した。

発信日付　日付不明なるも昭和四年の頃
宛先　小石川区小日向台町一丁目二六番地　藤田操
発信地　香港
絵はがき（河内丸の写真とカーネーションの絵）

今日香港出帆、新嘉坡に向ふ。

小枝子、オルガンガ上手ニナリマシタカ。昭ハ毎日皆ガ学校ニ行ツタ留守中オトナシクシテ居マスカ。

オトウサンハ、昭ガオリコウニシテヰレバオミヤゲ　ヲタクサンアゲマス。

発信日付　昭和四年九月六日
宛先　藤田たか（封筒残存せず）
発信地　シンガポール
封書

門司を出発以来、幸ひひどい天気にも遭はず、平穏な航海を続けて、新嘉坡へ入港した。まだ雨季には入つて居ないが、そろ〳〵この地方では涼しくなる頃なので、日中と雖も東京や神戸より余程涼しくしのぎよい。

門司を出て玄海灘航海中、列車宛打つた無線電信は届いたらうね。無線電信局長に航海してゐる船から、走つて居る汽車に電報が打てるや否やを尋ねた処、汽車の番号さへ分つて居れば打てるとの事に、こいつは面白いと思つて試みに打電したわけだ。全速力で走つて居る汽車の中で車掌が電報を持つて、車内を呼びまはり「藤田　操さん……」と呼ばれて、操が驚異の眼を見張つて返事さへ碌に出来なかつたらうと思はれる光景を想像して微笑せずには居られない。……

無事帰京の上、今頃は学校も始まつて、毎日元気よく通学して居る事と推察します。

赤ちゃんの「飛火」は直りましたか。この船にも移民の子供が百人余り居て「飛火」が流行り出して、小さい子供は大概かゝつてしまつて可哀想の様です。……

新聞、雑誌（中央公論、改造、文芸春秋）は十月号から送つて下さい。

発信日付　昭和四年十月六日

宛先　（前信に同じ）藤田たか子

車中で電報を受取ったような気もするが記憶はさだかではない。神戸から東京への汽車は二等車だったが、当時は勿論車中には冷房もなく、真夏のことゆえ暑く、汽車の媒煙のすすで鼻の中が真黒になってしまった。

発信地　南アフリカ　ケープタウン

封書

「モンバサ」から操宛に出した手紙は届いたらうと思ふ。〔この手紙は残存せず〕つい、うつかりして居て、郵便を日本から僕の船宛に出して最も早く手に届く順序を教へるのを忘れてしまつた。会社便は確実であるが、一番遅い。前の航海には、折角出してくれた新聞が、僕の船が神戸に着くと同時に山の様に僕の船室に運ばれた。もつとも一部分は海外で受け取つたに相違ないが帰航、新嘉坡か、或は香港で受取るべきものが、日本で受取る様なことになつてしまつて、御前の折角の骨折も台なしになつてしまつた。……之は全く馬鹿らしい事であつた。之は会社の書簡係の人にも責任がある。何となれば、日付から見ても彼等はもつと早く発送して、充分神戸帰着前に僕等の手に届く便を利用し得たわけである。……

さて、この問題はこの位にして、モンバサから出した操宛の手紙の続きを書きませう。子供達に御前から談してやつて下さい。屹度興味をもつて聞くだらうと思ふ。

何しろ八百人余りの船客を乗せて居るのだから、船中は大変な騒ぎです。それ〴〵一家族づゝになつて、渡米するのだから、子供も居れば、年寄りもあり、平均一家族五人としても百五、六十家族が居るわけです。

操にも書いてやつた通り、学齢児童だけでも百何十人居るので、学校が毎日始まつて、僕は校長さん、船の事務長は幹事先生と云ふ格で授業をする。

夜には、大人の為に、いろ〳〵娯楽の催があります。活動写真（驚くべきことには、船客の中に本ものの弁士で南米に移民に行く人が居て、一切の映画の説明を引き受けてくれました）もあり、演芸会もあり、又、いろ〳〵のお国の得意とする催しものを御互に発表して、長い航海の無聊を慰め合ふ様にして居ます。又船内で新聞を発行して、ニュースや、移民さん達の感想などを掲載して居ます。僕も寄稿を求められて、河内小学校の生徒の為に一編書きました。……

十月六日　ケープ・タウン出帆に際し。

次の封書は、河内丸南米航路の三回目のときのものである。

発信日付　昭和五年三月十日
宛先（前信に同じ）藤田たか子
発信地　香港
封書

横浜出帆以来、雨の降り通しで航海困難を極めました。幸ひ何の故障もなく、名古屋、神

戸、門司を経て、今日香港に着しました。

南米移民七百余名、船内随分賑かです。

……

和子の入学も近づきましたね。外の子供に比べて少し赤ちゃんだから、最近は時々学校へ行つて見て注意してやつて下さい。

……

船へ送る雑誌、新聞は門司郵船支店気付で送つて下さい。雑誌四月号より、改造、中央公論、文芸春秋を願ひます。新聞は東京朝日。

……

昭は其後、不相変乱暴ばかりして居るだらう。無鉄砲だから大怪我をしなければよいと思つて心配して居ます。

操や小枝子も綴方の勉強にもなるから、時々御母さんの手紙と一緒に便りをする様にしなさい。

発信日付　昭和五年九月九日
宛先　（前信に同じ）藤田たか子
発信地　香港

一封書

横浜出帆以来幸ひに天気よく、平穏の航海を続けて、昨日香港に着。本日出帆、新嘉坡に向ひます。

横浜出帆の日、小生の旧友、中学時代の同窓、吉岡将軍（と云つても分るまいが、早大野球団の弥次で、当時東都学生界に鳴らした快男子）が、出帆前五分前位に見送りに来て呉れたが、旧友が船長になつて居るのを見て嬉しくなり、そのまゝ本船に乗つて名古屋まで行きたいと云ひ出し、とう〳〵其の儘、一所に出帆してしまひました。

丁度、横浜から神戸まで乗船した関西学院野球団が居たので、吉岡将軍大得意で、若い選手連に気焔を吐いて往事の思ひ出を語つて居ました。

早大との試合の為め遠征した帰りださうです（4Aで負けたさうです）。関西学院の野球選手は二十一、二三位の元気ある青年で、小生がいろ〳〵面倒を見て航海に便宜を計つてやつたので大喜びでした。航海中、甲板でキャッボールなどやらせてやりました。選手連は船長がボールをやるのを見て吃驚して大喜び、拍手大喝采でした。吉岡将軍は名古屋で下船帰京、神戸へ着いて選手達とも別れました。学院の青年は非常に真面目で、元気ある選手で大いに好感が持てました。

生れる子供の名はいろ〳〵考へたが、あんまり六ケ敷いのはいやだし、平凡なのもつける気がしないので、大に当惑しましたが、結局僕の親父の名の茂吉の茂をとつて

男ならば茂《しげる》

女ならば茂子《しげ》

とするのが一番だと思いつき、だん〴〵考へると益々それが快よく響くので、断然右の通り決定しました。御前様も多分異存なからうと思ひます。

操、小枝子は其後元気よく通学して居ますか。和子は少し体力が兄や姉に劣つて居る様だから、あまり無理をさせない様、学課の方もあまり厳しく勉強させない方がよからうと思つて居ます。子供たちには別に絵はがきを書きました。

御前も身体を大切に無理をせぬ様頼みます。

本航海は第四次の河内丸南米東岸航路である。

茂子は、戦後、東京女子大学（短大）を卒業、横須賀学院の教員を勤め、結婚後は西宮市に居住した。夫は大阪商船の船長。平成二十一年六月、七八歳で死去。晩年はドイツ語の学習にも熱心だった。もっと永生きをしてもらい、ドイツの話やら昔話しなどゆっくりしたかった。可哀想でならない。

発信日付　昭和五年十月八日

宛先　（前信に同じ）藤田操

発信地　ロレンソ・マルケス

絵はがき（欧風の海水浴場）

──コレハ、ローレンソウ・マルケス港　海水浴場デス。

河内丸ハ、今日コ、ヲ出帆シテ、南アフリカのダーバンニ向ヒマス。

今ハ日本ハ秋ノ真中デ、リーグ戦ガ盛ニ行ハレテヰル頃デセウ。今年ハ早稲田ハ勝チマスカ。

小枝子、昭ニヨロシク。

発信日付　昭和五年十月十六日

宛先　（前信に同じ）藤田小枝子

発信地　ケープタウン

絵はがき（ケープタウン並木道の写真）

──昨日南阿ケープタウンに着きました。

今日いよ〳〵南米に向け出帆します。

皆元気ですか。昭はあひかはらず、いたづらをして居るでせう。

左様なら

発信日付　昭和五年十一月二日
宛先　（前信に同じ）藤田昭
発信地　リオデジャネイロ
絵はがき（ブラジル、サンパウロの高架電車の写真）

之は、ブラジルのサン・パウロ市の景色。

今当国は、革命騒ぎ、暴動が起つたり、兵隊が反乱したり、大変でしたが、い、あんばいに鎮まつて、大統領が代つて平穏になりました。

本日当地出帆、アルゼンチンのベノスアイレスに向ひます。一同変りありませんか。

小生達者、安心あれ。


当時のブラジルは、「大統領選挙に対する不満から、革命が勃発、一九三〇年十月二十六日反乱軍指導者バルガスが政権を握り、大統領となり、独裁権力を行使して統一国家を形成（在位一九三〇―一九四五、一九五一―一九五四）近代化に取組んだ。」（百科事典マイペディアより）

発信日付　昭和五年十一月十五日
宛先　（前信に同じ）藤田和子
発信地　ブエノス・アイレス

――絵はがき（ブエノス・アイレスの公園）

オトウサンハ　今日ベノスアイレス　ノ　ミナトヲ　シッパン　シテ、日本ニムカイマス。カズ子ハ　マイニチ　ガッコウデ、ヨクベンキヨウシテイマスカ。アキラトケンカヲ　シナイヨウニシナサイ。

ミナニヨロシク。サヨナラ。

次の封書は、南米東岸第五次の往航。

――封書

発信日付　昭和六年二月二十四日
宛先　小石川区小日向台町二丁目二六番地　藤田たか子
発信地　香港

二月二十日、三池出帆以来、別に変つた事無く、本日香港着、明後日、新嘉坡に向け出帆します。

引越し、無事にすむで、少しは落ち着いた頃だと思ひます。

操、小枝子は試験で忙しいでせう。よく勉強する様云つて下さい。昭は先日、横浜から得意で帰つたさうですね。有様が眼に見える様です。今度、夏かへると夏休みも近いからいろ

〳〵海岸行きの御話が出るでせう。もし御父さんにお休みが会社から貰へたら、操、小枝子を連れて一度越後へ行つて見度いと思つて居ます。

小生、風邪もだん〳〵よくなつて、もう殆んど健康体です。御安心下さい。

昭の絵日記を書いて送ります。昭に説明してやつて下さい。


今までの居住地小石川区小日向台町一ノ二六から同二ノ二六に移転した。借家だから、家主の意向で引越をしたのであろう。時期は昭和六年の一、二月頃か。

「越後へ行つて見度い」と記しているが、糸魚川に居住する、久しく会っていない妹に会い、御風とも歓談したかったのであろう。

「絵日記」は昭と和子の一日を便箋に墨書している。父は絵もよくした。絵の欄外に、ある日の和子、昭の行動を面白く説明を加えている。貴重な父の手紙の一つだ。

絵に加えた文章を左記に記す。


「昭の日記」
（1）午前八時。兄チヤンヤ、ネイチヤンハ学校へ行キマス。「トートー」ハマダグーグーネテイマス。
（2）午前九時。トートハ朝ゴハンノトキ、カーチヤンニシカラレマシタ。ワーワー泣イテイマス。遠クカラ聞クト「プアー、プアー、オカヲクー、オカヲクー、ブアー」トキコエマス。

（3）午後二時。チイチヤイネエチヤンガ学校カラ帰ツテキマシタ。

（4）午後三時。チイチヤイ姉チヤント積ミ木ヲシテ遊ンデイマス。ラクダノツミ木ハ「トート」ガヒトリデコシラヘマシタ。

（5）午後五時。「トート」曰ク「トート」ハオドリガヂョウズデス。「チョイナ、チョイナ」

カアチヤンハ「トート」ノオドリハゲヒンダトイ、マスガ、「トート」ハ　ニイチヤンヨリジョーズデス、「チョイナ、チョイナ」

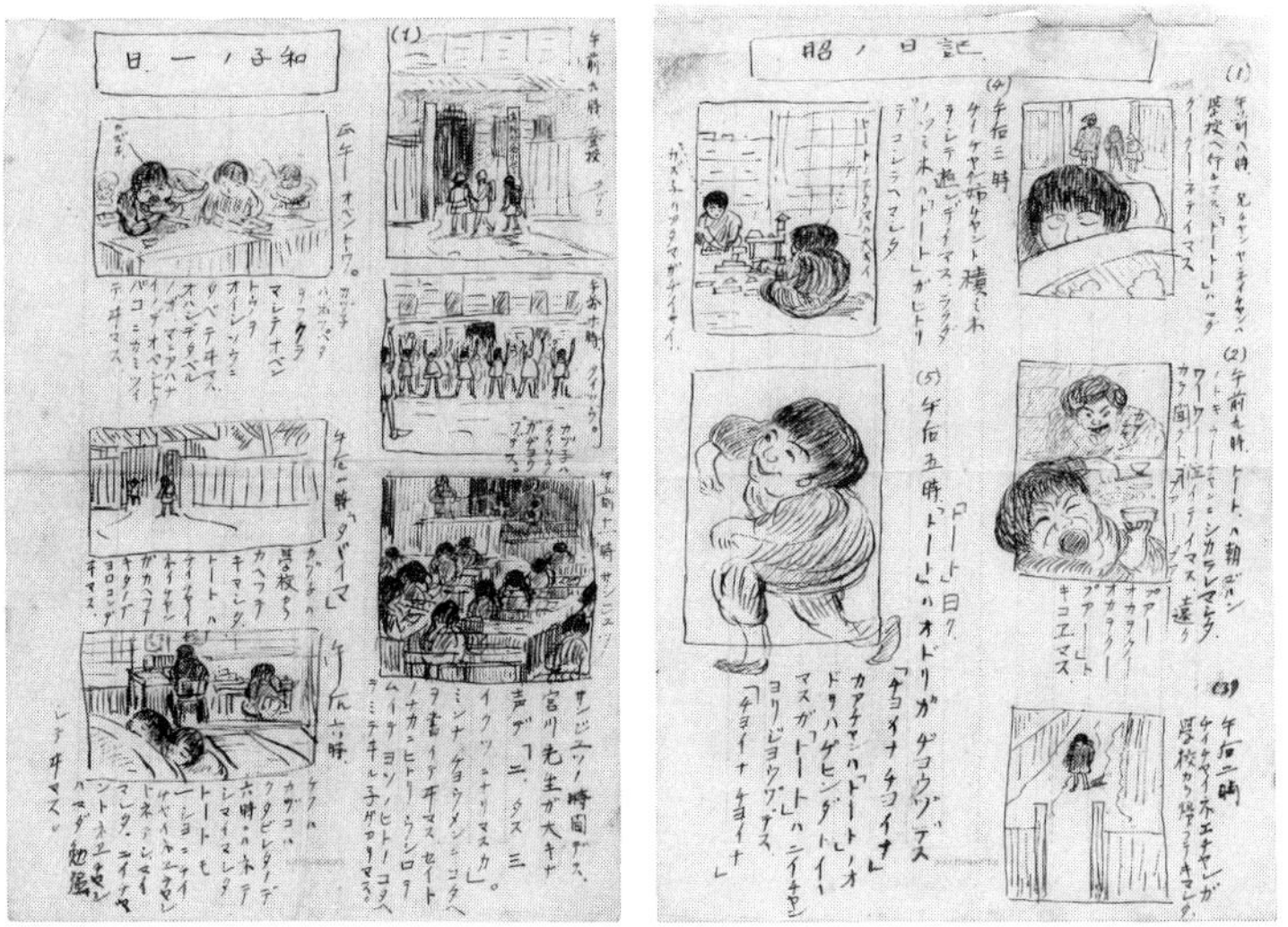

昭和6年2月24日たか子宛の手紙（右:「昭の日記」、左:「和子の一日」）

「和子の一日」

（1）午前九時。登校、高師附属小学校の絵。

（2）午前十時、タイソウ

カズ子ハタイソウガヂョウズデス。

（3）午前十一時　サンジュツ

サンジュツノ時間デス。宮川先生ガ大キナ声デ「二タス三、イクツニナリマスカ」。ミンナチヨウメンニ、コタヘヲ書イテヰマス。セイトノナカニ、ヒトリウシロヲムイテヨソノヒトノコタヘヲミテヰル子ガアリマス。

（4）正午、オベントウ

カズ子ハホツペタヲフクラマシテ、オベントウヲオイシソウニ　タベテヰマス。オハシデタベルノガ、マニアハナイノデ、オベントウバコニ、カミツイテヰマス。

（5）午後二時、「タダイマ」カズ子ハ学校カラカヘツテキマシタ。トートハ、チイチヤイネエチヤンガ、カヘツテキタノデヨロコンデヰマス。

（6）午後六時

ケフハ、カズコハ、クタビレタノデ、六時ニハネテシマイマシタ。トートモ、一シヨニチイチヤイネエチヤントネテシマイマシタ。ニイチヤント、ネヱチヤンハマダ勉強シテヰマス。

発信日付　昭和六年三月（日にち不明）
宛先　（前信に同じ）藤田トートー
発信地　シンガポール
郵便書簡（河内丸のディナーメニュー）

「トートー」ハマイニチ、オトナシクアソンデヰマスカ。チイチヤイネエチヤント、ケンカヲシナイデ、ナカヨクアソビナサイ。コノアイダ「トートー」ノヱヲカイテオクリマシタガ、「トートー」ハミマシタカ。オドリヲオドツテヰルヱガアツタデセウ。オトウサンガ、コンドカヘルトキニマタオドツテミセテクダサイ。

メニューの日付の一九三〇年（昭和五）十月二十二日頃は、河内丸は第四次往航で、ケープタウンから南米への途次である。前航のメニュー書簡を使用したものと思われる。なお、「トートー」は、昭のこと。

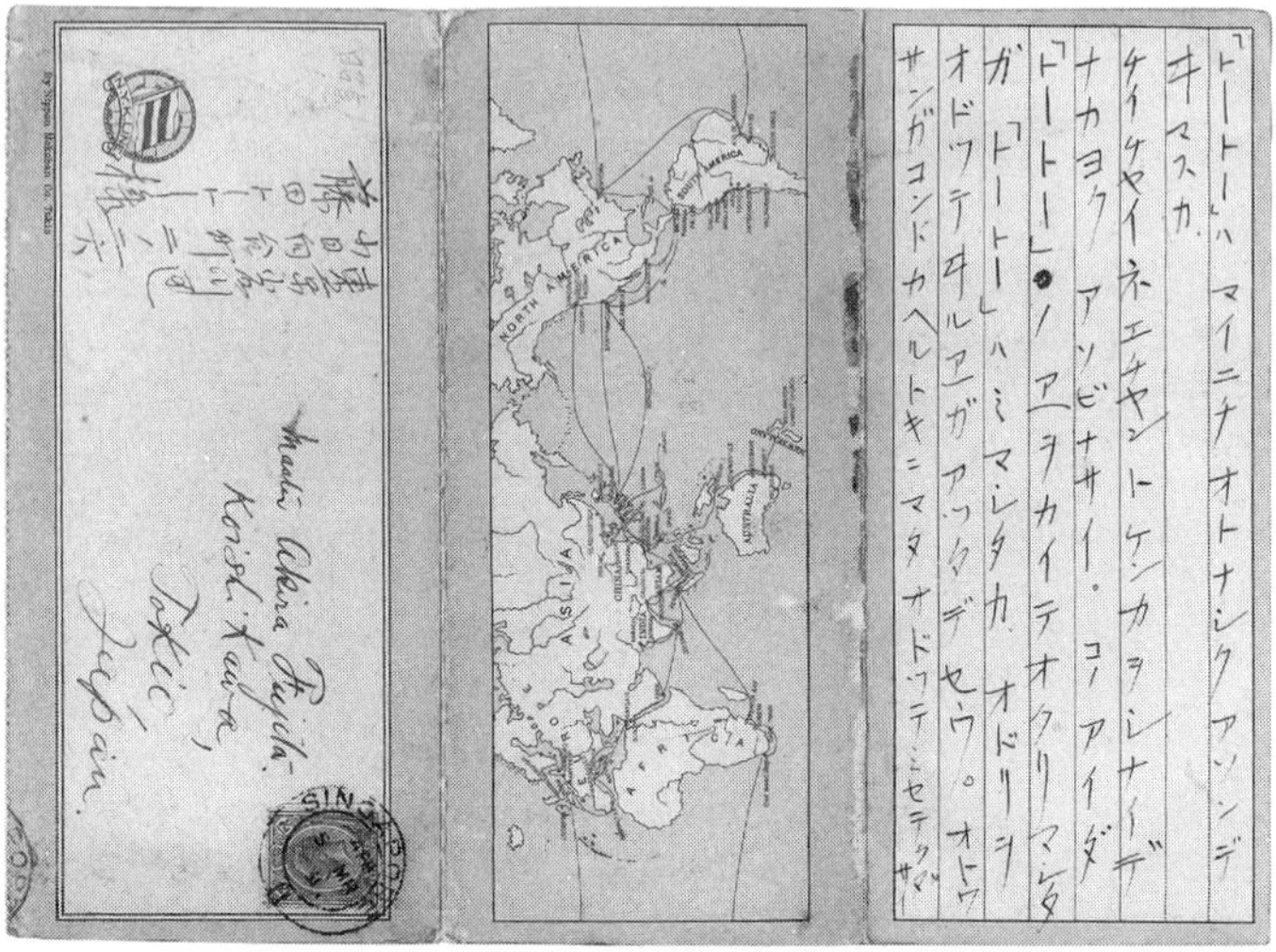

S.S. "KAWACHI MARU„
Commander T. Fujita
Wednesday 22nd October 1930.

DINNER

—SOUP—
Consomme profiterolle Créme d' Tomatoes

Morue à la Capucine
Sauted Chicken with Green Peas
Braised Beef Tongue
Curry & Rice

Roast Leg of Veal and Lettuce
potatoes, Boiled & Browned
Boiled Onion
—SWEET—
Coffee Jelly
French prunes Chow Chow Assorted Nuts
Steamed Ginger Dates Fromage.
Fruit
Cafe Noir

COLD BUFFET Roast Mutton Sausage

昭和6年3月トートー宛の書簡
（上：表面、下：中面・河内丸ディナーメニュー）

自昭和六年八月
至昭和六年十月

（三）満州事変

〈天城丸〉

発信日付　昭和六年九月十八日
宛先　小石川区小日向台町二ノ二六　藤田たか子
発信地　肥前唐津港
封書

其後御一同元気なりや。

芝浦出帆以来、天候良好、予定通り十六日早朝神戸着、翌十七日未明神戸発、本日正午唐津に燃料炭積込の為、寄港、今夕出帆上海に向ひます。

同地を経て漢口に向ひ、本月二十三日頃同地着の予定だから、それから慰問品の陸揚をすませ、再び上海へ引還へし、そこで内地行の貨物を積載、寄港地を決定する次第故、只今の処、大阪へ行くか、横浜へかへるか、全く不明です。

就いては本月分の給料送金の事は漢口からでは間に合わぬ故、一昨日神戸寄港の際、同地にて……三菱銀行東京本店宛に振込んで置きましたから……

諸手当収入減少の折柄、なるべく倹約して呉れるよう頼みます。
先は右用件のみ。早々。
子供達によろしく。

父徹は昭和六年七月、河内丸を下船、同年八月天城丸に転船した。河内丸には二年五ヶ月乗船、南米東岸航路を五回歴乗した。南米東岸のリオデジャネイロ、ブエノスアイレスへの南アフリカ・ケープタウン経由の一航海には五、六ヶ月要したこととなる。

天城丸は、大正十三年横浜船渠竣工の、総トン数三、一六〇トンの上海航路向けの貨物船である。

この手紙の発信は九月十八日であるが、奇しくも、関東軍が柳条溝の満鉄線路爆破事件を口実に、軍事行動を開始、満州事変勃発の日であ

天城丸（中華民国水災日本同情会）

った。

手紙中に「慰問品……」とあるが、これについて附言すると、昭和六年八月、中国江蘇省に大水害が発生、報道によると三〇万人の死者が出る大惨事となった。日本商工会議所は、全国から義捐金三四万円を慰問品に代えて（約四千トン）、中国へ贈ることとなった。そのため日本郵船の天城丸をチャーターして、団長には深尾隆太郎男爵（貴族院議員）が選ばれ、天城丸は九月十四日東京港出港、神戸、唐津経由九月二十二日上海に着したが、折柄満州事変が勃発、中国の対日感情は悪化、中国側の水災救済委員会代表の宗子文は、日本軍閥の満州における行動を理由に、救済品の受取りを拒絶した。天城丸は已むなく日本へそのまま帰港した。

発信日付　昭和六年十月一日
宛先　（前信に同じ）藤田隆子
発信地　門司港
封書

其後一同御かはり無きや。段々涼しくなつて、船の上も秋らしい気持ちになりました。九月二十日上海着の直前、奉天にて日支兵の衝突となり、時局険悪となつた結果、折角の慰問品も支那側の拒絶する所となつて、其儘門司へ引き返へすこと丶なり、二十八日夜門司着、翌日から慰問品の陸揚を始めました。此等の米や麦粉等（価格三十万円）は、此の地で

売却して御金は寄附者に返へすのださうです。
折角水災地の気の毒な人達への同情も空しくなつて誠に残念な事です。
船は揚荷を終つてから、若松、唐津へ回航して石炭を満載、伊勢湾に向ひ、四日市、名古屋、半田等に寄港、石炭を陸揚する予定です。其後の行動は目下不明。いつ頃横浜へ寄港するか見当がつきません。御知らせします。

……

読み了へたスポーツ雑誌二冊送りましたから操にやつて下さい。それから十月号の諸雑誌中、中央公論、改造は宅でとつてゐると二重になるから買ひませんでしたから、之も名古屋宛送つて下さい。文芸春秋は買ひました。

発信日付　昭和六年十月十日
宛先　（前信に同じ）藤田たか子
発信地　名古屋港
封書

本月六日唐津発、八日尾張半田港着、翌朝出発、九日名古屋着しました。そして今日（十日）四日市へ向ひます。四日市で積荷（石炭）を全部揚荷して、直ぐ今度は肥前の住の江港に、またまた石炭積入れに向ひ、満載の上、芝浦にかへります。

斯うして日本のあまり有名でない港々を航海してあるくと、郵船会社の船に乗つて居る様な気がしません。而し幸ひに支那にも向はず、都合よく芝浦へ回航する事になつたのは喜んで居ます。

野球は船のラヂオで時々聴いて楽しむで居ます。而し、東京放送局のでなく、名古屋や大阪、熊本などの中継放送だから、肝心の面白い時に差しかゝると、経済市況の十月キリ八円五拾三銭、サキ物拾弐円三十銭と云ふ様な事になつて、折角の興味が台なしになつてしまひます。先達て、操に贈りましたから、今度は小枝子に読み了へた最近の野球界を送ります。

子供達によろしく。

（四）海運界の不況

自昭和七年一月
至昭和八年二月

〈りおん丸〉

発信日付　昭和七年五月一日
宛先　小石川区小日向台町二ノ二六　藤田たか子
発信地　イタリア　ゼノア

一　絵はがき（ヴェニス・ゴンドラの絵）

四月二十八日、伊太利ゼノアに着きました。揚荷の関係で、三、四日碇泊、本日マルセールに向け出帆します。

三月二十五日附の御手紙及新聞、リバープールから転送して呉れたので落手しました。

一同無事の由、何より結構、子供達も夫々進級、小枝子は優等の由、御褒美を上げませう。

徹は天城丸を昭和六年十月下船、翌七年一月「りおん丸」に転船した。りおん丸は英国リバプール航路の貨物船で、往航はスエズ、マルセイユ経由英国リバプールに至り、復航はグラスゴー、スワンジー等に寄港した。総トン数七、〇一八トン、大正九年五月横浜造船所で竣工している。

発信日付　昭和七年五月七日
宛先　（前信に同じ）藤田操
発信地　スペイン　バレンシア

封書

其後一同御変りなきや。ゼノア出帆以来、好天気に恵まれて、平穏な航海を続け、途中仏国マルセーユに寄つて、昨五月六日、西班牙国バレンシア港に着きました。マルセーユから当地まで僅か一日の航程、丁度神戸と横浜間の距離と同じです。

昨日は伊太利、今日は西班牙、明日は仏蘭西と云ふ風に、この地中海の航海は目先きが変るので、あまり退屈しません。

当地を出たら、一路英国リバープールに直航するので約一週間ばかりの航程、其処でこの航海の往きの予定が終了します。

六月上旬まで英国の諸港で積荷をして、最後に同国を出発するのは六月中旬になるでせう。多分、敏夫さん〔妻たか子の兄で、柴田敏夫。海軍軍医で、欧州視察中であった〕に同地方の何処かで会へるでせう。

今日の当地の新聞に依れば、日支停戦も両国間協定が出来た由、之からは上海も平穏になつて、本船が復航日本に向ふ時分には、或は同地寄港が出来るかも知れません。

内地同様、欧州各地も不景気で、殊に海運界の沈滞は甚しいもので、どの港にも繋船が林立して居ます。試みに希臘《ギリシア》のペリウス港繋ぎ船を勘定してみたら五十余隻、ゼノアの港内にある伊太利の船が百五隻、赤い腹を出して港の隅に行列して居ました。大戦時代の事を思ふと夢の様な気がします。

従つて、郵船会社も御同様で、欠損つゞきボーナスは減らされる、手当は減額、船の者はいくら働いても、月給の上る見込は無し、全く意気消沈の有様です。土産物も買ふ処の騒ぎでなく、皆悲鳴を挙げて居ます。内地に留守して居る家族も、皆最近は誰も主人の減収を考へて、昔の様に贅沢をするものは、無いと聞いて居ります。うちの子供達も例に依つて夏期休暇になると、いろ〳〵勝手な要求を持出すでせうが、よく分る様に説明して成るべく無駄に金がカ、る様な事はさせぬ様に願ひます。うちの家計も月給の範囲内で済ます様気を付けて下さい。

……

雑誌、新聞は何よりの楽しみだから、なるべく新らしいのが見られる様送つて下さい。

……

赤ちゃん〔茂子〕は大分物が言へる様になりましたか。勿論今度帰るとお父さんの顔を忘れて居るでせうが、どんな顔をして小生を迎へるか楽しみにして居ます。

昭は毎日兵隊ごつこをして遊んで居る事と思ひます。彼は操と違つて乱暴な遊びが好きだから、大きくなつたら軍人にでもなるといいかも知れぬと思つて居ます。

今日当地出帆、英国に向ひます。

バレンシアにて

ギリシア・ピレウス港、イタリアのゼノア港の係船状況を述べ、海運界の不況を伝え、家計への心得を諭しているが、日本郵船の『七十年史』も、

「昭和四年（一九二九）九月米国の株式恐慌に端を発して、世界的恐慌が勃発したがこれがまた日本経済に重圧を加え、日本の恐慌はますます深刻化して、貨物の移動は激減し、為替相場は急

騰して、海運界は未曽有の難局に直面するに至った。かくて繋船は増加して昭和六年一月には三十二万総噸を越え、海運会社の整理、無配、社員の減給等の事態が続出した」と記述している。

発信日付　昭和七年六月二日
宛先　（前信に同じ）藤田小枝子
発信地　イギリス　スウォンジー
絵はがき（スウォンジーの Wind Street）

小枝子ガバスケットボールノ選手ニナッテ試合ニ勝チマシタカ。六年ニナッテ学校ノコトガダン〳〵ムヅカシクナツタデシヨウ。ヨク遊ンデ、ヨクベンキヨウヲシナサイ。永野サン、伊東サン、加藤サン、諏訪サン、坂口サン、西山サン、乙骨サン、平形サン、佐藤サン、田中サン、鈴木サン等ト仲ヨク遊ンデヰマスカ。
オ父サンノ日本ニカヘル頃ハ、夏ノ最中ダカラ、マタ一シヨニ泳ギニユキマシヨウ。ソレ迄ニ、モシ学校ノ水泳場ニユクノナラバ充分ケイコシテオイデナサイ。

発信日付・発信地　前信に同じ
宛先　（前信に同じ）藤田和子

― 絵はがき（海岸の風景写真）
コレハ、今オ父サンノ船ノヰルトコロカラ近クニアル景色ノヨイハマベデス。
明日ハ船ノ人タチト皆デ遠足ニ行ツテ、コノアタリヲミテキマス。
和子ハオトナシク、ベンキョウシテヰマスカ。春ノ運動会デハ一等ニナリマシタカ。
アカチヤンヤ、アキラヲカワイガツテヤリナサイ。

発信日付・発信地　前信に同じ
宛先　（前信に同じ）藤田昭
絵はがき（遊覧船の写真）

アキラハマイニチ　ゲンキデ　ヨウチエンニユキマスカ。
コレハ、エイコクノ　ミナトヲハシル　ユウランセンデス。プロペラノカハリニ、ソトグルマ　ガ　スイシヤノヨウニマワツテイマス。
アキラハ　アカチヤンヲカワイガツテ　オヤリナサイ。

当時、小枝子は小石川竹早町に所在した女子師範附属小学校に、和子は大塚所在の東京高師附属小学校に通学、昭は自宅近所の貞静幼稚園に入園していた。
徹の妹、照子（御風の妻）は新潟の糸魚川に居住していたが、昭和七年七月十日病により死去した。行年四四歳。

徹は、りおん丸で欧州から帰航中、上海で妻たか子からの手紙でその不幸を知り、御風宛に弔問の手紙を出状した。御風の娘、相馬文子の著書『相馬御風とその妻』(昭和六十一年、青蛙房)に、右の手紙の抜粋が引用されているので、左に掲げる。

発信日付　昭和七年八月一日
宛先　相馬昌治
発信地　りおん丸航海中

「久しぶりの欧洲航路の一航海の殆んど九分通りを無事に了へて、七月二十五日、僕に取っては戦後〔上海事変。原文の(第一次世界大戦)は誤り〕初めての上海に着きました。日本の軍艦や空軍の爆撃に廃墟の様に破壊された呉淞《うーすん》の兵営や市街を右手に眺め、黄浦江を溯って郵船の桟橋に着いたのは朝の六時頃でした。

早速船に届けられた公文書類や私信を急がして見てゆく内に、宅の妻からと横浜の日下の兄からとの手紙で初めて照子の死を知りました。

暫らく呆然として手紙を見詰めて居る時に着船を知って、会社の支店の人達や其他の訪問者がどやどや押しかけて夫れ〴〵の用談を始めたので、其儘、用事を片づけて客が帰ってしまってからまた、手紙を読みなほして、初めてほんとに照子が死んだんだと云ふことをはっきり意識しました。

実は昨年の暮から今年の二月初めの間に東京に待命して居る時、是非冬の越後の景色を見ながら一二泊の予定で糸魚川にゆきたいといろ〳〵計画したのですが機会を失してしまった様な次第で、今更残念でたまりません。

僕も筆不精で、友達や近親にはあまり便りをしない方ですが、子供は元来大好きだから外国の絵葉書などは、折々親類や或は友達の子供などにも簡単な文句で行く先々の港から送ってやることにして居ます。文子ちゃんにも時々送ってやって居ますが、照子はそれがよほど嬉しかったと見えて、今年の五月二十七日附の手紙でその礼を細々《こまごま》と云って寄越しました。最近照子があんな長い手紙を外国の僕の所に寄せたのは珍らしい事で、而かも子供の事ばかりで無く、兄《けい》が珍らしい外国の人形や陶器を蒐集して居るから、若し見当ったら買ってきて呉れ、それもプリミティブな、素朴な農民芸術の様な品物が欲しいのだ、どんな粗末な作品でも相馬はどんなに嬉ぶか知れぬと云ふ意味が認《したた》めてありました。而し手紙を受取った時は帰り途であるし、東洋に近づきつゝある方なので（たしか新嘉坡《しんがぽうる》で手紙を受取りました）、そう云ふ品物を買って照子や兄をよろこばせる事は出来ないと非常に残念に思って居りましたが、今にして思へば照子がいろ〳〵な事を僕に頼んだのも、僕に対する最後の挨拶だったのでせう。（後略）」

次のはがきは、りおん丸二次航時のものである。

発信日付　昭和七年十一月二十五日
宛先　小石川区小日向台町二ノ二六　藤田たか子
発信地　グラスゴー
絵はがき〔静物画〕

〔りおん丸乗組のオフィサーたちの寄せ書〕
○十月二十三日、午後九時、日本時間、二十四日午前三時です。〔午前六時か〕船中で大変うれしい事が出来まして、その記念に私共皆で寄書で御送りします。
先は前座として、一等運転士。
○僕は船長を好きです。お酒は大変好きでも酔つてクダを巻かないで、愉快にお話しする処、僕の親父そつくりです。僕はい、船に乗つたと思ひます。——船医。
○……
只今、グラスゴー碇泊中……——事務長
○何時も旦那様に御世話になつて居ります。正月下旬には帰れませう。御身体大切に願ひます。——キカンチヨ

自昭和八年五月
至昭和九年九月

（五）家族を思いながら

〈楽洋丸〉

発信日付　昭和八年七月二日
宛先　小石川区小日向台町二ノ二六　藤田和子
発信地　ハワイ　ホノルル
郵便書簡〔広重の雪の浅草寺が印刷された一九三三年六月二十三日楽洋丸のディナーメニュー〔口絵参照〕〕

六月二十日出帆の日には和恵ちゃん、芳江さん御夫婦、鈴江さん等〔日下家の一族〕見送りに来てくれたけれど、出帆前一時間前は、御父さんはとても忙しくて、船に御用の方が、二時間前からも面会を待つて居るので、その人達と御用談をすますと直ぐ出帆になつて、とうく〳〵和恵ちゃん達と御はなしする間もありませんでした。

和恵ちゃんは折角御叔父さんの御船に来てもゆつくり遊べないので、たいへん御気の毒でした。

昭和八年二月、欧州航路のりおん丸を下船、同年五月、「楽洋丸」に転船した。
楽洋丸は大正十五年一月、東洋汽船より日本郵船が継承した、南アメリカ西岸航路の貨客船である。総トン数九、四一九トン、速力一五・九ノット、定員は一等四二人、二等五一人、三等六六二人、大正十年三菱長崎造船所で竣工した。

発信日付　昭和八年七月十一日
宛先　（前信に同じ）藤田小枝子
発信地　サンフランシスコ
郵便書簡（桜の木の下の池を鴨が泳いでいる絵が印刷された一九三三年七月八日楽洋丸のディナーメニュー）

先日ホノルルから出した手紙は届いたでせう。
ホノルルからサンフランシスコまでは浪は高

楽洋丸

かつたけれ共、好天気つゞきで、愉快な航海でした。

布哇のヒロ港に碇泊中、有名なキラウェア火山（今は噴火して居ませんが、いつ何時火を噴くか分らぬ危険な火山）を見学しました。噴火口を覗いて見たら、八百尺位の底に沢山の熔岩がころがつて居ました。所々から硫黄臭い煙の出て居る大きな岩もありました。


父は欧州航路、あるいは北米シアトル、南米東岸航路は数多く経験していたが、ハワイ、サンフランシスコ、ロスアンゼルスなどは、楽洋丸船長になって初めて訪れる港であった。

発信日付　昭和八年十二月十日
宛先　（前信に同じ）藤田たか子
発信地　サンフランシスコ
封書

其後一同変りなきや。東京は追々寒さに向ふ季節故案じ居り候。

横浜出帆以来、天候平穏、無事航海を続け居り候間御安心有度く。

今度の航海は、前航の如く運動選手の乗船もなく、極めて寂しく甲板上もあまり賑やかでなく、時折三等船客の青年男女が、コリントゲームなどデッキに持出して遊びをるを見掛けるも船は動揺するので、このゲームは却て波瀾多く面白きものと見えます。

無線ニュースは毎日受け取り、故国の重大出来事、面白い事件は概略ながら東京に居るのと同じ様に接する事が出来て、十数年前の海上生活とは格段の相違で内地との連絡が取れて居ますが、只家の事や、友達との通信は欧州航路と異り、連絡極めて不便、往航に出した手紙は復航でなくては〔その返事を〕受取れぬ事情は誠に歯がゆい次第です。……この手紙は……十二月十四日桑港発、大洋丸便で暮の内に届く事と思ひます。

皆々多幸な新年を迎へるやうに洋上から祈ります。

たか子　殿

本航は、楽洋丸二次航である。

前航には、ペルー日本人移民三十五周年を迎

日本人移民35周年記念に当たり日本陸上選手ペルー訪問の記念写真
(昭和8年、楽洋丸にて)　2列目左から4人目が大江季雄選手。

えて、その記念行事に、スポーツ使節団として日本陸上選手が楽洋丸に乗船して訪秘（ペルーは「秘露」と書いた）をした。選手は藤枝昭英（中距離）、朝隈善郎（走高飛）、住吉耕作（槍投）、大島鎌吉（三段跳）、福井行雄（ハードル）、大江季雄（棒高飛）ら、当時の日本の一線のアスリートたちであった。大江選手は太平洋戦争の緒戦、フィリピンで戦死を遂げた。

以降は、楽洋丸三次航時に家族に宛てた手紙である。

発信日付　昭和九年五月三日
宛先（前信に同じ）たか子
発信地　ホノルル
封書

其後無事平穏の航海を続け、本日予定より一日早くホノルル着。明日出帆ヒロに向ふ。横浜碇泊日数短き為、何かと忙しく閉口致、内地は之からが一番よい気候となるときに、日本を出帆、帰る時分は酷暑の最中と云ふわけ故、甚だ不都合な定期表だが、之も職業なれば致し方なし。

さて、今年の夏は小生の横浜着が八月十日頃故、一家中残らず避暑地へゆかれても困る次第故、子供達は学校で指定された海岸なり、山岳なりの催しに参加させる事にしては如何。

若し、今回も阪神地方で入渠修繕のことゝならば、二週間位（八月中旬から九月まで）神戸か、大阪に滞留することゝなるから、操、小枝子位、関西地方見物がてらは、来ても宜しいと思つて居ます。

赤ん坊の名はいろ〳〵考へたが、男なら裕、女なら裕子とすべし。

操には少し難解かと思はれるが、米国地理学会の雑誌は、奇麗な写真などついてゐるから、古いのを一冊送る。尚サンフランシスコに着いてから、最新刊のものを本屋から送らせる。

……

御身体特に御注意肝要御養生専一に願上ぐ。

以上

発信日付　昭和九年五月四日

宛先　（前信に同じ）藤田茂子

発信地　ホノルル

絵はがき（五月節句の写真、日本郵船発行）

坊やは毎日石蹴りをして遊んで居ますか。ボッチヤンと喧嘩しないで仲よくしなさい。それから御父さんが帰つても、先日の様に泣いたりしては駄目ですよ。

これは坊ちゃんの御節句の写真です。

昭和五年生まれの茂子は女の子ながら、幼児時代「坊や」の愛称がついていた。また「ボッちゃん」は昭和二年生まれの昭のこと。

発信日付・発信地　前信に同じ
宛先　（前信に同じ）藤田たか子
封書

五人の子供の考課表が記されており、定規を使って線を引き、各項、例えば学芸、理解力、勇気、友情、兄弟愛……等十六項目に亘って、評点、順位を評定している。表の細目は略し、総点、平均点、順位をここに掲げる。

	総点	平均点	順位
操　16才	129	8.1	3
小枝子　14才	130	8.1	2
和子　11才	126	7.9	4
昭　7才	129	8.1	3
茂子　4才	139	8.7	1

発信日付　昭和九年五月十七日
宛先　（前信に同じ）藤田小枝子
発信地　ロスアンゼルス

一 封書

小枝子へ

其後元気ですか。本船は五月十三日、桑港へ着きました。

当地は丁度、荷揚人足の同盟罷業で、大分騒がしい状態でしたが、本船には何にも異変なく無事揚荷、積荷を済まして、ロスアンゼルスに出帆する事が出来ました。

五月十三日は亜米利加では「母の日」(Mother's Day) と称して、此の日は御母さんのある人は胸に赤い花をつけ、御母さんの無い人は白い花をつけて居ます。

そして当日は、子供達は、それぞれ御母さんに贈物をして日頃の御母さんの御恩を感謝する習慣になつて居ます。一年中で、御母さんが一番大事にされる日で、何処の御母さんも大得意です。

日本にも「母の日」があれば、日本中の御母さんは大喜びするでせう。うちの子供達は、皆赤い花の組で、うちの御母さんも、御ばあさんが達者だから、やはり赤い花をつけられます。御父さんや、横浜のおばちやんは白い花をつけなければなりませんね。

今月の雑誌(アメリカ)には、母の恩を感謝する物語や記事が多く見られます。

封入した絵は、有名なアメリカの大統領「リンカーン」が、少年時代、貧乏な生活をしてゐた時、御母さんから、読方や書取を教はつて、一生懸命勉強して居る名画です。其下に書いてある英語は

"All that I am" said Lincoln "I owe to my mother."

「私が今日あるのは皆母のおかげである」

と云ふ意味で、これはリンカーンが他日大統領になつた時の有名な言葉です。

……

今日ロスアンゼルスに着きました。今夕「マンザニヨ」に向け出帆します。

操に宛てた地理の雑誌は届きましたか。

皆によろしく。

発信日付　昭和九年八月七日
宛先　（前信に同じ）藤田たか子
発信地　神戸
封書

小枝子、操、大喜びして楽洋丸に乗船致したるも、小枝子は天候平穏、風波なきに拘らず、すぐに船酔ひ、折角船の御馳走も食べず、一等船室に引籠り、大島の景色も、伊豆の風景も賞するだけの元気もなく、甚だ憐むべき状態。操は元気にて生れて初めて食べる御馳走に舌鼓打ち、四盃、五盃も平げて、頻りに船の御料理を賞味したる模様でした。

神戸着後、陸上の土を踏むと同時に、小枝子の船酔も全快、同夜の食事は、小枝子絶食一日分を取りかへす丈け、食べた様子に見受けられます。藤井旅館に投宿、幸ひ二階八畳の部屋が空いてゐたので、之に入りました。
本日（七日）午前会社の用で支店に出勤、午後暇を得て、松任君（目下神戸碇泊中）の御宅を訪ね、子供を連れて来た事を話したところ、奥さんは、いつでも御連れ下されば御宿をするからと歓迎されました。一両日中に子供達を連れてゆく旨を御返事して置きました。松任さんの御宅は、前年と同じ場所で海に近い須磨の海岸です。
小枝子は大喜びですが、操は「知らない人の家にゆくのは嫌だ」と云つて、折角御父さんが、忙しい間を時間を都合して便利をはかつてやる苦心を知らず、我儘の事を云つて困らせて居ます。……
而し、折角こゝまで来たのだから、本人も満足する様な愉快な旅をさせてやりたいと、いろ〳〵考へて居ります。
山登りもさせたいと思ひますが、何か僕が一所にゆく程の暇がないので困っています。
……
七日夜
藤田
たか子殿
操と小枝子は、父が船長をしていた楽洋丸の横浜から神戸への航海に一等船客の待遇で便乗した。夏休み中の旅で、天候も航海中は快晴、平穏で操にとっては快適なクルーズであった。今でも、伊豆半島、大島沖の夏の海を一万トンの貨客船で航海したことを鮮明に思い出す。ブリッジで一等運転士の柴尾さんから説明を受けたことも思い出の一つだ。

当時、操は附属中学四年生、小枝子は府立第二高女の二年生であった。

自昭和九年十一月
至昭和十二年五月

〈平洋丸〉

発信日付　昭和九年十二月十三日
宛先　小石川区小日向台町一丁目八番地　藤田茂子
発信地　パナマ　バルボア
郵便書簡（十二月十二日のディナーメニュー）

其後皆々一同変りなきや。当方無事本日、パナマ運河の入口バルボア港に到着、即日出帆、南米諸港に向ふ筈。

無線電信に依れば、内地は目下寒気酷しき由、皆々風邪を引かぬ様、要心肝要。

ボーヤは少しは御話が出来る様になりましたか。いつも無言の行では困ります。

父徹は、楽洋丸を昭和九年九月下船し、同年十一月、同じ南米西岸航路の定期船、平洋丸の船長に転乗した。平洋丸は昭和五年四月、大阪鉄工所（後の日立造船）で竣工した総トン数九、八一六トンの貨客船で、ズルツァー内燃機関を備えた、船容も優れた優秀船であった。

我が家は、度々引越をしているが、昭和九年中に小石川の小日向台町二ノ二六から、江戸川石切橋寄りの服部坂上、小日向神社傍の小日向台町一ノ八に移転した。この地区は高台で戦災を蒙っているが、現在も道路は戦前同様に通っており、都内では比較的閑静な住宅街を形成している。ここが我が家、東京最後の住居であった。相馬御風の斡旋により、徹亡き後、昭和二十年一月、新潟糸魚川へ疎開したからである。

本信中の「ボーヤ」は茂子のこと。

平洋丸

発信日付　昭和十年二月二十五日
宛先　藤田たか子（封筒残存せず）
発信地　神戸
封書

一昨二十三日神戸着。二十二日夜、遠州灘航海中、暴風に遭遇したけれ共、大した事でもなかつた。

其後茂子の経過如何。多分全快して居るだらうと安心して居ます。平生御飯に湯をかけて、噛まずに飲み込むあの癖が胃を害するのだらうと思ふ。良く咀嚼して食べる習慣をつけてやるのが肝要なり。……

本船明日、大阪へ回航、二十八日大阪より門司へ、それから来月二日頃神戸へ帰着、入渠、修繕の予定。三月中旬小暇を得て、一度帰京し度しと思つて居ます。

平洋丸にて

発信日付　昭和十年三月十二日
宛先　小石川区小日向台町一ノ八　藤田たか子
発信地　神戸市内　松のや旅館
封書

操以下一同無事試験終了、それ〴〵進級の事と喜び居る。

神戸着後、大阪、門司等へ回航、揚荷をすまし、三日神戸着、三菱ドックにて修繕、検査等の事に従事致居。比較的長き碇泊中、修繕中は、船室に起居も致し難く、また同窓会に長く滞在する事は、他の会員の迷惑故、数日前、下山手六丁目松の屋旅館に交渉、一日三円五十銭位の宿料にて当分宿泊する事となりました。今月二十五日位まで居る積りです。

……

最近、神戸に家のある欧州航路の船長で横浜に碇泊中、一寸、神戸に帰宅して居る間に、船に急用が起り間に合はず、問題を起した人があるので、小生も此の際注意を要しますから、時機を見て安全と思はれる時、一日二日帰京しようと考慮中です。いづれ其の前に通信します。

宿は高等下宿程度で、郵船の人達が沢山お得意ださうで、古い家だけれども、親切な宿です。食事も比較的上等です。船長会の事や、何かで最近多忙で、従つて仲間にも度々会ふ機会がありました。佐藤、松任、久場同級生を始め、西川君其他松倉君等久しぶりに快談しました。

操の一高試験は十七日頃からとの事、成功を祈る。然し無理な勉強をせぬ方がよろし。……

神戸も二、三日前馬鹿に寒気が厳しくなりましたが、何と云つても東京より暖かです。……

元気だから御安心を乞ふ。大塚の皆さんによろしく。

操は高師附属中学四年終了で、第一高等学校（一高）を受験したが、不合格。翌年五年卒業後、静岡高等学校（静高）文科に合格した。

発信日付　昭和十年四月十八日
宛先　（前信に同じ）藤田茂子
発信地　平洋丸（銚子無線経由）
電報

コンユウ六ジカヘル　フヂタ

平洋丸二次航の終わりに、外航から横浜へ入港、東京の自宅へ帰宅する前に、父は船上から電信で、帰宅の日時を知らせて来た。子供たちにとっては、嬉しい知らせであった。

発信日付　昭和十年八月一日
宛先　（前信に同じ）藤田たか子
発信地　神戸　松のや旅館
封書

今朝十時、操　竜田丸にて無事着神〔神戸を「神」と略〕。海上平穏、愉快なる航海をなしたる由、御安心あれ。

直に松のや旅館に投宿、午餐、明後日あたり、有馬か、淡路かへつれて行くつもり。船の仕事も時々ある故、始終御相手は出来ざれ共、可成退屈せぬ様にしてやる積りなり。当人は五、六日頃帰京したき由云ひ居れり。丁度佐藤勝太郎氏〔父徹の友人、日本郵船船長〕来訪、只今、操と共に食事にかゝるところなり。

小生は、神戸碇泊中、一週間程暇を貰ひ、帰京を願ひ出だしたる所、昨日本社より船務の都合を繰り合はせ適当なる時期上京差支なしと許可し来たりたれば、本月十日過ぎ頃、帰京すべし。いづれ時日決定次第電報すべし。

小枝子、昭等房州行決定したりや。

神戸の酷暑強烈にして、三十四、五度の気温。夜分睡眠出来兼ねる位なり。

先は操安着通知まで
八月一日正午
徹

父は操の神戸安着を即日、母に通信をしている。今更ながら、父の子を思う心が偲ばれ、なつかしさがこみあげて来る。

本航海は、父が竜田丸乗船の手続きを取計らってくれ、サンフランシスコ航路、豪華客船の一等船客となって、横浜、神戸間一泊二日の短いクルーズを体験できた。本船の食堂でのディナー、三時のティータイムなど、老年の現在でも当時の楽しかった夏休み中の航海を想い出す。

同船の船長は、伊藤駿児氏であった。

発信日付　昭和十年八月一日
宛先　（前信に同じ）藤田たか子
発信地　有馬温泉場　二階坊孝太郎旅館
封書

前便、操着後、神戸の暑熱いよ〱烈しく宿屋の座敷で、さすがの操も生ぬるい扇風器の風の前に、へと〱になつて居るので、あまり可哀さうなので、丁度今日一日は小生も暇があつたから、どこか涼しい所へつれて行つてやらうと、午後三時頃から六甲登山を決行。阪急電車、ケーブルカー、バス等の便宜で一時間後には六甲山頂に到着。涼しい山風に汗を収め、それからまた乗合で有馬温泉に来ました。駅から程近い二階坊旅館（以前宿つた兵衛の直前）に今夜一泊、明朝帰神。小生は船務があるから、操は適当な遊び場所を選定してやる筈です。有馬の旅館に着いて涼しくなつてから、操も大分元気が出て来ました。

操の龍田丸乗船感想を聞きましたが、非常に愉快な航海をしたらしい模様です。朝、昼晩と洋食の御馳走ばかりで、とても食べ切れない珍味があつたさうで、「もう洋食は御免だよ、日本めしを食べさせてくれよ」と言つて居ました。松のやの昼食に鰻丼を、夕食は有馬でお刺身やきうりもみ、御つゆなどの日本料理で余程うれしかつたやうです。

明朝、有馬電車で神戸に帰ります。

坊やによろしく。

発信日付　昭和十年八月二十九日
宛先　（前信に同じ）藤田たか子
発信地　神戸
封書（五枚の便箋）

暫らく御無沙汰しました。帰神後、いろ〳〵忙しかつたもので諸方へ手紙を出さずに過しました。

入渠工事も終了、試運転も済み、一段落つきました。……

帰神後、再び暑熱烈しくなり、三十四度は普通の暑さで全く閉口しました。幸ひ暑気にも当てられず、壮健だから御安心を乞ふ。新聞を見れば、やはり東京も小生帰京後、再び夏にかへり、相当日も照つた様子故、房州の小枝子や昭も少しは遊泳出来たでせう。追て颱風季節に入り、海岸は危険が多いから、まだ引き上げぬなら早速誰か行つて連れてかへるべし。

本日当地も天候険悪、颱風が近く襲来する警報があつたので、船も陸上も厳重警戒中です。坊やはすつかり男の坊やになつて、ポンプや機関銃で遊んで居るのでせうか。其後元気ですか。

帰神後、忙中閑を盗んで、一度甲子園へ野球を見にゆきました。丁度、準決勝の日で、早稲田実業（東京）対育英商業（神戸）の試合の日で、やつと手に入れた一枚の指定席券でネット裏のよい席でしたが、文字通りの満員で真向から照りつける百度以上の暑熱には、衣物が汗でぐた〳〵になりました。而も隣り近所、前後左右、皆地元の人達ばかり、皆育英贔屓で、育英選手の一挙一動には熱烈な声援、拍手を送るけれ共、早稲田の美技には一切沈黙、神宮球場のファンと違つて弥次が低劣で、早稲田の投手が一つでもボールを投げると「ワー、早稲田の糞垂れ、そないな屁ぴり腰はストライクはよう投げられへん。ワーまたボール出しよつた！」と云ふ調子です。

早実に二塁打が出た時、小生一人拍手してやつたら、近所の観衆が、一斉に驚いて僕を注視したので、ぶん撲られては耐らないと思ひ、それから一切沈黙を守りました。延長戦で早実は惜敗したけれ共、面白い試合でした。

写真は、この航海（南米の帰途）の船内小学校修業式の記念。校長先生の小生、隣りが受持の先生、制服の船員は事務長と事務員、他は生徒で、一年から六年迄、補習科二年の大きな子供も居ます。

皆よく勉強して優等生の成績など（修業生総代で答辞を述べました。）素晴らしいものでした。

近頃の子供は海外に行つて、日本へ帰る途中、船の中でも学校をこしらへて貰つて勉強するのですから、和子なども一生懸命やらなければならぬと、つく〴〵思ひました。

九月一日香港向け出帆、九月十九日頃横浜に帰着します。

父は早稲田中学出身であり、もともと早稲田贔屓であった。

平洋丸の子供たちの学校修業式の写真は残念ながら残存しない。生徒たちは、来日帰国する南米移民の子供たちだったのだろう。

― 発信日付　昭和十年十月二日

宛先　〔前信に同じ〕藤田たか子
発信地　ホノルル
封書

二十二日〔九月〕の雨中、横浜出帆、其後比較的平穏な航海を続けて、本日ホノルル着致候。

二十七、八日頃より東海道方面、関東一帯に颱風の影響で、未曽有の惨害を蒙りたる由無電ニュースにて承知、大に心配仕候。今日あたりまたまた八丈沖に新颱風現はれ、関東地方に向つて進行しつゝある様子、誠に閉口の次第と遥かに案じ居り候。……

十一月末、例に依つてボーナスを受け取らるゝ事と思ふが、なるべく無駄に消費せぬ様定期でも、当座でも適当な方へ預金して置く様に。……

操、和子の学校選定は、小生帰航してから取極める事にしたし。

ポートランド寄航省略となつたから、十二月の二十日頃、横浜着の事と存候。

本航海は平洋丸三次航、次からの通信は平洋丸四次航時のものである。

発信日付　昭和十一年二月二十五日
宛先　〔前信に同じ〕藤田茂子

発信地　ホノルル
絵はがき（日本着物を着た女性が扇子を見ている絵）
オトウサンハ　ハワイ　ノシマノ　ホノルル　トイフミナトニツキマシタ。
ココハ　一ネンヂウ　ナツデ　トテモアツイトコロデス　サヨナラ

発信日付・発信地　前信に同じ
宛先（前信に同じ）藤田たか子
封書

二月十五日横浜出帆後、海上静穏、毎日愉快な航海を続けて居るから御安心を乞ふ。
出帆当日は、朝から見送りの客で賑ひました。後藤、西川の両船長も見えました。午後になつて、日下の茂章〔徹の姉の子〕が御嫁さんを連れて、見送り旁々挨拶に見えました。小柄な血色のよい健康そうな婦人で、質素な洋装をして居ました。

……

内地では、総選挙も無事済むだ様ですね。小生の投票した（十五日船で出帆前不在投票を行ひました）安部先生も首尾よく当選した様子、大いに喜んで居ます。
二十四日には、東京はまだ〳〵大雪で大分積つたさうですね。昭や和子は学校のかへりに難渋したらうと思ふけれ共、坊やや赤ちやんは屹度大喜びでしたらう。

船の上の二十四日は既に、布哇にも近く、熱帯圏に入り、夏服に着替へて、皆、純白の装ひです。今日も食堂で、今朝は東京中も真白な雪に包まれて奇麗だらうが、船も白服で真白だから同じ事だと、お客さんと談して笑ひました。

……

操と和子の試験もこの手紙が着く時分には、いよいよ切迫して来ますね。しつかりやる様に伝へて下さい。

二月二十日、第十九回総選挙が行われた。議席は、民政党二〇五、政友会一七一、社会大衆党一八。文中の「安部先生」は社会大衆党党首安部磯雄（一八六五―一九四九）であり、徹の早稲田中学時代の恩師であった。

この年は、操の高校（旧制）、和子の高女（旧制）進学の時に当たっていた。

発信日付　昭和十一年三月三日
宛先　（前信に同じ）藤田たか子
発信地　サンフランシスコ
封書

布哇出帆以来、連日好天気で船客、乗組一同元気なり。

驚いたのは、二月二十六日（ヒロ出帆の日）布哇の新聞に依つて報道された陸軍々人の叛乱事件で、東京からの海外電信は、この事件に関する限り、報道を禁止せられて居る模様で、上海、新嘉坡、マニラ等からの特電に依つて大体事件の概略が判つた。如何にも重大事件で最初は東京市中は大混乱に陥つたとも想像されたが、其後東京からのニュースに依つて、一般市中は静穏で、秩序も維持されて居るとの事に稍々安心しましたが、二十九日叛乱軍隊帰順、万事平静に還つたとの確報あるまでは、実に不愉快な感じがしました。

もう将来二度と斯様な不祥事が起らぬ様に祈るばかりです。

桑港から出す此手紙が届く時分には、操の入学試験は恐らく真最中でせう。若し済むだ時で不成績で帰つて来た時でも、慰めて元気をつけてやつて下さい。発表があつて落第した時も同様。

和子の方は、御前さんも一方ならず心配して居る様だが、もし第二か、跡見に入学出来なければ、なるべく私立にしても、風儀の正しい学校に入れるやうにして下さい。和子は気が弱く、どんな風にも染まる様に出来て居る子だから此の点特に注意が肝要です。

坊やさんは、矢張り幼稚園に入学した方がよいと思ひます。

操、和子の試験の及落、先日談した通り、無線電信で速報を御願ひします。

ホノルルから坊やにも絵はがきを出しました。坊やは字が書けるから、御父さんに御返事を出す様に言つて下さい。此手紙と同時に坊やにまた絵はがきを送りました。

徹の心配していた操、和子の試験の結果は、操は静岡高等学校（旧制）文科乙類へ、和子は跡見高等女学校へ、それぞれめでたく進学した。

二・二六事件に関し、父はやはり批判的であり、世相に対し正しい判断をしていた。

発信日付　昭和十一年五月三十一日
宛先（前信に同じ）藤田たか子
発信地　門司
封書

神戸宛の御手紙落手。久しぶりの帰航も碇泊日数短かく、子供達と遊ぶ暇も充分なく、残念に存候。

職業なれば之も致し方無しと諦め居り候。而しもう一航海辛抱せば休暇がとれるならんと楽しみ居り候。

扨来月〔六月〕一杯は、香港碇泊、入渠修繕工事施行の次第故、家族渡給料を会社から前払ひして貰ひました。其の分（即ち六月分）と、今期ボーナスを送金しましたから御落手相成度。当座にも預金し置かれ度。何分子供の病気等の場合も考へて常に用意して置かねばならぬ故、無駄な支出は差控へられ度く。

香港は六月中は一年中の一番暑い季節故、今から閉口致し居り候。なるべく山登りや、水泳で運動をして凌ぐ積りなり。横浜帰着は七月初旬故、多分操に会へるならんと楽しみにし居り候。茂子、赤ん坊、昭、皆衛生に注意すべし。梅雨期は病気に罹り易き故、特に用心肝要。小生足の傷は既に全癒、只傷跡が残り居るばかり、御安心あれ。

只今、瀬戸内海航海中、多忙中の小閑を得て、之を認む。……

子供によろしく。

たか子殿　五月三十日　藤田

発信日付　昭和十一年七月二十五日
宛先　(前信に同じ)　藤田昭
発信地　ホノルル
郵便書簡　(七月二十日のランチメニュー)
横浜出帆以来、天候平穏、愉快なる航海也。
……
赤ん坊、茂子皆元気なりや。海岸にゆくなら健康注意すべし。　以上

この手紙は、平洋丸南米第五次航海のときのものと思われる。書簡は一九三六年(昭和十一)

七月二十日平洋丸のランチメニュー。

この夏、一家は柴田家と一緒に外房の興津に過ごした。

発信日付・発信地　前信に同じ

宛先　（前信に同じ）藤田しげ子

郵便書簡（時差修正の図が印刷された七月二十二日のランチメニュー）

皆元気で居ますか。

ラヂオ・ニュースに由れば、東京は只今、非常な暑気ださうで、子供達海にあこがれて居るでせう。適当な家が見付かつたら、海岸へ出掛けるのもい丶でせう。

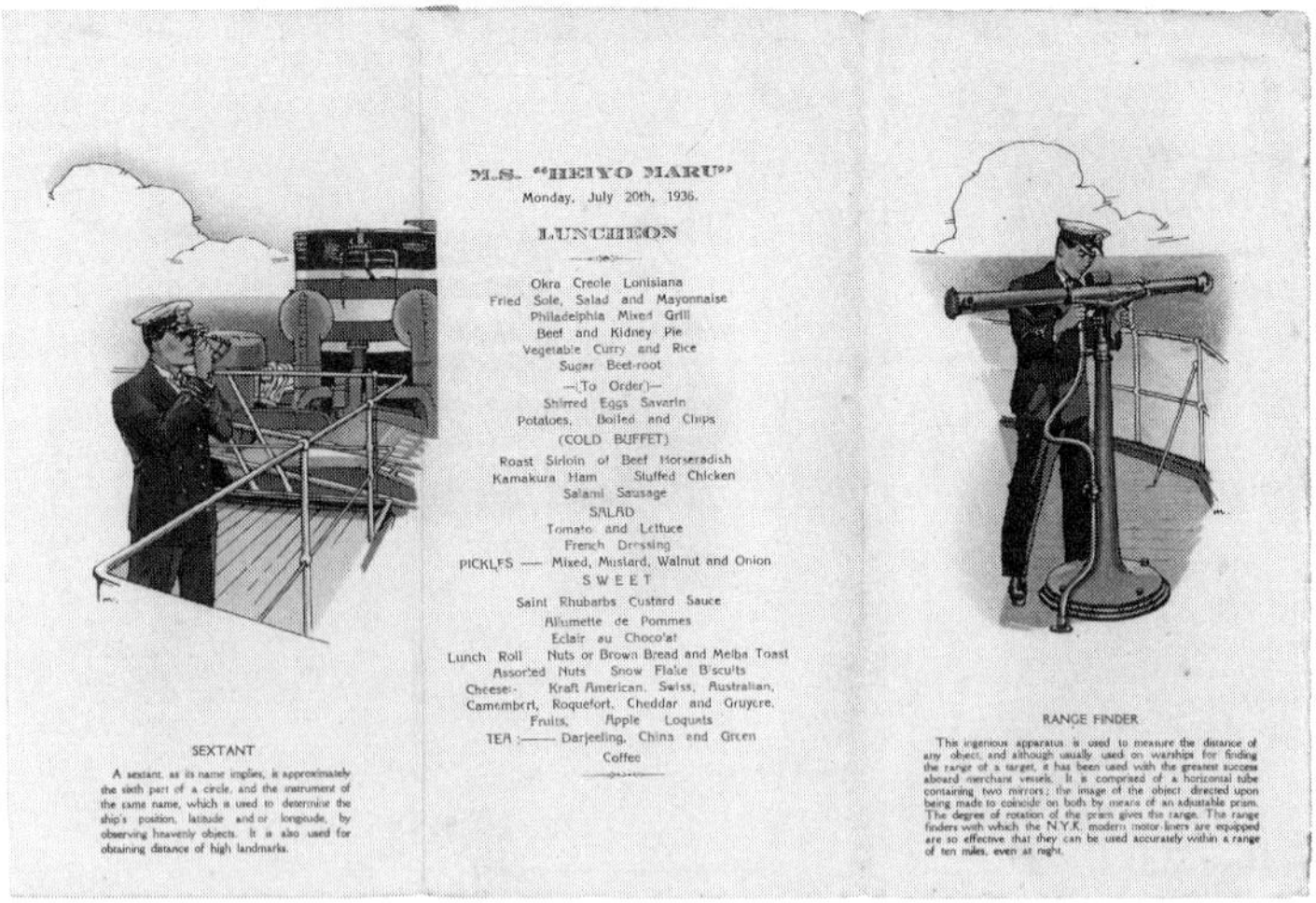

昭和 11 年 7 月 25 日昭宛の書簡（中面）
平洋丸ランチメニューと、船員が六分儀で観測している絵が印刷されている。

前信と同じくホノルルからの手紙だが、メニューは七月二十二日ランチのもの。

発信日付　昭和十一年八月四日
宛先　藤田たか子（封筒残存せず）
発信地　ロスアンゼルス
封書

八月四日ロスアンゼルス着。ホノルル出帆以来元気なり。御安心ありたし。

内地は依然暑気酷しき様、新聞にて承知。一同無事なりや。房州海岸に避暑の計画は如何相成りたるや。

第十二回（一九四〇年）オリンピック、東京開催と決定せるも、本日迄の今回独逸にてのオリンピックには、日本選手連敗の記録にて、北米在留の日本人も皆失望しつゝあり、小生等ラヂオ、新聞其の他の報道に依つて、勝敗に関心を有するもの皆落胆しつゝあり。せめては水泳か？

本航、船客多数、積荷も盛況、帰りも同様ならん。横浜着は十月末日ならんと思はる。

操、静岡にて勉強しつかりする様激励すべし。幼稚園の優等生茂子は少し泣きみそなり。すぐ甘つたれて泣かぬ様教へてやるべし。昭も同様。和子はいよ〳〵跡見の№1になる様努力すべし。鶏口となるも牛後となる勿れ。小枝子は少し、御母さんの手伝ひをなすべし。御尻が太つて重くなつたから短距離力走はだんだん下手になつたるべし。目下一〇〇米を一六秒八位にて走れるや如何。因に、最近の女子百米の記録は十一秒三なり。日本女子選手の過去の記録は、人見嬢の十二秒〇を別にすれば、最近十二秒四位なり。小枝子は十八秒位なりと思ふ。

赤ちゃんは不相変元気なりや。怪我をせぬ様一同注意すべし。

新聞、雑誌類、期日通り発送を頼む。

出帆前取急ぎ認む。

ロスアンゼルス碇泊

平洋丸　　　　　　　　　　　　藤田　徹

平洋丸の南米西岸航跡（横浜―ハワイ―サンフランシスコ―ロスアンゼルス―ペル――チリ―）は一航海約三ヶ月の航程であった。

次の手紙は、平洋丸六次航のときのものである。

発信日付　昭和十一年十二月二十五日

宛先　小石川区小日向台町一ノ八　藤田タカ子

発信地　ホノルル

封書

四十日ばかりの休暇も夢の如く過ぎて、また〳〵南米行。十五日横浜出帆以来、天候平穏、今日布哇ホノルルに着いた。丁度クリスマスで、船内は飾付や御馳走で、形式だけは西洋人なみだけれ共、日本人は皆別に面白そうな顔付きをして居ない。

今朝から夏服、なかなか暑い。此の手紙は二十九日ホノルル発の日本行、竜田丸で送られるから正月八日頃届くだらう。

其後家内一同無事元気で、よい御正月を迎へたらうと喜んで居る。裕がだんだん物を覚えて来て、嘸皆を笑はして居るだらうと想像して居る。

例によつて郵便物の届先を書く。……

皆によろしく。

発信日付　昭和十二年正月五日

宛先　（前信に同じ）和子

発信地　サンフランシスコ

封書（メッセージ欄付きの一九三六年十二月二十一日平洋丸のディナーメニュー〔口絵参照〕）

新年御目出度う。

第二学期の成績はどうでしたか。跡見の優等生も勉強しないと、いつのまにか劣等生になりますよ。

御父さんのセッターは三月迄に編めますか。しつかり頼みます。

御母さんや小枝子によろしく。大塚の皆さんにもよろしく。

御父さんは只今、サンフランシスコ着。これからロスアンゼルスを経て、南米に向ひます。

元気だから御安心を乞ふ。

正月五日

父より

発信日付・発信地　前信に同じ

宛先　（前信に同じ）昭

封書（英一蝶の盆踊りの絵が印刷された二つ折りのカード）

新年御めでたう

昭は元気ですか。いよいよ今年から、まもなく五年生になるのだから、しつかり勉強しなさい。学校でよく先生のおつしやる事をおぼえて、家にかへつてから復習すれば、きつと優等生になれます。

静岡の兄さんや、小枝子姉ちゃんのやうになりなさい。しげ子にまけないやうに。

発信日付・発信地　前信に同じ
宛先　（前信に同じ）裕
封書（鶴の絵が印刷されたメッセージ欄付きの一九三七年一月二日のディナーメニュー）

裕殿、
この絵はなんのとりですか。
動物園にこのとりは居ますか。
坊やと仲よく遊びなさい。
正月五日　桑港にて　　　　　　　　　　　　　藤田

発信日付　昭和十二年四月一日
宛先　（前信に同じ）藤田たか子
発信地　門司
封書

其後、無事航海を続け、本日門司着。明日出帆香港に向ふ。

四月中は香港にて入渠工事にて、家族渡し給料取扱はず、四月分給料二百九十五円也、本

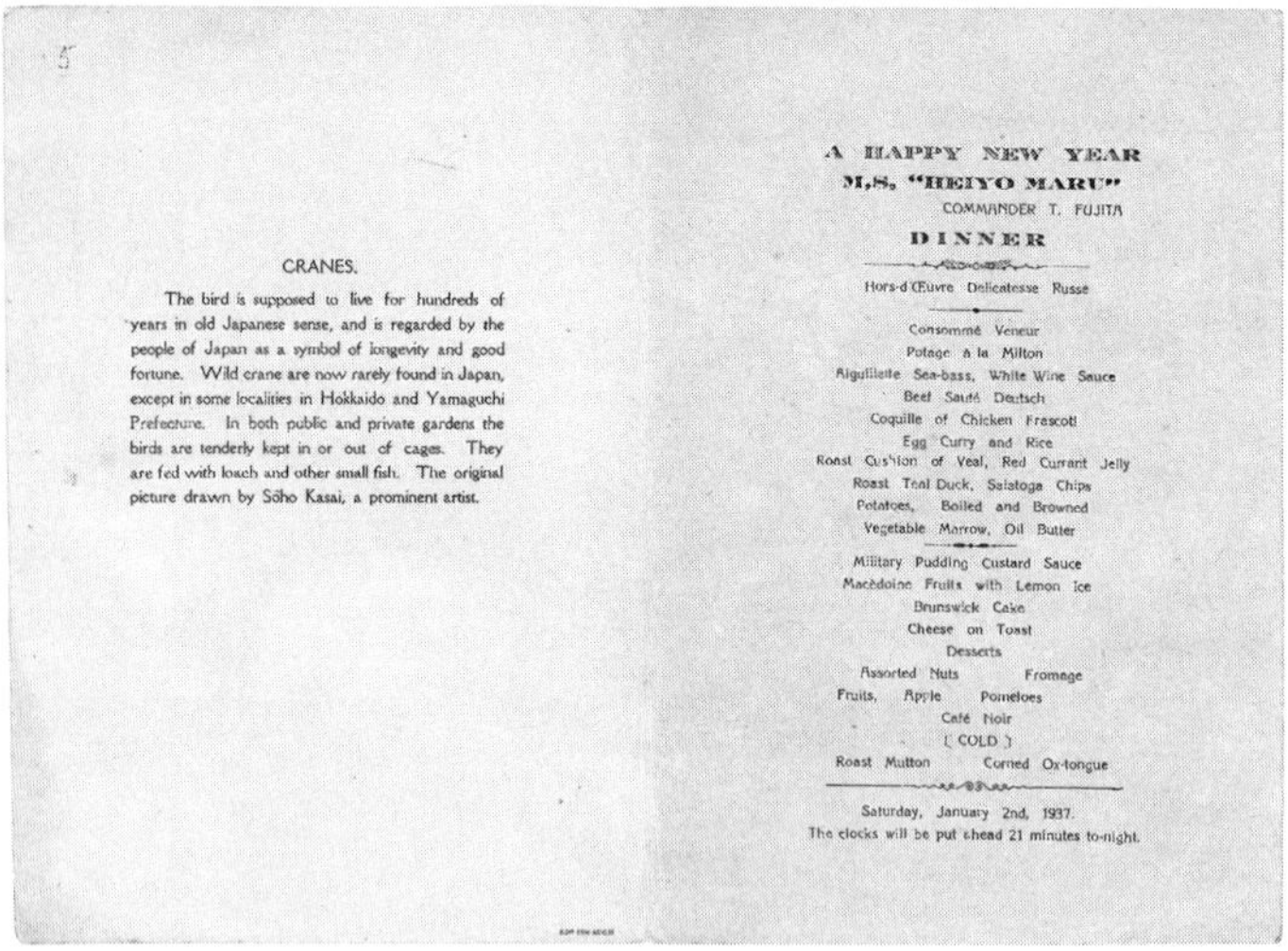

5

CRANES.

The bird is supposed to live for hundreds of years in old Japanese sense, and is regarded by the people of Japan as a symbol of longevity and good fortune. Wild crane are now rarely found in Japan, except in some localities in Hokkaido and Yamaguchi Prefecture. In both public and private gardens the birds are tenderly kept in or out of cages. They are fed with loach and other small fish. The original picture drawn by Sôho Kasai, a prominent artist.

A HAPPY NEW YEAR
M.S. "HEIYO MARU"
COMMANDER T. FUJITA

DINNER

Hors-d'Œuvre Delicatesse Russe

Consommé Veneur
Potage à la Milton
Aiguillette Sea-bass, White Wine Sauce
Beef Sauté Deutsch
Coquille of Chicken Frascoti
Egg Curry and Rice
Roast Cushion of Veal, Red Currant Jelly
Roast Teal Duck, Saiatoga Chips
Potatoes, Boiled and Browned
Vegetable Marrow, Oil Butter

Military Pudding Custard Sauce
Macédoine Fruits with Lemon Ice
Brunswick Cake
Cheese on Toast
Desserts
Assorted Nuts Fromage
Fruits, Apple Pomeloes
Café Noir
(COLD)
Roast Mutton Corned Ox-tongue

Saturday, January 2nd, 1937.
The clocks will be put ahead 21 minutes to-night.

昭和 12 年正月 5 日裕宛の書簡
（上：表面、下：中面・平洋丸ディナーメニュー）

日門司にて会社より先き渡しがありましたから、事務長に頼むで社為替で送りました。
子供達の学校も休暇がそろ〳〵終りますね。茂子の初入学の姿が見たいものです。

平洋丸時代（昭和九年十一月―十二年五月）の手紙は以上が最後。昭和十二年五月、平洋丸を下船、同年八月まで待命、八月二十四日箱根丸の船長として転船のこととなる。

二　第二次世界大戦へ

（一）戦火の拡がり

〈箱根丸〉

自昭和十二年八月
至昭和十四年十二月

平洋丸を下船して待命期間中は、暇を見て伊豆の修禅寺や、湯ヶ島の温泉に、暫しの憩を求め、また母たか子を連れて、静高在学中の操を静岡に訪ねたりもした。

今にして想うと、このときあたりが、父にとっては家庭生活を、平和の裡に、真に楽しむことのできた最後のひとときではなかったろうか。

待命期間も過ぎ、昭和十二年八月に欧州航路の箱根丸の船長の任に就くこととなった。

箱根丸は大正十年、三菱長崎造船所にて竣工。榛名丸、筥崎丸、白山丸のHクラス船（各船のローマ字の頭文字をとってHクラス船と称した）の一番船として欧州航路向けとされた貨客船である。総トン数一〇、四二〇トン。古典的な三島型の船容であった。欧州航路は北米サンフランシスコ航路と並び日本郵船の花形ラインであった。

欧州航路は、父にとっては、若き日、伊予丸の二等運転士として、第一次世界大戦中の欧州の危険水域を航海して以来、長年の間なれ親んだ航路でもあった。父は今度は、箱根丸の船長の大任を帯び、彼の地への航海に挑戦することとなる。

この年（昭和十二年）の七月には、盧溝橋で日中両軍が衝突、日中戦争が始まり、一方ヨーロッパでは、ヒットラーの独裁政権の台頭により、戦雲漂う厳しい時代が到来していた。

日本の商船の航海は未だ平穏の裡に行われていたが、これからの世界政治状勢によって、船舶の運航がどう変わるのか、船乗りの人生がそれとともにどのような運命を辿ることとなるのか、誰も知るよしもなかった。

箱根丸にて

発信日付　昭和十二年八月三十一日
宛先　小石川区小日向台町一丁目八番地　藤田たか子
発信地　大阪港
封書

横浜出帆、天候快晴、本日大阪に着した。海の上も暑さは相変らず酷しいけれ共、蚊が居ないのと、朝夕の風がいくらか涼しいので大助《だすか》りだ。
御馳走は山ほどあれど、食べたく無し。
子供達によろしく。

本信は、箱根丸一次航の第一信である。

発信日付　昭和十二年九月十日
宛先　（前信に同じ）藤田たか子
発信地　香港
封書

門司宛御手紙落手。印鑑、受取り、早速本社宛差出し置候間、月給及ボーナス之にて受取れる筈に候。……

支那沿岸、形勢険悪の模様なれ共、幸ひ支那の飛行機にも、軍艦にも出会はず、平穏無事の航海をつゞけ無事香港着仕候。

船中は、時節柄、乗客比較的少なく、至つて静かに御座候。小生の食卓は、欧洲行の陸軍少佐、海軍少佐、外交官夫人、弁護士夫人（何れも夫君が欧洲滞在中にて其所へ行く人）の四人にて皆日本人也。

御馳走は毎日山程あれ共、あまり喰べると腹に障る故、少量に止め居り候。果物や菓子は珍味の限りを尽し居れ共、殆んど口にせず、小枝子や和子に分けてやり度い様なり。

室は操や和子が見た通り、なかなか美麗なり。毎晩、誰にも蹴られず、安心して眠れる事が何より幸福なり。船に乗ると自宅の汚き事をしみじみ感ず。今度帰る時分には畳でも替へて少し清潔になし置くべし。雑誌、新聞は十月十五日迄は倫敦宛、其以後は、神戸支店気付社便にて送るべし。

健康其後極めて良好、安心あれ。

昭和十二年九月一日、大型台風が香港を襲い、香港在泊中の日本郵船サンフランシスコ航路の浅間丸が、香港島に座礁するという大海難事故が発生した。

この事故に関連して、日本郵船の海務課副長の各務重治が父の箱根丸で応援にかけつけ、また船固めのため大錨二組が箱根丸で運ばれた。

浅間丸座礁事件で日本郵船が大騒動だったとき、現場に航海中の箱根丸の船長の父にとっても、大きな心痛だったと思われるが、事故直後の本信には一切触れていない。
父は仕事のはなしは殆ど家庭でしなかったし、職務上のことは家庭とは別、との昔かたぎの性格の持主だった。今にして思うと、もっともっと父の航海上の「はなし」を、父の口から聞いておけばよかったなあと、詮なきことながら沁みじみ想う。記録に止めることが出来なかったことは本当に心残りだ。

発信日付・発信地　前信に同じ
宛先（前信に同じ）藤田茂子
絵はがき（秩父丸出帆の絵）

ナツヤスミモスンデ、ガクカウガハジマリマシタネ。
茂子ハ　マイニチ　ゲンキニベンケフシテヰマスカ。
東京ハ　ダイブ　スズシクナツタデシヨウ。
オフネハ　ホンコンニツキマシタ。
サヨナラ　ハコネマル
チチヨリ

発信日付　昭和十二年九月十五日
宛先　（前信に同じ）藤田たか子
発信地　シンガポール
封書

九月十日香港発、無事本日、新嘉坡着。御安心を乞ふ。

本船香港着の九日は、我海軍機、再度の広東爆撃が敢行された日であつたが、香港は市中も平穏であつた（広東は香港の北方にある重要都市なり）。

船客、乗組も上陸禁止して警戒したから、何事もなかつた。支那沿岸も我海軍の厳重な警備の為、支那の飛行機など一台も海上に現はれず、航海安全なり。

新嘉坡以西は、支那軍の脅威全くなく、平常と変りなし。地中海に入り、西班牙叛乱の余波が多少懸念されるが、我商船に危害を加へるが如き事は万々あるまいと思ふ。


……

子供達元気なりや。昭は勉強して居ますか。裕の滑稽な動作を思ひ出すと可笑しくなる。
追々涼しくなるから風邪を引かぬ様皆注意すべし　　以上
九月十四日
たか子殿　　藤田

発信日付　昭和十二年九月二十一日
宛先　（前信に同じ）藤田裕
発信地　セイロン島　コロンボ
絵はがき（子供遊戯室の絵）

航海静穏、今日、錫蘭島古倫母着。至極元気なれば安心あれ。
この絵は船の子供部屋。
明朝出帆、アデンに向ふ。皆に宜敷く。
九月廿一日　コロンボにて
徹

家族に出す通信の宛名は、内容の如何にかかわらず、子供たちの名前を用いていた。箱根丸船長としての最初のヨーロッパ行で張り切って航海している気迫が、家族に出す便りにうかがわれる。

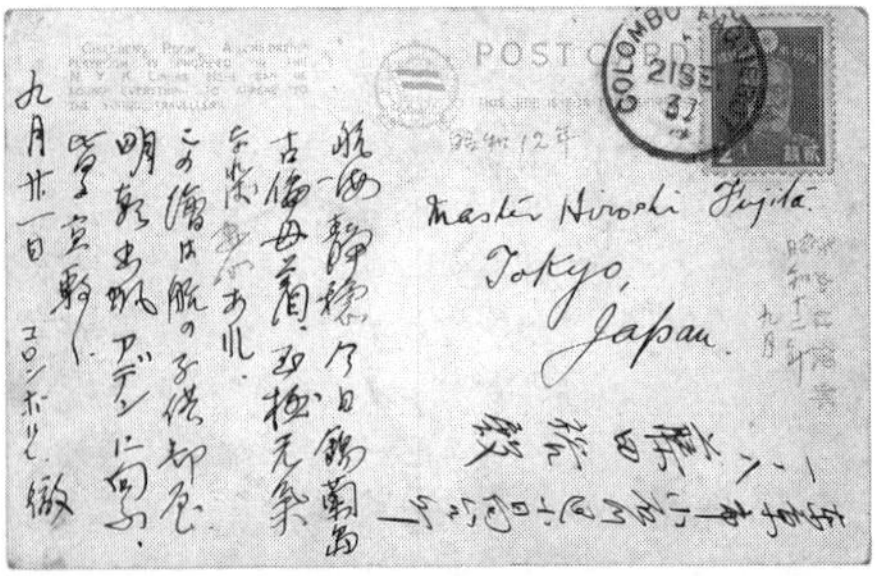
POST CARD
Master Hiroshi Fujita.
Tokyo,
Japan.

昭和 12 年 9 月 21 日裕宛の絵はがき

発信日付　昭和十二年十月九日
宛先　（前信に同じ）藤田たか子
発信地　フランス　マルセーユ
封書

前略、子供達、元気に勉強して居ますか。

印度洋を無事、航過、スエズ運河を過ぎて地中海に入り、伊太利の港ナポリに寄り、本日仏蘭西マルセーユに着。御客さんの大半は此処で下船して、それぞれ巴里や伯林に向ひます。本船はこれから、ジブラルタルに寄港、次いで倫敦に向け出帆する次第。倫敦着は十月十六日頃でせう。

地中海の西班牙の戦乱はなかなか急には片づきさうにも無く、マルセーユから西班牙沿岸の航海は相当危険だけれ共、なるべく西班牙の海岸から離れて、遠廻りをして比較的安全な地帯をゆきますから大丈夫です。

航海中に撮した写真二葉同封送ります。〔写真は残存せず〕

以上

本信で、「西班牙《スペイン》の戦乱」に触れている。

スペインは、人民戦線政府による共和国とこれに対立するフランコ将軍による権威主義的ファシズム勢力の反革命的体制との間で、一九三六年（昭和十一）七月から、国内を二分する内戦の時代に陥った。イタリアとドイツはフランコ側を支援、ゲルニカの爆撃はその典型的な一例。一九三九年三月フランコ側の勝利に帰した。

発信日付　昭和十二年十月二十二日
宛先　（前信に同じ）藤田たか子
発信地　ロンドン
封書

九月二十二日附の手紙、雑誌及新聞確かに落手。

一同元気の由安心仕候。

予ねて前線勤務希望の日下茂章〔姉の子〕もいよ〳〵野戦郵便隊として出発の由、彼は元気の青年なれば、相当活躍するならんと期待致居候。

和子、裕も当日上野駅に茂章を見送りたるとの事、結構の事と存じ候。但し裕は赤ん坊の事故、あまり小さな頭脳に興奮を与へぬ様将来御注意肝要と存候。

上野よりの帰途、動物園に麒麟の赤ちゃんを見物した由、裕は定めて大喜び致したるならんと想像仕候。

〔次にキリンの親子を母と裕と和子らしい人物が見物しているペン画が描かれている。〕

去る十月十七日倫敦着。

久し振りで倫敦に来て懐しい想ひがしました。早速、名物の霧に見舞はれ、この二、三日は、港も市中も暗澹たる灰色に包まれて、交通も不便を生ずる位、深い霧の幕が垂れて居ます。明日、倫敦出帆、白耳義のアントワープに向ひます。それから、和蘭のロッテルダム、独乙のハンブルグに寄り、一旦倫敦に引返へし、十一月十二日頃、日本に向つて帰途につきます。

倫敦では、出野の卓ちゃんに会ひました。奥さんも達者です。谷井や芦沢のおばさんの話も出ました。出野の奥さん、なかなか快活の婦人なり。

小生冷たい霧の為か、二、三日前より風邪を引き、引き籠り中、大した事でなし、熱も下り、一両日中にも全快すべし。心配無用。

英国にては、日本の評判、徹底的に悪く、労働団体の排日気分旺盛、市中にはサンドウヰチマン（広告を背中に負つて市中を練り歩くチンドンヤ）が「日本の商品をボイコットせよ」と書いたビラを掲げて横行して居ます。

昭和12年10月22日たか子宛
徹が手紙に描いたペン画。

而し大した影響はないでせう。
心配した地中海の航海も無事にすみ、帰り途に一苦労あるけれども、霧の中の航海に比すれば、何でも無し。吾々には颱風よりも、空中爆撃よりも、霧が一番苦手です。　以上
十月二十二日　倫敦にて

発信日付・発信地　前信に同じ
宛先　（前信に同じ）藤田裕
絵はがき（ハイド・パークの絵）
十月十七日、倫敦着。
霧の都で、陰鬱な空を眺めて居ます。
明日、アントワープに向ふ。

発信日付　昭和十二年十月二十八日
宛先　（前信に同じ）藤田たか子
発信地　ベルギー　アントワープ港
封書
其後一同変りなきや。

倫敦よりの手紙は届いた事と思ふ。

久しぶりの英国も、日本人の評判が悪いので、あまり愉快でなし。ヴィクトリア・ドックにて揚荷を終へ、二十二日（十月）、白耳義アントワープに来た。

ドーバー海峡を越えて大陸に着いて見ると、陰惨な空気が、からりと晴れて、青い空も眺められるし、心持がさばさばする。

こゝの都会は巴里を小規模にした様な風景で、建物も、道路も小綺麗な感じだ。十数年前、榛名丸で来た以来だが、昔も今も変りがなく思はれた。この碇泊、今日で五日目、石炭を満載、これから和蘭のロッテルダムに向ふ筈。

昨日、上海戦線、日本軍大勝利の報があつた。英国の新聞は、今迄、日本軍の勝利の報はあまり掲げず、支那側から出た出鱈目の報道を載せ、日本軍六千人全滅とか、日本軍の俘虜五千人とか、わざと厭がらせの記事ばかり書いて居るが、上海の今回の戦報だけは、日本のラジオ・ニュースと大差ない、正確なのを掲げて居る。船の人達も大に祝杯を挙げた。

最近の日本では輸入禁制品の規定が厳重になつて、毛織物類は少量でも、日本に持つて帰る事が出来ないから、小枝子の洋服地なども絶対駄目だ。

この手紙が着く時分は、日本も相当寒くなつて居るだらう。皆、風邪を引かぬ様注意すべし。

この船は、十二月二十七日頃、日本着の予定だから、小生が帰つてからでは、間に合はぬ故、例年の通り年賀状を書いて出して置いて下さい。
今年は、また久しぶりで日本で正月が出来るから愉快です。

十月二十八日　アントワープ港　　藤田

華北の日支衝突が上海出兵に発展、陸軍部隊が昭和十二年八月二十三日上海呉淞地区に上陸、中国軍との戦火が始まった。十月二十六日、難関の大場鎮を占領、十一月十一日上海を完全占領した。

本信にある「倫敦よりの手紙」は封筒は残存しているが、中身は失われている（1937. 22. OCT. VICTORIA DOCKS のスタンプ印あり）。

発信日付　昭和十二年十一月五日
宛先　（前信に同じ）藤田昭
発信地　ドイツ　ハンブルク
絵はがき（ハンブルク港の風景）

白耳義、和蘭ノ各港デ揚荷ヲスマセ、箱根丸ハ　独逸ノハンブルグ港ニツキマシタ。コノ港ハ、独逸デ有名ナ貿易港デス。
エレベ河口カラ東ニ遡ルコト、六十浬、ハンブルグ市ガアリマス。

今日、ハンブルグ郊外ニアル有名ナ、ハーゲンバック動物園ヲ見ニユキマシタ。ライオン、オットセイ、ペンギン沢山ヰマシタ。

十一月五日　独逸ハンブルグ　藤田

発信日付・発信地　前信に同じ

宛先（前信に同じ）藤田茂子

絵はがき（カップ・アルコナ号の出港の写真）

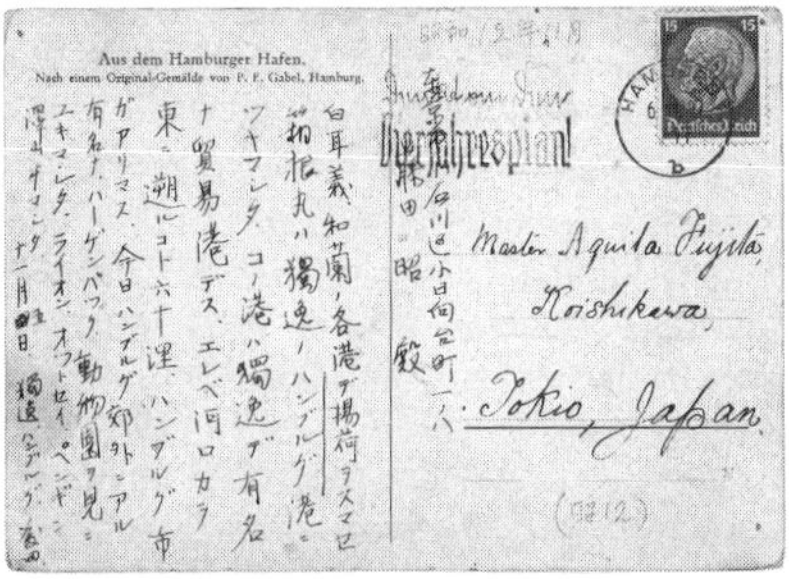

昭和 12 年 11 月 5 日昭宛の絵はがき

コレハ、ハンブルグノマチヲ上カラミタケシキデス。大キナフネガ、イマ、エレベ河ヲクダツテ、海ヘデテユクトコロデス。ヒロシハゲンキニアソンデヰマスカ。シゲコハ一年生デオネエサンダカラ、ヒロシヲカアイガツテオヤリナサイ。

十一月五日　ハコネマル　　オトウサン

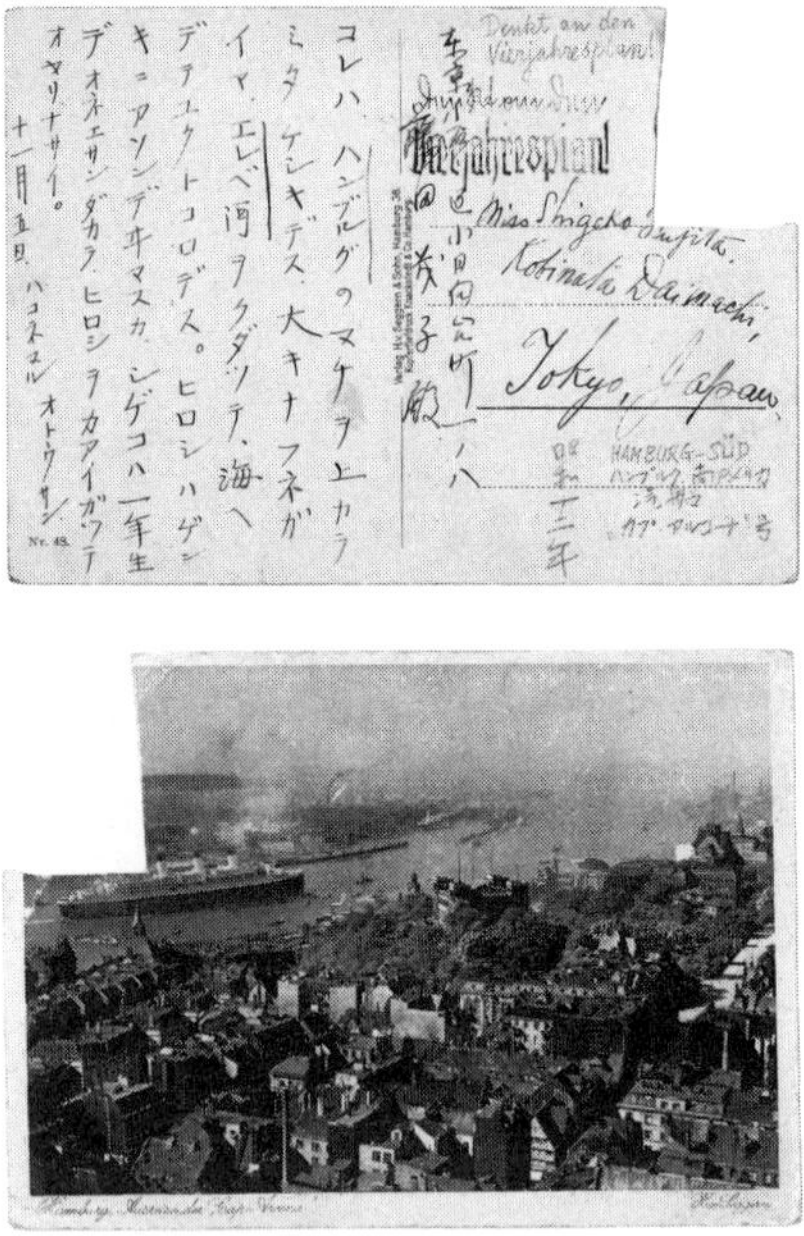

昭和 12 年 11 月 5 日茂子宛の絵はがき

絵はがきの大きな船カップ・アルコナ"Cap Arcona"号は、総トン数二七、五六一トン、

Hamburg-Süd汽船所属の南米航路の客船で、戦前ドイツの名船の一つである。一九四五年（昭和二十）五月三日、終戦の直前、英軍機の爆撃を受け、バルト海にて沈没、悲惨な最後をとげた。

発信日付　昭和十二年十一月二十一日
宛先　（前信に同じ）藤田茂子
発信地　イタリア　ナポリ
封書

シゲ子ハゲンキデ　マイニチ学校へユキマスカ。
オトウサンノフネハ　日本へカヘル航海ノトチュウ伊太利《イタリー》ノ「ナポリ」ニツキマシタ。
クリスマスノコロ、箱根丸ハ日本ニカヘリマス。
裕ハマダ　チイサイカラ　シゲコハイヂメナイデ、ナカヨクシテオヤリナサイ。
コノ犬ノ画ハ、オトウサンガ、イギリスデカツタ煙草ノ箱ノナカニアリマシタ。ヒロシニヤリナサイ。オトウサンハ、ソノカワリ茂子ニキレイナ絵本《エホン》と「チョコレート」ヲアゲマス。ニホンモイマ、支那《シナ》トセンソウヲシテイマス。セイヨウデモ、西班牙《スペイン》トユウクニガ、内乱ヲオコシテ、クニノナカガ、二ツニワカレテ、センソウヲシテイマス。
コノスペインノクニノソバヲ、箱根丸ガトヲルトキ、マチガヘラレナイヨウニ「コレハ日本ノフネデス」トスグワカルタメ、コノ画ノヨウニ日ノ丸ヲペンキデカイテ、航海シテイマス。旗ノホカニ船　ヨコハラニカイテアルノデス。ソウスルトヨソノクニノ、センスイテイハ「アレハ日本ノフネダ、日本ハツヨイエライクニダカラ、シズメテハイケナイ」トイツテナニモシマセン。

ツヨイ、タダシイ　エライクニノコドモハヤハリツヨクタダシクナケレバイケマセン。センセイノオシヘヲマモリ、ヨクアソビ、ヨクマナバナケレバ、支那《シナ》ノコドモニモバカニサレマスヨ。

発信日付・発信地　前信に同じ
宛先（封筒残存せず）
封書

十一月十二日、倫敦出帆、日本へ向けて出帆する時出した通信は届いて居ると思ひます。出帆後、幸ひ天気に恵まれ、地中海の航海

(2)
コノ犬ノ画《エ》ハオトウサンガイギリスデカッタ煙草《タバコ》ノ
箱《ハコ》ノナカニアリマシタ。ヒロシニヤリナサイ。
オトウサンハソノカワリ、茂子《シゲコ》ニキレイナ絵本《エホン》
ト「チョコレート」ヲアゲマス。
ニホンモイマ支那《シナ》トセンソウヲシテイマス。
セイヨウデモ西班牙《スペイン》トユウクニガ内乱《ナイラン》ヲオコシテ
クニノナカガ二ツニワカレテセンソウヲシテイマス。
コノスペインノクニノソバヲ箱根丸《ハコネマル》ガトヲルトキ
マチガヘラレナイヨウニ「コレハ日本ノフネデス」トスグ
ワカルタメコノ画《エ》ノヨウニ日ノ丸ヲペンキデカイテ
航海《コウカイ》シテイマス。旗《ハタ》ノホカニ船腹ヨコハラニカイテ
アルノデス。
ソウスルトヨソノクニノセンスイテイ
ハ「アレハ日本ノフネダ、日本ハツヨイ
エライクニダカラシヅメテハイケナイ」
トイウテナニモシマセン。
ツヨイ、タダシイ、エライクニノコドモハ
ヤハリツヨク タダシク ナケレバイケマセン。
センセイノオシヘヲマモリ、ヨクアソビヨク
マナバナケレバ支那《シナ》ノコドモニモバカニ
サレマスヨ

昭和12年11月21日茂子宛の手紙

ました。

も、今迄は平穏を続けて、ジブラルター《ジブラルタル》、馬耳塞《マルセイユ》と寄港して、今日、伊太利のナポリに着き

今夕、出帆、ポートセード《ポートサイド》に向ひ、蘇士《スエズ》を経て、印度洋に出て、たぶん定期通り十二月二十六、七日頃には横浜に帰着できると思つて居ます。

地中海では、時々、伊太利や仏蘭西、英国などの偵察機が船上低く飛んで来ます。而し国旗を高く掲げ、船腹にも日章旗を大きく描いてある我箱根丸には、何等の危害を加へないから安心です。

露西亜の潜水艇、飛行機が大分活動して居る様ですが、之は西班牙政府軍援助が目的で、其敵とするのは、独逸と伊太利で、日本船までは襲撃しない様です。

日本軍の上海戦勝、北支要地の攻略等で、大勢既に定まつたとなると、欧州の与論も大分変つて来て、近着の英国新聞や雑誌を見ても、一ケ月程前とはだいぶ調子が変つて「日本の強いのは分つた、充分分つたから、そんなにいつ迄も弱い者いぢめをしても仕方が無いぢやないか、あれだけ懲らしめたら、いゝ加減に勘弁してやりなさい。支那の建て直しには御金が沢山要るだろう。日本は戦争で御金が減つて困つて居るだらうから、其時は自分達がいくらでも出すから、其代り仲間に入れて貰つて一しよにやらう」といつた工合です。なかなか狡るいです。

裕、茂子、昭等小さい者共元気ですか。小さい人達には英国で絵本を買つて来たから、楽

しみに待つて居なさい。　　　　　　　　　　以上

次は、箱根丸二次航の手紙である。

発信日付　昭和十三年正月二十二日
宛先　小石川区小日向台町一ノ八　藤田たか子
発信地　門司
封書

其後、子供一同無事通学致し居ること、安心して居ます。横浜出帆前、罹つた風邪が今だにはつきり治らず閉口致居候。幸ひ発熱もせず、自分も用心して、船は暖いから、早く就寝するやうにして居た甲斐があつて、職務にも差し支へず、本日門司出帆の際は（二十二日）、大分元気になりました。一両日すれば本復するでせうから御安心ありたし。

……

本日（一月二十二日）門司から、この箱根丸で小枝子の御友達の永野さんの御父様の永野護氏が欧州視察の旅で乗船されました。会社の重役からの紹介状があつたので、門司出帆の前、一寸御目にかゝりました。奥さんと御嬢さんも御父さまの見送りに船まで見えたので社交室で御挨拶をしました。御嬢さんは小枝子の同級の娘さんの多分姉さんでせう。……永野

さんの御父さんは、自分の娘の友達の御父さんが、箱根丸の船長だつた事は意外の様子でした。

明後日は上海につきます。戦跡を見て来たいと思つて居ます。

中央公論、改造、文芸春秋は神戸でも、門司でもやはり発刊遅延の為か手に入りませんでした。この手紙着き次第購入の上、倫敦宛郵便で御送り下さい。

永野護は有名な永野三兄弟の長兄。番町会の有力メンバーで、贈収賄事件で、政財界を揺がせた帝人事件に関与、起訴されたが（昭和九年）、昭和十二年十月、全員無罪となった。河合良成、小林中、長崎英造、正力松太郎らの人物が番町会のメンバーで、政商的性格を帯びていた。永野護は無罪判決の後、渡欧の途に上ったものと思われる。

発信日付　昭和十三年二月七日
宛先　（前信に同じ）藤田小枝子
発信地　コロンボ
封書

航海至極平穏。本日古倫母に着しました。之は航海中写した記念写真。御父さんの左側に腰かけて居るのが、きよ子さんの御父さんの永野氏、真中は矢張り永野さんの会社の重役を

して居る久留島秀三郎氏。例の童話の大家、久留島武彦翁の嗣子、印度方面視察にゆかれます。

先日永野さんの御父さんが、小枝子に絵はがきを出して呉れましたから、小生もきよ子嬢に出して置きました。

昭、ボーヤ、僕さん皆元気ですか。印度洋は今涼しい時期ですが、日中は相当温度が上り、二十八度位になります。

封書
発信地　ナポリ
宛先　（前信に同じ）藤田たか子
発信日付　昭和十三年二月（日にち不明）

航海平穏けふ伊太利ナポリに着きました。印度洋も割合い涼しく、浪も静かで御客さんも皆元気で、愉快な日を過しました。

時節柄、欧米漫遊などの御客さんは減少して、二三年前に比較すれば船客の顔振れも、変ったようです。転任の外交官とか、緊急の御用で出張する役人とか、いづれも政府が認めて必要だとした人以外は、今は洋行するにも面倒な手続があるさうです。

……

小枝子の卒業も近づきましたね。タイプライターの学校に入るなら、やはり試験に及第する様一生懸命勉強しなさい。……

この写真は古倫母に着く前、すき焼会の時のもの〔残存せず〕です。

……

和子、昭、茂子、裕　皆元気ですか。

小枝子始め皆御父さんに手紙をくれませんね。御父さんは、こちらからばかり出すのは厭だから手紙をくれなければ、之からもう通信しませんから。御土産も買つてかへらないからさう思ひなさい。　左様なら。

発信日付　昭和十三年三月二十一日
宛先　静岡市静岡高等学校学生課気付　文科学生　藤田操
発信地　ハンブルク
封書

其後元気で御勉学の事と安心致居り候。

本船去ル三月十八日、欧州各港を経て、当ハンブルグ港に入港致候。

偶々独逸軍の墺国《オーストリア》進撃、続いて電光石火的の墺国併合等が成功して、独逸国内は歓喜、祝賀の大渦巻、物凄きばかり。

三月十四日から向ふ一週間各戸は国旗を掲揚、港内碇泊諸船舶は満船飾を施して祝意を表して居ます。在港日本船は、箱根丸と新造船粟田丸（郵船貨物船）の二隻で、矢張り友邦の祝祭に敬意を表する意味で、満船飾を行ひました。是を見た独逸人大喜びで、御蔭で日本人大持てです。

市内の活動写真は、ニュース映画に、ヒットラーのウィーン入城の光景を大々的にやつて居ます。

本船は、本日（三月二十一日）出帆、白耳義、アントワープに寄港、積荷の上、倫敦へ再び帰り、四月一日倫敦から帰航の途につきます。五月中旬横浜着の予定。

只今は、東京の子供達も、御前の方も試験で忙しい事と推察して居ます。この手紙が日本に着く時分は春の休暇も終り、新学期が始まつて居る事と思ふ。折角御奮励を望む。

昨日（日曜）市内を散歩の際、公園の運動場で、こちらの大学生（何と云ふ名の大学生か分らなかつた）のチームのフットボール（ア式）の試合を見物した。選手の体格と云ひ、技倆と云ひ、日本の高等学校の比にあらずと感服した。なか〳〵面白かつた。独逸は刃物が優良なので御前に山登り用の立派なナイフ（いろ〳〵の用途に便利なもの）を買つてやつた。小生が帰つたら送つてやる。

三月二十一日　　父より

ドイツ国防軍は、三月十二日オーストリア進撃を開始、シュシュニクに代ったザイス・インクアルト首班のナチス政権がオーストリアに誕生、三月十三日ドイツのオーストリア合併を宣言した。ヒットラーは三月十四日ウィーンに入城した。

父はナチス・ドイツのオーストリア合併（der Anschluß）というヨーロッパの歴史的事件のときハンブルクに居合わせていたのだった。

操は当時、静高文科乙類（ドイツ語が第一外国語）の三年次に進学する時期であった。

次の手紙は、箱根丸三次航のときのもの。

発信日付　昭和十三年六月十五日
宛先　小石川区小日向台町一ノ八　藤田たか子
発信地　台湾　基隆港

封書

航路南下するに従ひ、暑気加はり、基隆にては、只今三十度位。それに霖雨の為、湿度高く、鬱陶しき事限り無し。

〔以下に、雑誌、新聞類の出状の指示をしている。例示すると、

「新聞は六月十五日より七月十五日迄の分は一週間分位づつ、纏めて其の都度、倫敦支店気付御送付を乞ふ！

Capt. T. Fujita　SS Hakone Maru

c/o N.Y.K. 88. Leadenhall St.

London. E.C.」など。〕

発信日付　昭和十三年六月二十二日

宛先（前信に同じ）藤田和子

発信地　シンガポール

封書（墨書）

けふ新嘉坡へ着きました。

赤道直下の焼けつく様な日光に、温度は三十度を越えてゐます。而し空気が乾いて居るから、日本の夏の様な蒸し暑さはありません。

この手紙が着く時分は、そろ〳〵休暇が近づきますね。今年は皆辛抱して東京で暮しなさい。毎年何処かへ行つたのだから、たまには東京の苦熱を味ふのもよろしい。

池の金魚健在なりや。

……

発信日付　昭和十三年八月四日

宛先　（前信に同じ）藤田小枝子

発信地　ロッテルダム

封書

七月十四日付のたか子、和子の手紙当地にて落手、一同元気の由安心しました。去る六月下旬の豪雨は新聞にて承知、関東より関西の方が更に激烈の様子にて、神戸在住の本船乗組で住宅に被害のあつた向は、会社から電信で知らせて来ました。誰それ宅床下二尺浸水、家族無事等々、幸ひ大きな災難を蒙つたものがなく、一同安堵しました。

倫敦着（七月二十五日）以来、予定通り白耳義アントワープを経て、八月一日当地着、それから逆戻りして来る十四日倫敦着、八月十九日同地発、帰港の途に就きます。

欧州は、夏でも日本の暑さと違ひ、倫敦やこの辺で昼間こそ八十五度（摂氏二十八度位）に温度が昇るけれ共、夜間は涼しく、真白な着物など着て居る者は見かけません。それでも暑中休暇は学校でも、会社でも充分与へるからそれぐ\海岸に出掛けて、ぶるく\震へながら泳いで居ます。

この手紙が日本に届く時分は、子供たちの休暇も終りに近づいて学校の宿題で皆そろそろ忙しくなる頃でせう。今年は事変の影響で山登りや、海岸ゆきも大分減少して、例年よりは寂しい事と思はれます。大きい子供は我慢するとしても、昭やしげ子が海で遊べなくて退屈して居るでせうね。茂子からはまだ「オトウサンオテガミアリガトウ」と云ふ返事が来ませんが、どうして居ますか。裕は皆に可愛がられ、からかはれ「イヤダーウー」と云つて居ますか。六年生昭は勉強して居ますか。

……

操は休暇が始まるとすぐ帰つて来て、早稲田の夏期講習会に通つて居る由至極結構な事です。喫茶店や玉突場に通つて御巡りさんにつかまつて拘留されるよりはよほど気が利いています。

小枝子もＹＷＣＡの帰へりに銀座などぶらついて不良少女と間違へられない様に願ひます。小枝子の学校は他から聞いてもよい評判だから折角入学したのだから充分身をいれて勉強しなさい。

今度は箱根丸は独逸へ寄りません。然るべき人に頼むで操に益《ヤク》に立つ様な独逸語の書物を購ふと思ツて居たのですが、駄目になりました。和蘭や英国では独逸の書籍は非常に高価です。

新嘉坡で熱帯魚を買つて、キヤビンに置いて愛玩して居ます。印度洋を越へ、二ケ月近くになる今、気候の変化にも拘らず、元気に生きて居ます。無聊の船中生活中、よい慰安になります。大きなガラスの容器に藻を入れて、其の中に可愛らしく泳いで居るのを見ると、気が晴ればれします。大きいのが「エンゼルフィシュ」と呼ばれて居ます。もし日本につく迄生きて居たら、船が横浜に入港の折見に御出でなさい。エンゼルフィシュにはこの通り長いひげがはえて居ます。〔口絵参照〕

この航海、本船に京都の同志社大学の訪伊自動車隊が乗りました。学生六名、団長の教授一名、学生は法、経科の青年、ナポリに着いてから、日本から持つて来た国産自動車二台に分乗して、羅馬《ローマ》其他伊太利主要都市を訪問、日伊学生親善の使命を果たすのだそうです。匆論途中は汽車や電車に乗らず学生自ら運転して廻るのだそうです。

ナポリに着いた時は、伊太利の歓迎はなか〳〵盛んで、青年達大得意で、箱根丸の繋留して居る桟橋から直ちに自動車を運転して、衆人歓呼の中を、日伊の国旗を翻へして、羅馬へ出発した姿は、誠に颯爽たる光景でした。〔上図は箱根丸舷側から出発する同志社大学学生団〕〔口絵参照〕

航海中、学生も私の室に世話になる礼を云ひに来ました。団長の有賀教授は或る日私に話しました。

「船長、この頃の学生はなか〳〵先生の云ふ事を聴いてくれません。あまり八ケ間敷申すと反抗します。勝手に自由にさせて置くと何をしでかすか分りません。全く心配です。或程度まで放任して彼等を紳士として待遇してやり、あまり行き過ぎた時は、厳重に罰する様にする外はありません。之が一番宜しい様です」先生は神学部の教授です。

「有賀先生、それは一番結構な御考へだと私は思ひますが、あなたの学校は基督教の学校で学生の品行などは外の学校と異つて、皆立派な成績だらうと思はれます。御酒を飲んだり、カッフェなどに出入する者はないでせう」と僕が質問すると、教授は大変困つた表情をして斯う言はれました。

「それが、船長、相当多いのでしてね」

今日は暇があつたので、長い手紙を書きました。今夜の十二時です。

左様なら

和蘭国ロッテルダムにて

父より

本信は便箋六枚の長文で、エンゼルフィシュの絵と、同志社大学自動車隊出発の絵が自筆で手紙中に描いてある。

発信日付　昭和十三年八月十日
宛先　藤田シゲ子（封筒残存せず）
発信地　ベルギー　アントワープ

――封書（アントワープ港の絵はがきが同封）

茂子ハオ父サンニオテガミヲクレマセンネ。ゲンキニ、クラシテイマスカ。一ガッキノセイセキハ、美ガイクツアリマシタカ。ソレトモ良ト可バカリデスカ。

イマ夏ヤスミデ、毎日ウチデナニヲシテイマスカ。朝ハ、ラヂオ体操、ソレカラ学校ノ宿題ヲヤッテ、昭ヤ裕トスコシモ、ケンカヲセズ、オ母サンヤ、兄チャン、姉チャンタチニホメラレ、ウチジュウノオ手本ニナッテイルダロウト、オ父サンハアンシンシテイマス。

シゲ子ハ　ツヨイ子ダカラ、スグナイテハイケマセン。絵ハガキハ、オ父サンガイマイル、ベルギー、アントワープノ港ト街ノケシキデス。ミナニヨロシク

八月十日

――発信日付・発信地　前信に同じ

宛先　藤田たか子（封筒残存せず）

封書

先日和蘭から出した小枝子宛手紙は届いた事と思ひます。

船はロッテルダムにて採炭、積荷の為、只今、白耳義国安土府《アントワープ》に碇泊中です。日本なら酷暑の最中なのに欧州では今が一番暑い時だと云ふのに、街を歩く人も、白いものを着て居る人は見当りません。オシヤレの婦人などは軽装とは云ひ乍ら御苦労にも銀狐を頸に巻いて居

るものさへあります。海水浴場はどこも、かしこも大繁昌の様子です。

こちらの新聞や、日本からの電報ニュースに依ると、支那の戦争も第三期の作戦に入つて、いよ〳〵長期抗争となつた様で、日本の統制経済政策も徹底的に行はれる模様ですね。木綿や綿、皮革、ゴム、鉄、銅、亜鉛、アルミニウム等で作られたものは之からは、市場へは現はれない事となつて、お鍋一つもなかなか貴重品となるわけです。

男だから台所の品物や衣服のことはよくわからないが、新聞で見て、昭や操が穿く靴が一足十円から十四、五円になつたのには驚きました。それももう暫くすると、いくら御金を出しても皮製のものは買へなくなるのでは学生達は困るだらうと思ひます。いづれ代用品が出来るのだらうけれ共、どうせ皮と同じ位丈夫に長持ちする様なものが果して製造し得られるかどうか、疑問です。而し新聞で下駄屋さんが大気焔を上げて「スポーツでも、跳躍や水泳で日本が世界一となつたのは下駄をはいて足の指を自由にして置くから勝利を得たのです。私達は五年も前から下駄をはけ、草履をはけと叫んで居たのです」と云ふ記事を見た時には、時局の御蔭で下駄屋サン大儲けだと思ひ大笑ひしました。

今年の夏は子供達は休暇中家で辛抱しましたか。世間でもあまり大げさな避暑旅行をする人も少いでせう。この手紙が届く時分にはそろ〳〵学校も始まることゝ思ひます。

昭は勉強して居ますか。操も毎日退屈して居るだらうと思ふが、せいぜい労働奉仕でもして身体を鍛へなさい。裕は皆が毎日揃つて居るので大喜びでせう。さぞ騒がしい事だらうと想像されます。裕の為めに左に絵を書いてやるから説明してやつて下さい。
ロッテルダム滞在中、同地の動物園を見物した時の記憶です。同地の動物園は植物園を兼ねて、園内は草花が綺麗に咲いてなか〳〵手入れが行届き、広さは上野の動物園の二倍位あります。動物の種類は上野と似たりよつたりです。麒麟は長太郎氏の方が立派でした。先づ入ると鸚鵡が籠から出して止り木に綺麗な翼を見せて居ます。以下図の通り。
〔おうむ、虎、水牛、きりん、象などのペン書きの絵〕
その他お猿さん、オットセイ、河馬、カンガルー、北極熊、タヌキ、狼、黒狐、豹等沢山

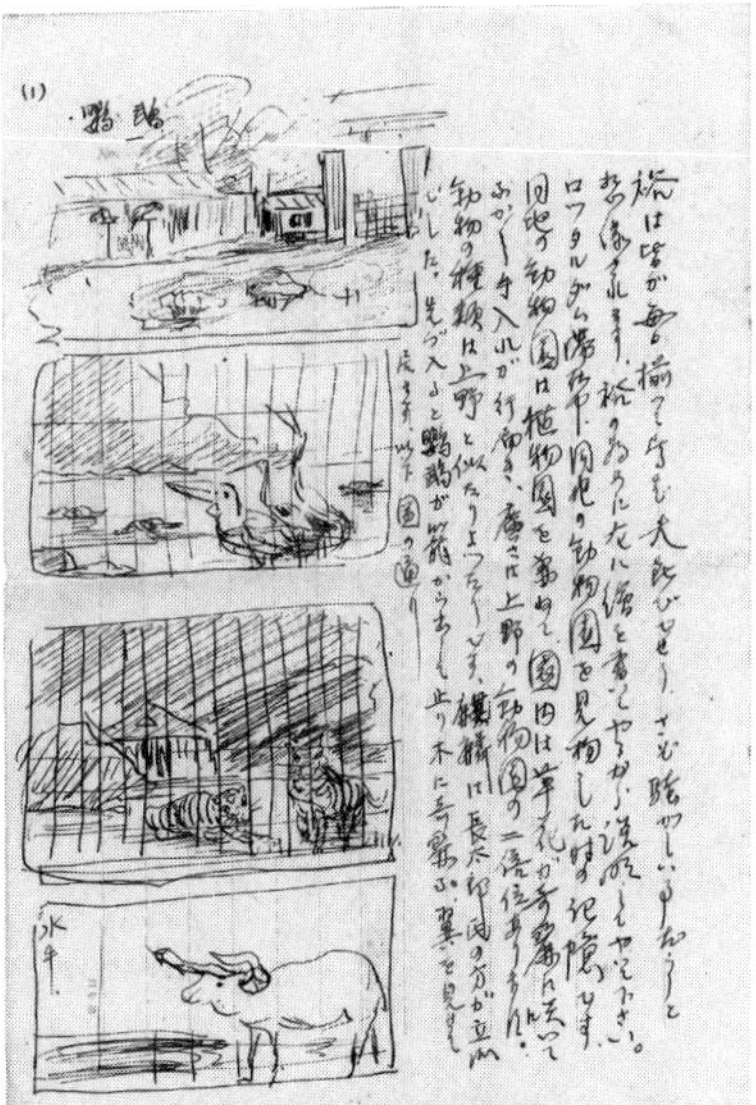

昭和13年8月10日たか子宛の手紙
徹が手紙に描いたペン画の一部。

居ました。家は上野より小さい様でした。
……
八月十日
藤田
たか子殿

発信日付　昭和十三年八月十四日
宛先　小石川区小日向台町一ノ八　藤田ヒロシ
発信地　ロッテルダム
絵はがき（ロンドン Oxford Street の風景写真）

デンシヤ、ジドウシヤ　ガ　タクサンアルロンドン　ノ　ニギヤカナマチ
Rotterdam 14th Aug. 1938

発信日付・発信地　前信に同じ
宛先　（前信に同じ）藤田シゲコ
絵はがき（ピーターパンの像）

シゲコ　ハ　ピーターパン　ノ　オハナシヲキイタコトガ　アリマスカ。シラナケレバ大キイネエチヤン　ニ　ハナシテモライナサイ。

次の手紙は、箱根丸の第四次航海時のものである。

発信日付　昭和十三年十一月（日にち不明）
宛先　（前信に同じ）藤田たか子
発信地　香港か
封書

ガッカウ　デ　先生ガ黒板ニ上ニアルヨウナ画（電車の絵）ヲカイテ、セイトニタヅネマシタ。

「電車ハ　マッスグニハシリマスカ。ソレトモ、ハネナガラハシリマスカ」

「デンシヤハ　兎ノヨウニ跳《ハネ》マセン」ト二年生ノシゲ子ガ答ヘマシタ。

六年生ノ昭ハ「電車ハレールノ上ヲハシルヨ。カーブノトコロデハ、曲《マガ》ルケレド、ハネタリスルモンカ」トイヒマシタ。

三年生ヤ四年生ノセイトモ皆サ、ヤキマシタ。

「キミ、電車ハ　ハネルカイ?」

「ボク　ハネナイト思フナ」

「アタシ、ダッテ、デンシヤガハネルナンテ、キイタコトガナイワ」ト女ノ三年生ノ子供ガサケビマシタ。

先生ハ「ソレデハ、電車ガハネルノハ、マチガヒデ、センセイノ画ハ、タイヘンノオモヒチガヒデシタネヱ」トイヒマシタ。スルトスミノホウデ、五ツグライノコドモガ、小サイ声デサケビマシタ。

「ボクデンシヤガ　ハネルナンテイハナイヨ、バスガ　ハネルトイツタンダヨ」

アマリ小サナコドヲミツケテ、センセイハ、「アナタハ　オネヱサンノオムカヒニ、オカアサント、ガツコウニキタノデスネ。ナルホド、バスハ　トキドキ道バタデ、キュウニマガルトキ、ウサギノヨウニ、ハネルコトガアリマスネ」トイヒナガラ、教室ノスミニヰル「アカチャン」ヲミテ、イカニモオドロイタヨウスデシタ。センセイハ
「デハ、ボッチヤンハ、ドウシテ、バスガハネルト、イッタンデスカ」トキ、マシタ。センセイニキカレテ、ソノチイサイ男ノ子ハ、「ボクハ、ヒロチダヨ。電車ナンカハネナイヨ。バスガハネルトイツタンダヨ。ホラ、バスハコンナニ跳ネルダロ」トイヒナガラ、黒板ニ、チヨークデバスノ画ヲカキマシタ。ソレモ右ノ手ヲポケツトニイレナガラ、左ノ手デカイタノデ、アノ子ハヱライ、ヱライトホメラレマシタ。トウトウ、ヒロシノカイタバスノ、ハネル画ガ活動ニナリマシタ。

「タイトル」ハ「兎《ウサギ》の如く跳ねるバス」

発信日付　昭和十三年十一月二十八日
宛先　たか子（封筒残存せず）
発信地　ポートサイド

封書

印度洋の航海も好季節にて極めて涼しく平穏、御客さん一人の船酔ひも無し。

本日坡土西着。明朝出帆、地中海に入る。この船が倫敦に着く時節は、英国の一番気候の悪い折で、濃霧や荒天続きで、航海者の難儀する海上です。

丁度クリスマスですが、先年同じ時に倫敦に碇泊したが、倫敦市中大濃霧に包まれ、クリスマスの買物に出た人達が、電車、バスは止まり、繁華な市街も一尺先きは見えず、歩くに、歩かれず、立ち往生したのを新聞で見た記憶があります。今度はそんな事の無い様に祈つて居ます。
○小枝子は毎日勉強して居ますか。一旦決心して始めた以上は飽くまで熱心に上達を心懸けねばなりません。就職先は御父さんが保証します。
○昭は最近勉強の方が進歩して居ますか。中学は附属の外に、五中か四中を受けさして見なさい。私立なら早稲田か京華か。
○和子はいよ〳〵席順下落らしいな。だんだん外の人が勉強してよく出来る様になると、のんきな和子は落伍に、落伍と云ふわけだらうな。而し今からでも遅く無い、勉強しなさい。

○さて、坊やは、藤田坊やはどうして居るかな。自転車に乗つてよく遊んで居るかな。今度御父さんが帰つたら、茂子の好きな御馳走をして上げませう。上野の「カケダシ」に連れて行かうか。

○次は赤ちやんは元気ですか。昭とちがつて神経が太い様だから、相変らず滑稽な動作で皆を笑はせて居るでせう。大きい姉ちやんと御風呂に入ると無茶苦茶な洗ひ方をするから厭だと先達て苦情を述べて居たから、小枝子はこれから裕に湯を使はせる時には「普通の洗ひ方」で風呂に入れてやつて下さい。御父さんでも温泉や宿屋に宿つた時、御風呂で三助に無茶苦茶の洗ひ方をされたら大概怒つてしまふでせうから。

例により航海中の写真送ります。

すき焼の写真は、小生の右隣り盃を挙げて居るのは、今度独乙大使に昇任した大島中将の後任、独乙大使館附武官河辺少将、左隣りはやはり独逸駐在井上海軍主計中佐、婦人は白耳義大使館一等書記官吉岡夫人、他の一人は大毎記者小野氏夫人です。他の写真は航海中の御茶の会。〔写真は残存せず〕

大塚の御ばあ様其他皆様によろしく。

本文中にある「カケダシ」とは池の端にあった豆腐料亭「揚げ出し」のこと。子供たちは「カケダシ」と言っていた。

発信日付　昭和十四年一月十二日
宛先　たか子（封筒残存せず）
発信地　マルセーユ
封書

昨年十一月十二日付倫敦宛の手紙落手。其後、新聞、雑誌一向に届かず、如何したのかと案じ居り候。尤も当方も御無沙汰御互様ゆゑ文句なし。

十二月中旬、倫敦着以来、欧州の寒気凜冽、倫敦を一旦出帆して、アントワープ、ロッテルダム、マタ、アントワープに廻航する間、クリスマス前後は、欧州三十年来の寒さの由にて、時に零下二十度に及び、船内のタンクは凍り、スティムパイプ破裂、室内の温度さへ零下に降り、乗組一同困却したる事もありたれど、新年に入りて天候恢復、幸ひ誰一人も風邪も引かず、小生も元気故乞御安心。

アントワープより倫敦に引返へして新年を迎へ、一月六日同地出帆、復航は貨客満載、景気甚だ宜しいけれ共、冬期東洋の海上、風波荒く、予定の速力が期待出来ぬ故、横浜着は一両日遅れるかも知れぬ。

外国新聞中、裕の興味のありさうなものを切り抜き同封したから見せてやつて下さい。古紙にでも張つて綴ぢてやつたら一度でなく後まで楽しめるでせう。茂子もまた面白がるでせ

う。〔切り抜きは残存せず〕

発信日付・発信地　前信に同じ
宛先　小石川区小日向台町一ノ八　藤田小枝子
封書

小枝子は御父様に少しも通信しないが、どうして居るか。タイプライティングは上達しましたか。やりかけた事だから一生懸命全力をそゝいでやりなさい。

小枝子が頼むだ服地は、出野さんの奥さんと倫敦の有名な呉服屋で御父さん自ら選定して、奥さんも賛成して求めました。和子の分も購ひました。

……

昭は試験の準備でいそがしいでせう。小枝子は出来る丈教へてやつて相当な中学に首尾よく合格出来る様骨を折つて下さい。

さて、小枝子は御料理が上手だから御父さんが、いろ〳〵研究した結果、別紙の通り素敵な献立を考へつきました。一度試して見て、もしおいしかつたら、御父さんが帰つた時、是非腕前を振つて見せて下さい。

茂子と裕には、西洋の絵本を買つてやりました。昭は試験がうまく行つたら、何でも買つてやると伝へて下さい。

別紙の献立は「鶏の丸焼」である。肉の軟い鳥を一羽（二百五六十匁から三百匁位のもの）の腹に、玉葱、パセリ、御飯を塩、胡椒、またはカレーで味付けしてつめ、天火で、皮が狐色になるまで焼くというもの。「天火は鳥を買ふ前に調へて置くこと」といった注意がそえてある。「適当に切ツて、ソースなり、わさび醤油なり、自分の好きな御つゆをつけてたべる。鳥のをなかを縫ツた糸を取り去るのを忘れてはいけない。うまそうだな。大食嬢和子に沢山喰べさせてやるべし」と結んでいる。

次は箱根丸第五次航海の手紙である。

発信日付　昭和十四年三月二十二日
宛先　（前信に同じ）藤田たか子（親展）
発信地　基隆
封書

昭、京華中学合格の電信入手、兎に角入学出来て祝着至極に存候。
横浜出帆以来、清水、名古屋、大阪、神戸と二日間に出入するので神戸着の時は、大部こたへたが、幸ひ熱も昇らず、只疲労しただけですむだのは幸せであつた。其後暫次快方に向

ひ、せきも止り、只肩が凝つてだるいのは、ほんとに全快しない証拠だらうが、門司出帆後、本船の船医に厳重な健康診断をして貰つたが、異状なしとの事、御安心を乞ふ。
本社外信課　荻島君より神戸宛速達にて、小枝子採用確定の報があつて安心した。本人も満足して居ることと思ふ。

……


今度小生昇給しました。大分沢山上げてくれて、参百参拾円となつたから、四月から家族渡しは其額で受取つて下さい。割増手当と合はせて毎月三百七、八十円になるでせう。

上海では、柴田の敏夫さんが偶然船へ見えました。夜八時頃から十二時頃まで談して、翌日出帆なので、箱根丸に泊つて行かれました。元気旺盛に見受けましたから御安心あれ。四、五日上海に滞在、それから南支へゆくとの事です。

子供達によろしく。

操の及落が分明したら、また電信で知らせて下さい。


操は昭和十四年三月、旧制静高文乙を卒業し、東京大学法学部を受験したが、不合格。

柴田敏夫は、たか子の兄で軍医少将であった。中国への出張の途次、偶々上海停泊中の箱根丸に義弟徹を訪ねたことと思われる。なお、敏夫はその後、支那派遣艦隊（司令長官は島田繁太郎大将）の軍医長となり、浅間丸が上海停泊中（昭和十五年当時）に、浅間丸船長であった父徹を訪ね、船長室で一夜、語り合ったこともあった。

発信日付　昭和十四年四月七日
宛先　（前信に同じ）藤田たか子
発信地　コロンボ
封書

其後、海上平穏、航海無事御安心あれ。

其隆より差出した航空郵便御受取りの事と思ふ。敏夫さんから頼まれた郵便も同時に、うちにも、大塚にも届いた事と思ふ。おばあさんも安心された事と思ふ。……〔敏夫さんとは〕夜晩くまで談しました。……

操不合格の電報受取りました。中学、高等学校と稍順調に行つて居たところ、今度初めて失敗して苦杯を嘗めたのも、本人のよい修養になるだらうと思ひます。捲土重来の意気を持つて来年今一度やつて見る外はないだらう。……

この手紙が届く時分には、新学期も始まり昭も中学校に通学して居る事と思ふが、元気に勉強する様申し伝へられたし。

小枝子は四月一日から会社に出て居る事と思ふが、お金を取る為に出て居るのでなく、世間を知る為に御父さんが勤めさせたのだから、一生懸命、真面目に勉強して自分の個性を完成するようにしなさい。

近頃は時節柄、船長の仕事も技術的のことより、いろ〳〵外の心配が多い。大きな船全体をおさめて行くのは、御前達の知らない苦労がある。時々カンシャクを起こして、下の者を怒鳴りつける事もある。年をとつて、いくらか気が短かくなつたのかも知れぬ。然し僕の命令通り動かぬ者は一人もないから、之で船内の統制もとれてゆくのであらう。

一家も其の通り。僕が働いて居る限り、僕の意見は尊重して僕の命令通りやつて下さい。

古倫母は案外涼しく、昨夜はよく眠れた。

子供達にそれ〴〵通信してやる積りだつたが、出帆前忙しいので今回は省略した。よろしく伝へて下さい。

……

昭は四月から京華中学に入学、小枝子は四月一日からタイピストとして日本郵船本社に入社した。操は翌十五年四月、東京大学法学部に入学した。

作家、深尾須磨子は本航の箱根丸に乗船渡欧しているが、雑誌『新女苑』昭和十四年六月号に「印度洋上にて」と題して紀行文を載せている。その記事から。

「神戸を経つてから二十一日目の四月六日、上海、基隆、香港、西貢、シンガポール、ペナンを経て、わが箱根丸は今夕コロンボに着こうとしている。……

三月九日正午上海着、三月二十二日基隆入港、三月二十四日未明香港入港、三月二十七日西貢着。（フランスがチュニス方面におくる土民兵の食糧として西貢砕米二千噸積込）、三月三十日シンガポール入港……」

本航は箱根丸第五次航であるが、本航に係る通信は本信で終わっている。職務多忙のため手紙を出す余裕がなかったのか、あるいは散逸してしまったのか。

（二）欧州動乱下の箱根丸

発信日付　昭和十四年八月十六日
宛先　たか子（封筒残存せず）
発信地　シンガポール
封書

出帆以来御無沙汰した。横浜、清水、名古屋、大阪、神戸、門司と内地の数多い港を経て、上海着。翌日こゝを出た時は、やれやれと一息ついた。

其後幸ひ颱風にも出遭はず、無事新嘉坡へ着いた。日本人の御客さんは大部分、外交官、軍人の家族づれで相当賑かです。

会社の外信課の嘱託して居る英人トーマス氏の紹介状を持つて乗つて来た若い婦人があつ

た。Mさんと云ふ人で、今まで外務省の顧問ベテイ博士の秘書をして、今度英国へ留学するのださうです。英国人の秘書だけあつて英語は達者で恐ろしく拝英主義者のやうです。トーマス氏の紹介状の中に、小枝子のことが書いてあつたから送ります。御世辞のよい英国人の云ふ事だから本心は凡そ之れと反対だと解釈すればよろしい。御母さんには読めぬだらうから、其部分だけ意訳してあげる。トーマス氏曰く
「郵船本社で自分の同僚として、あんなに淑《しと》やかで而も愛嬌のある御嬢さんが居て、君の事を想ひ出させてくれるのは、自分の日常の喜びだ。彼女は実に美しく、もの腰が静かで、そして素晴らしい性格の持主だ。彼女の父たる君の代表者として恥しからぬ存在だ」と。

御世辞も之れ位徹底すると、一体誰の事を賞めて居るのか、見当がつかなくなる。呆れ返へつて「へえ、そんなもんですかな」と云ふより外はあるまい。

時に、九月になつたら、いよ〳〵赤ちやん浪人の裕も幼稚園に入れてやらねばなるまい。当分送り、迎へが厄介だけれど、通はしてやりなさい。家で遊むで居るより少しはましだらう。

昭は黒くなつて帰つて来たでせう。九月の新学期から一つ馬力をかける様激励してやつて下さい。

之は操以下のうちの子供が現在の小学六年生になつたと仮定して、その成績表を公平に採点して見ました。操や小枝子が六年生のときとつた過去の成績は一切考慮に入れません。時

代が違ふから。

総点

操　85、小枝子　89、和子　78、昭　90、茂子　98、裕　92

この成績により左の通り任命す。

級長　藤田　茂子

副級長　藤田　裕

皆のうちで、御父さんの採点に異議があるなら念の為御母さんに、この表にある課目について採点して貰ひ、その結果をこの表と平均して席次を改定してもよろしい。但し操や小枝子が年長を理由として御母さんの採点に容喙することは絶対に許されない。

本文中の「トーマス氏」は、戦前ＪＯＡＫで英語講座を担当したこともある。

父作成の成績表は、個人別に各学習科目の点数が記録されている（細目は省略した）。

ナチ・ドイツは一九三八年（昭和十三）三月に、オーストリアを併合、翌三九年三月にはチェコ・スロヴァキアに侵攻、チェコを保護領、スロヴァキアを保護国とし、ヒットラーの周辺諸国に対する強権行動により欧州は暗雲漂う政治状勢にあった。この年の九月には、ドイツ軍のポーランド侵入により、遂に欧州は硝煙に包まれ、第二次世界大戦に突入することとなった。

父の六次航の箱根丸はこの時期、インド洋、紅海、スエズ運河を経て地中海に向かうところであった。日本は未だ局外国ではあったが、日独防共協定下にあり、日本船の箱根丸も、欧州動乱の影響を免れなかった。ドイツ又は中立国行の貨物を積載していた関係上、英仏諸港において戦時禁制品審検及び差押えのため停泊を余儀なくされた。

九月十五日の朝日新聞の夕刊に、箱根丸の動静について次のように報道している。

「郵船　箱根丸　英艦の臨検を受く」（ベルリン　十三日発同盟）

「十三日（九月）当地に達したる確報によれば、目下欧州に向ひつゝある郵船箱根丸は、ポートサイドに於て英国軍艦の臨検を受け、

（1）ドイツ向貨物は中立国たるイタリヤに於ても陸揚せざること

（2）右ドイツ向貨物はロンドンに輸送すべきこと

（3）以上二項を承認しなければ、英国軍艦としては箱根丸船体に対し何等かの措置に出づる。旨の厳重な警告を受けた。

箱根丸船長は止むなく、右要求受諾を誓約しナポリに向け出帆した。　以上」

本航には欧米視察の途にあった陸軍少将長谷川正道が乗船しており、同氏が昭和十五年一月例の事件のあった浅間丸にて帰国後、父に宛てた葉書の中に、スエズでの臨検に際し、父が英官憲に厳しく対処したことを窺わせる記述がある。

この第六次の欧州向け航路は、大戦勃発によって、任務は変更を余儀なくされた。英国では、戦時禁制品審検等によりリバプールで一二日間抑留されるという一件もあった。復路は在欧邦人の故国引揚げ輸送の任に急拠つくこととなり、箱根丸は、ロンドンから、大西洋を横断（大戦のためスエズ運河は航行不能となる）、ニューヨーク経由、パナマ運河を通過、一路太平洋を渡り横浜へ向かうこととなった。

復路の邦人船客は多彩であった。主な人名を挙げると、軍人では大角岑生海軍大将、小島秀雄海軍大佐（後に中将、戦時中は駐独武官、戦後日独協会長）、小野田捨次郎海軍中佐（後に少将）、宗教学者の姉崎正治（嘲風）、音楽家の草間加寿子（安川）、舞踊家崔承喜、外交官では柳沢健などが乗船した。

大角岑生が、雑誌『キング』（昭和十五年四

欧州からの引揚げ婦女子と大角岑生海軍大将一行

昭和14年秋　箱根丸船長室にて
左から小島秀雄海軍大佐、大角岑生海軍大将、船長藤田徹、
小野田捨次郎海軍中佐。

大角岑生海軍大将一行と船員

月号）に、訪欧記事を「本分報国と責任完遂」という、いかめしい標題で寄稿しているが、この文中に、箱根丸の大西洋横断航海の模様を記しているので抜粋してみよう。

「『本分報国と責任完遂』

……私共がヒットラー独乙総統の招待に応じてナチス党大会参列のために渡欧し、船が伊太利ナポリの港に着いた翌日、まづ独乙と波蘭との間に戦争が勃発し、ついで英仏の対独宣戦となつた。……（大角は渡欧は箱根丸ではなく他船でイタリヤに向つた。箱根丸にはロンドンで乗船、帰国した）……それから箱根丸で米国に向つた。

丁度その中間の大西洋上で、独乙の豆戦艦ドイッチランド号に出会した。十月十五日です。遥か向ふの方から軍艦がやつて来る。だん〳〵八千米突位の処まで、我が箱根丸に近づいて来た。私は或はと思つたが、軍艦旗もはつきり分らぬし、うつかりした事を言つて人を騒がせてもならぬから、黙つて見つめてゐると、やがて夕靄と共に何処ともなく姿を消してしまつた。

紐育に着いてから、ドイチランドの写真とその時小野田中佐のスケッチしたのとを比べて見ると、正しくそれに違ひない。するとその艦長に嘗て駐日の大使館付武官補佐官として日本人間にもよく知られ、今後また新駐日武官となつて来るらしく、僕も大臣時代よく知つてゐるヴェネカー海軍少将だつた訳だが、恐らく日本の船だと分つたので引返したのだらうと思ふ。

その翌々日、今度はひどい暴風に逢つた。七百六十ミリという低気圧で、数年前、阪神地方を襲つた奴よりもつと猛烈だ。一万屯の大船も、狂瀾怒濤の為に木の葉のやうに翻弄されたが、藤田船長以下乗組諸君の実に適切な処置によつて、乗客は、子供一人の怪我もなかつた。ところが之と殆ど同時にその附近を航行してをつた米国汽船プレジデント・ハーディング号は死者一名、重軽傷数十名を出した。翌朝の米国の新聞に、この二つの記事が並んで出た時、いかにも日本船員の優秀性を物語るやうに見えたのは愉快だつた。」

また同乗の姉崎嘲風はこの暴風波浪の箱根丸の航海のさまを、和歌に託して次のように父の遺した「洋上知己録」に書き記している。

たかなみの
　空をつきてはおちかゝる
船をもつゝむ
たきつせのおと
昭和十四年十月十七日
　箱根丸にて大西洋上
　　大嵐の日
　　　正治

この父の第六次欧州航路中は往路前記シンガポールからの通信（昭和十四年八月十六日付）が

最後で、その後十二月横浜に帰港するまでの便りは残存していない。戦乱のヨーロッパからの脱出、そして大西洋横断（父の航海歴では初めての経験）、ニューヨーク、パナマ経由の日本向けという長期に亘る世界一周となった厳しい航海で、家族への便りをする余裕もなかなか無かったものと思われる。

昭和 14 年 10 月　大西洋横断中の暴風雨

昭和 14 年 10 月　箱根丸ニューヨーク入港

戦乱のヨーロッパから、箱根丸は昭和十四年十二月二日、無事横浜に帰港した。横浜の大桟橋に着岸した箱根丸へ、操は父を出迎えに行き、そのとき、昼食を同船の食堂で父と共にしたことを憶えている。

同年十二月十二日付で、父は休暇をとり、箱根丸を下船、自宅で待命、数次に亘る欧州航路の仕事の疲れを癒す機会を得、昭和十五年の正月を久方振りに自宅で家族ともども幸せに過すことができた。どのような正月だったか、どうもそのときの新年の印象はさだかに残っていない。操が父と自宅で正月を過したのは、後になってみると、このときが最後になってしまった。

(三) 浅間丸事件

昭和十五年の正月も松の内を過ぎた一月下旬に入り、サンフランシスコ航路の日本郵船「浅間丸」が、英国軍艦の臨検を受けるという事件が勃発した。いわゆる「浅間丸事件」である。

一月二十一日、ドイツと交戦状態にあった英艦巡洋艦が横浜港帰航中の浅間丸を、野島崎灯台の南東三五浬沖の公海上で待伏をし停船を命じ、臨検を行ったのである。英士官が来船、二一名のドイツ人船客をウォー・コントラバンドとして拘引した。その大多数は元石油会社船員であった。日本とソ連を経由してドイツへ帰国する目的をもっていた。

当時の米内内閣の日本政府は、英国に対しドイツ人の即時釈放を要求、一方世論、新聞は対英憤激の嵐を起した。日本の玄関先の東京湾入口で日本の客船を侵したことが、日本にとっては国辱的な行為に映った。末次信正（海軍大将）の大亜細亜協会を始めとし、中野正剛の東方会、橋本欣五郎の大日本青年党、安達謙蔵の国民同盟、その他右翼団体が気勢をあげ、政府批判をし、反英世論を煽った。

外務省も英国駐日大使クレーギーを召致、強硬に抗議を申入れ、数次に亘る折衝の結果「比較的軍務に適せざる者」九名を日本側に引渡すこととなり、今後、日本政府としては交戦国の軍隊に編入せられている者を本邦船へ乗船せしめざるよう指令することで結着、その九名は捕獲先の香港から日本へ送還され、二月二十九日横浜で日本側に引渡された。

この事件で、日本郵船としても、当事者である浅間丸船長、渡部喜貞を事後処理のため更迭し、後任に箱根丸を下船待命中であつた父、藤田徹を任命した。

英艦臨検に際し渡部船長の措った処置について、右翼方面、海員組合などから厳しい非難をあびせ掛けられたが、当時の政府筋からは、若干の過誤はあったとしても、国際法上からも已むを得ざる対応であるとして、船長の責任を問うことはなかった。

渡部船長は商船学校で父の先輩であり、日本郵船の古参の名船長であった。

（四）浅間丸船長就任

〈浅間丸〉

自昭和十五年一月
至昭和十八年十月

箱根丸で第六次のヨーロッパ航路を終え、待命中の父へ浅間丸へ乗船の社命が出た。浅間丸事件の世論かまびすしい中での船長就任であったため、小石川小日向台町の自宅にも新聞記者が来訪、当時は勿論ＴＶのない時代、新聞の紙面に、船長更迭が大きく報道されたりした。

父はアメリカ航路は南米西岸航路の平洋丸時代経験を積んでいたものの、事件後のサンフランシスコ航路でもあったので、今までにない緊張感をもって浅間丸のブリッジに立ったことだろう。

浅間丸

父の浅間丸船長としての初航海は、二月六日横浜出帆の香港向けの航海であった。翌七日付の朝日新聞は浅間丸の出帆風景と父の写真付で次のように報じている。

「『新船長の総指揮で　浅間丸明るい旅へ』

横浜入港直前、英巡洋艦のため臨検を受け、二十一名のドイツ人船客を持去られて、全国民を憤慨させた郵船浅間丸は、横浜入港と共に渡部船長の下船、ドック入りを終へて、桟橋C号に繋留中だつたが、新船長　藤田徹氏総指揮の下に六日午後零時十分横浜を出帆、神戸経由、上海、香港へ向つた。この朝、船長室に藤田船長を訪問すると、静かな微笑と共に、

今回、命令で乗船、香港まで行き、再び帰港して、ホノルル経由、アメリカに向ひます。船もドックへ入つてお化粧を済まし

ドイツ赤十字社社長エドアード大公一行
(昭和15年2月、浅間丸船長室にて)
左端はスターマー、戦時中駐日大使を務めた。

てゐますし、私も白紙で明るい心持で乗込みます。日章旗の名誉に賭けて、努力致す覚悟です。

と力強い言葉。……

正零時十分サヨナラの汽笛と共に、新船長の腕前は桟橋すれすれに一万六千トンの巨体を軽々と辷り出させる見事な出港振りであつた。」

この初航海は上海、神戸、香港を終着港として横浜に戻り、二月二十三日サンフランシスコ向けに太平洋に乗り出した。

往路ではハワイでも、浅間丸の動静に関心を持ち、父の談話を『布哇報知』が記事にしている。この初航海は、三月三十日母国横浜に無事帰航したが、翌三十一日付の『東京朝日新聞』は次のように報じている。

「新船長　藤田徹を迎へて、全船に溢れる日本船員の意気を見せて、郵船浅間丸が三十日午前

浅間丸ラウンジにて

七時、北米ホノルルから六百七十八名といふ多数の乗客を満載して母国に帰つて来た」

父の浅間丸船長就任に際して、御風は父宛に激励電報を打電したようで、父は巻紙墨書の返礼を発信している（この手紙は相馬文子から写しを受取ったものである）。

発信日付　昭和十五年一月二十九日
宛先　越後国糸魚川町　相馬御風様
発信　東京小石川小日向台町一ノ八　藤田徹
封書（巻紙に墨書）

拝啓　其後御容態如何に候や、御便りによれば既に御起床、大作に御精進の由承り安心仕候。

扨今般小生浅間丸乗船に就き早速御懇篤な電報賜り恐縮に存候。同船に関する今度の事件も真相は小生に於ても捕捉致し難く直接小生に関係なき出来事故、無事交替、船務に従事致居候間御安心下され度。

尚本船は目下横浜碇泊中にて来月六日香港向け出帆の予定、それ迄小生東京より同船に出勤致居候。

世相険悪混沌、時局を憂慮するものは独り何々愛国団体等のみでは無し、旗を押し立てて英国大使館に殺到する連中より更に痛切に邦家の前途を心配し居る識者無数に有るべく只よき指導者の出現こそ待望の一事と愚考致居り候。
新聞紙上に見れば信越地方はまた〳〵猛吹雪の由、寒気もいよ〳〵加はる事と存じ、
折角御自愛専一を祈り申上候
先は御挨拶まで如斯候　早々
一月二十九日　徹
御風様

ハワイ、ホノルルにて

右翼団体の浅間丸事件に対する激烈な運動に対し、父はやはり、苦々しく思っていた。

発信日付　昭和十五年四月二十一日
宛先　茂子（封筒残存せず）
発信地　ホノルル
封書

ハワイ、ホノルル、に着きました。郵船会社支店長の案内でホノルル、の郊外を自動車で二時間ばかりドライブして、いろ〳〵なものを見ました。すべて皆バイバイです。

船からさんばしに降りると、倉庫の前に土人の物売りが露店をならべて居ます。バナ、、パパイヤの果実類からパンや御菓子を売つてゐます。これは皆バイバイです。それから自動車に乗つて田舎に行くと、広い〳〵畑が幾里にも連ツて、砂糖きびや、パインアップルがまるで春の海のようにひろがつて、生ひ繁つてゐます。之もみなバイバイです。

見物を終つて街へ帰つてくると、日が暮れて電灯が店々に明るく輝いて居ました。支那料理店やカッフェ、雑貨店や宿屋のネオンが華やかに光つて居ます。日本人の店が沢山あつて、おそばやさん、菓子屋さん、大繁昌です。皆バイバイを売つて居ます。

どこを見てもバイバイならざるは無し。

あゝ、バイバイ、バイバイ。

バイバイヤー。バイベエ、バイベエ。

父より

茂子さま

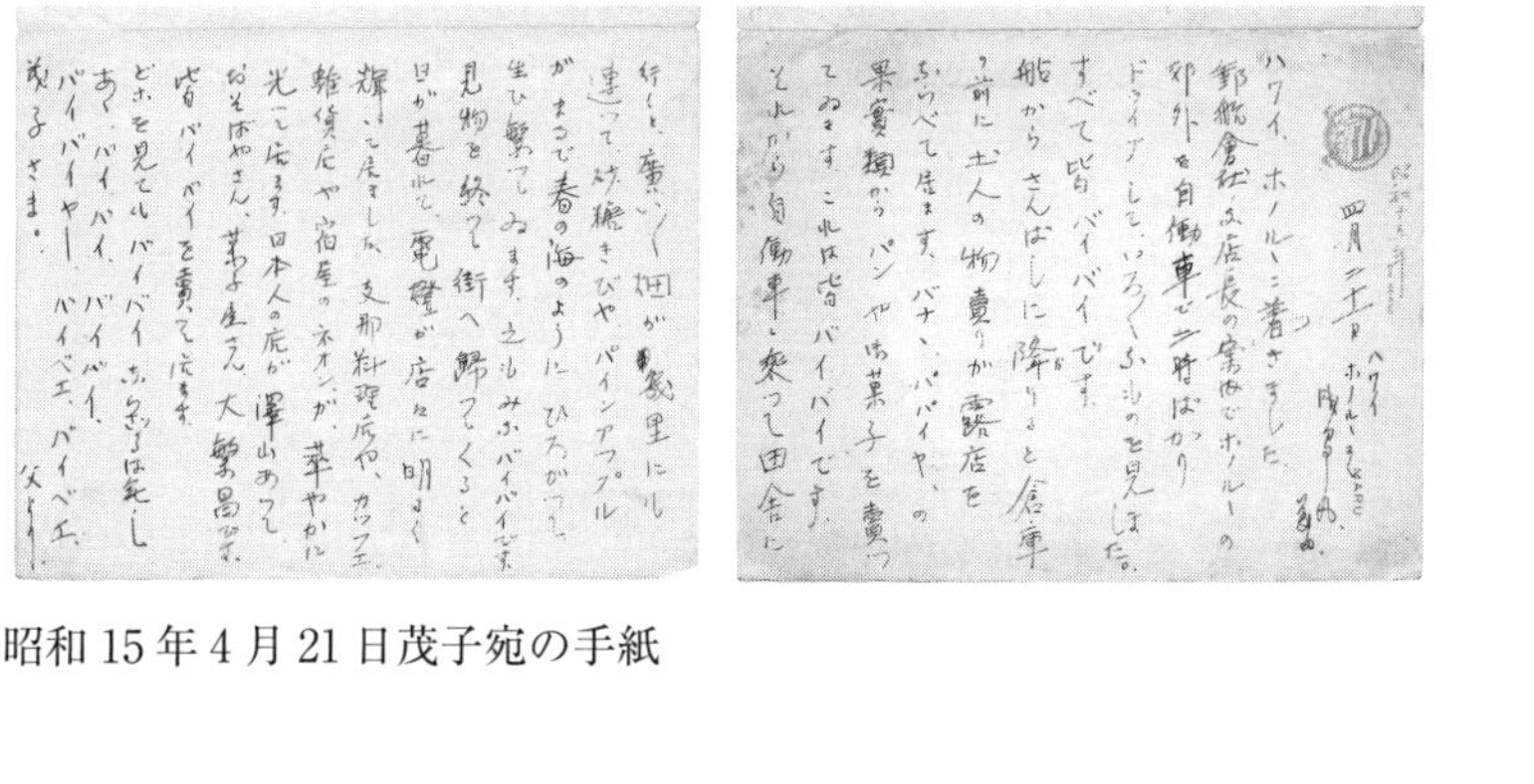
四月二十一日
ハワイ、ホノルルに着きました。
郵船会社の店長の案内でホノルルの
郊外を自動車で二時間ばかり
ドライブしていろ〳〵のものを見ました。
すべて皆バイバイです。
船からさんばしに降りると倉庫
の前に土人の物売りが露店を
ならべて居ます、バナヽ、パパイヤ、の
果実類からパンや御菓子を売つ
てゐます　これは皆バイバイです。
それから自動車に乗つて田舎に
行くと、広い〳〵畑が幾里にも
連つて、砂糖きびや、パインアップル
がまるで春の海のようにひろがつて
生ひ繁つてゐます。之もみなバイバイです
見物を終つて街へ帰つてくると
日が暮れて電燈が店々に明るく
輝いて居ました。支那料理店や、カッフエ
雑貨店や宿屋のネオンが、華やかに
光つて居ます。日本人の店が沢山あつて
おそばやさん、菓子屋さん、大繁昌です
皆バイバイを売つて居ます
どこを見てもバイバイならざるは無し
あゝバイバイ、バイバイ、
バイバイヤー、バイベエ、バイベエ、
父より
茂子さま。

昭和15年4月21日茂子宛の手紙

本信は父の第三次サンフランシスコ航路往航時のものである。

発信日付　昭和十五年四月二十六日

宛先　昭（封筒残存せず）

発信地　サンフランシスコ

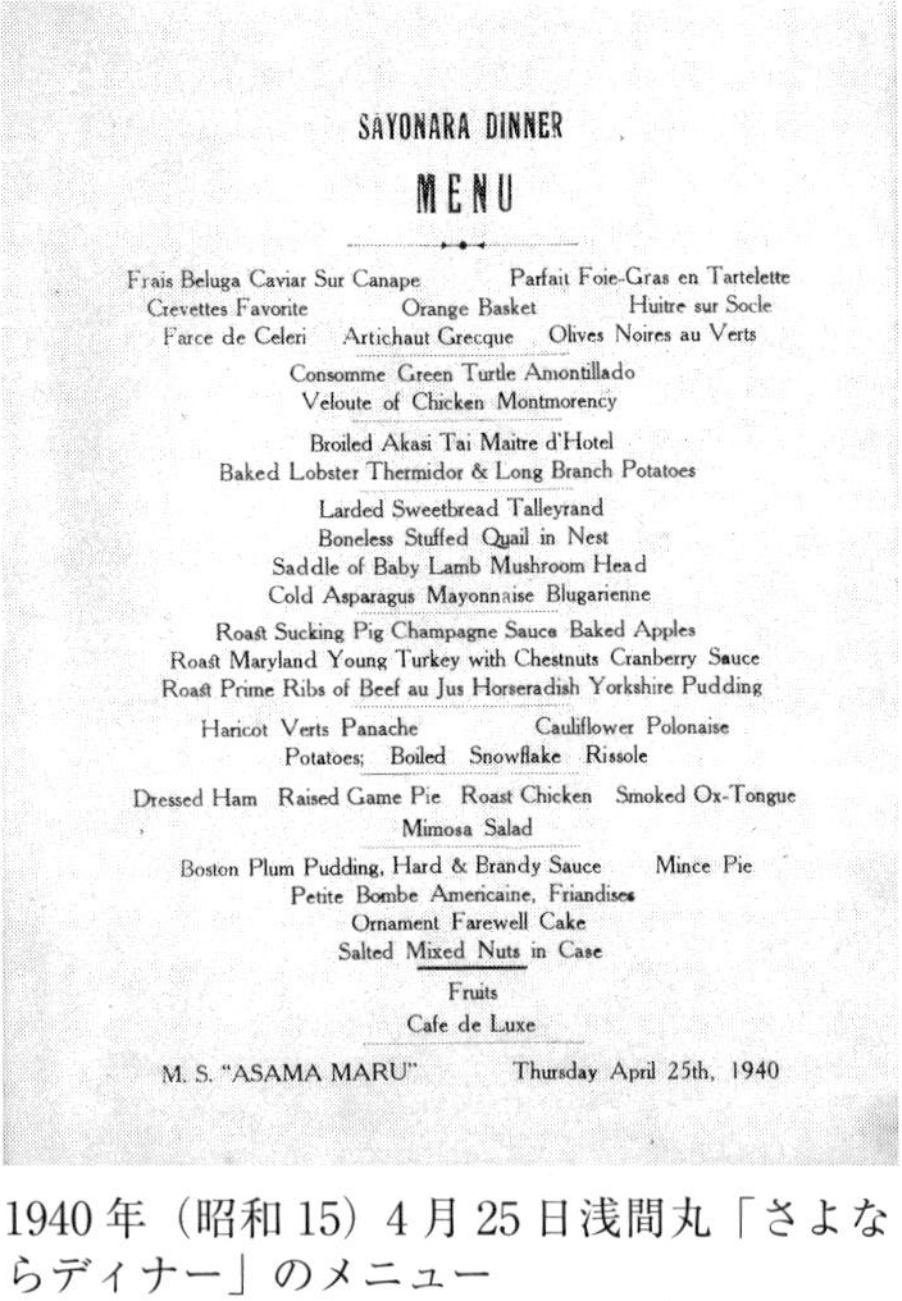

SAYONARA DINNER

MENU

Frais Beluga Caviar Sur Canape　　Parfait Foie-Gras en Tartelette
Crevettes Favorite　　Orange Basket　　Huitre sur Socle
Farce de Celeri　　Artichaut Grecque　　Olives Noires au Verts

Consomme Green Turtle Amontillado
Veloute of Chicken Montmorency

Broiled Akasi Tai Maitre d'Hotel
Baked Lobster Thermidor & Long Branch Potatoes

Larded Sweetbread Talleyrand
Boneless Stuffed Quail in Nest
Saddle of Baby Lamb Mushroom Head
Cold Asparagus Mayonnaise Blugarienne

Roast Sucking Pig Champagne Sauce Baked Apples
Roast Maryland Young Turkey with Chestnuts Cranberry Sauce
Roast Prime Ribs of Beef au Jus Horseradish Yorkshire Pudding

Haricot Verts Panache　　Cauliflower Polonaise
Potatoes; Boiled　Snowflake　Rissole

Dressed Ham　Raised Game Pie　Roast Chicken　Smoked Ox-Tongue
Mimosa Salad

Boston Plum Pudding, Hard & Brandy Sauce　　Mince Pie
Petite Bombe Americaine, Friandises
Ornament Farewell Cake
Salted Mixed Nuts in Case

Fruits
Cafe de Luxe

M. S. "ASAMA MARU"　　Thursday April 25th, 1940

1940年（昭和15）4月25日浅間丸「さよならディナー」のメニュー
4月26日サンフランシスコ入港前日のもの。

——封書

昭は元気に勉強して居ますか。

浅間丸はけふ四月二十六日、桑港に着きました。

二十七日出帆、ロスアンゼルスに向ひます。

写真は太平洋上で僚船「鎌倉丸」に出会した時の光景なり。

この写真は残存していない。浅間丸のブリッジから帰航中の鎌倉丸を撮影したもので、操は戦後も見た記憶があるが、いつの間にか紛失してしまった。惜しいことをした。

発信日付　昭和十六年五月十二日
宛先　小石川区小日向台町一ノ八　藤田しげ子
発信地　サンフランシスコ
封書

今、浅間丸は布哇《ハワイ》のホノルル港を出帆してから針路を東南にとつて、北米桑港《サンフランシスコ》に向つて十八節の快速力で太平洋を横断して居ます。晩餐《ディナー》がすむで、御客さんは甲板に出て、折から右舷に姿を現はした南十字星《サザーンクロッス》を眺めたり、面白い御話しを交はしながら長い遊歩甲板《プロムナードデッキ》を散歩したりして居ます。

昭和15年11月3日、浅間丸船上にて堀内駐米大使と明治節を祝う
(上:2列目中央に藤田徹、両脇に堀内駐米大使夫妻、下:右端が藤田徹)

海が穏かなので一人も船酔ひがありません。皆喜んで航海を楽しむで居ます。茂子も一人で旅が出来る様になつたら、汽車や自動車より御船の旅を選んで旅行をする様に心懸けなさい。

裕を可愛がつて、一年生の課業を助けてやりなさい。

けふラヂオで照宮様の御婚約の公報を承りました。誠に御芽出度いことであります。

五月四日　夜

太平洋上にて　父

茂子どの

父にとって八次（浅間丸六三次）のこの航海が、浅間丸の最後の北米航路となった。

かねてからの日本の南進政策が、アメリカの対日政策を硬化させ、一九三九年（昭和十四）七月、アメリカは日米通商航海条約の廃棄を日本政府に通告、一九四〇年（昭和十五）九月に日本軍が仏領インドシナ北部（北部仏印）に進駐、アメリカによる対日輸出の制限、こうした情勢の下、日米間の対立は激化し、戦争回避に向けた日米間外交交渉も日益しに険悪になってゆく状勢にあった。

一方、ヨーロッパでは、ドイツの対英攻撃が行詰り、一九四一年六月にはヒットラーは対ソ連侵攻作戦を開始、国際情勢は変転極まりない戦局となって来た。

浅間丸船内での様子

サンフランシスコ向け航行中の浅間丸の父の手紙にある平穏な航海も、緊迫下の世界情勢の中、束の間の太平洋上豪華船のひとときであった。

浅間丸九回目の北米行を準備中、政府の命により、蘭領インドに抑留されているドイツ人婦女子等の引取りに同地に回航することとなった。

この航海は昭和十六年（一九四一）六月十九日横浜出帆、バタビヤに往復して、七月十五日横浜に帰港した。途中、上海に寄港したが、『上海毎日新聞』（昭和十六年七月十一日付）は次のように報じている。

「同船は、引揚げドイツ人婦女子以外の旅客を収容してゐないので、出迎へ人も、ニッカーに、ハーケン・クロイツのマークも頼もしい在滬ヒットラー・ユーゲント、黒スカート、黒ネクタイのユニフォームに颯爽たる同じくユーゲント娘子隊及び在滬ドイツ人で殆ど占め賑はつてゐた」

そして父の談話として、

「バタビヤの新聞には浅間丸入港の記事を極度に小さくして土人に日本がこんな大きな船を所有してゐることを知らしめないやうにしてゐた。婦女子達は苦しい抑留生活から解放されたと大喜びで我々に非常に感謝をしてゐる。愉快な航海だつたよ」

と掲載している。

日米間に垂れ籠めていた暗雲は昭和十六年に入って、いよいよ濃さを増し、日本軍の仏印進駐により、遂に七月二十六日には、アメリカ政府から在米日本資産凍結が発令、八月一日には石油の対日全面禁輸が実施されるに至った。

父の浅間丸、九次の北米行（浅間丸六四次）は七月十八日、横浜を出帆した。ホノルル経由、サンフランシスコ向け航行中、その煽りを蒙り、その中間海域で、アメリカでの荷揚げ許可も見込みなしとの情報に基づく日本政府からの緊急指令によって、八月四日東太平洋上で、劇的な反転を行い、八月十日、横浜に帰港した。

横浜には香港から北米向け往航の姉妹船、鎌倉丸がやはり出港を取止め停泊しており、新港四号岸壁には、船腹に日の丸の標識をあざやかに掲げた両船の姿が見られた。

かくして、十有二年に亘り、太平洋の架け橋として親しまれてきた浅間丸も硝煙漂う国際情勢のまっただ中で、父の代で商業航路の終止符を打つこととなった。

第五章　戦時下の浅間丸

日米交換船となった浅間丸（昭和17年7月）
交換船の目印である十字が付けられている。

一　浅間丸、太平洋戦争へ

浅間丸は昭和十六年十一月に入り、政府徴傭船に編入され、シンガポール、マニラから在留邦人引揚げ輸送業務に就き、十一月二十六日神戸に帰港した。

既に日米交渉は、アメリカ、ハル国務長官の中国、仏領インドシナ（仏印）など日本占領地からの撤退を要求する、いわゆる「ハル・ノート」の提示により、破局に面していた。

浅間丸は、十一月三十日、海軍の徴傭命令により、横須賀鎮守府所属の輸送船に変身した。そして、兵員、機材等を積載、厳秘裡に十二月三日横須賀を出港、十二月八日の開戦時には既にサイパン島に在泊していた。

かつて南洋航路の八幡丸の船長として、平和裡に航海した南洋群島を、今回は開戦下、しかも南太平洋の第一戦で緊張を強いられながらの航海、時代の変転とこれからの商船の運命に思いを馳せて、父はどんな感慨をもったことだろうか。

発信日付　昭和十七年二月二日

宛先　小石川区小日向台町一ノ八　藤田たか子

発信　横須賀鎮守府港務部気付
浅間丸船長　藤田徹
封書

前略一同元気なりや。小生頑健安心あれ。暮に内地を出発以来、諸々に寄港、呉では柴田閣下に会つた。閣下大に腐つて居る。徹さんや、軍医学校の教へ子が第一線に出動して居るのに、現役の軍人が女、子供の脈を執つて居るのは、やり切れぬとこぼしてゐた。仕方がないから病院の看護婦を集めて朝早くから体操をやらせて居ると言つて居た。

広島名物の牡蠣料理を御馳走になつた。

……

元旦は台湾某基地〔高雄〕で朝から晩まで目の廻る様な忙しい正月をした。其後、比島〇〇方面、蘭印ボルネオ〇〇方面、敵

横三特陸戦隊司令福見少佐が高雄より乗船
（昭和 17 年 1 月、浅間丸船上にて）

前上陸の御手伝ひをして、最近台湾基地へかへつて来た。

いづれ其中またく出動、海軍の人々や、軍艦、駆逐艦と一緒に働くことになつて居る。海軍の兵隊は実によくやる。連戦連勝も、あゝ云ふ兵隊があれば当然だと思はされた。

二月二日　某基地〔高雄〕

本信は、落下傘部隊（海軍特別陸戦隊）、軍需品、兵員輸送のため、比島（フィリピン）各港、セレベス、ボルネオ等に転戦したのち、高雄に帰還して出状した手紙である。

○幻の日米交渉の舞台

戦前の日米交渉に関連して、近衛文麿の側近、細川護貞の『細川日記』（昭和五十三年、中央公論社）に、浅間丸が幻の日米交渉の舞台となるような話が出てくる。

『細川日記』昭和十九年五月十五日の記事に同日の荻外荘の会合で、戦前の日米交渉を省みて、近衛の次の談話が、

「日米会談をハワイで開くとのことがあつたので考へたのだが、ローズヴェルトは直に賛成し、場所もアラスカのジュノーを指定し、我方も陸海軍共に賛成し、随員も陸海軍務局長他決定し、船も浅間丸を改装して無線の装置を改善する等のことがあつた。然し国務省辺りには、形式的に国際問題を考へる者が居つたので結局夫れも駄目になつた」

と記されている。

昭和十六年八月に、ルーズヴェルトと野村大使との間で、近衛・ルーズヴェルトの日米首脳会談開催について話合いが行われたが、ハル国務長官側の日本側の態度に対する警戒姿勢により、開催はつぶれてしまった。

二　日米交換船

浅間丸は、その後も、横須賀を基地として南方海域、比島、セレベス、南洋群島、ラバウル、ウェーク島等の輸送作戦に参加、敵潜水艦の脅威は既に日本近海に及んでいたが、それを切抜け昭和十七年五月十六日、久方振りに横浜に帰港した。

浅間丸には、日米交換船という次の仕事が待ち構えていた。

即ち、中立国スイスを仲介とする外交交渉によって、日本に抑留中のアメリカ、カナダ等交戦相手国の外交官、民間人と、在米抑留中の外交官、民間邦人を、アフリカ、ポルトガル領のロレンソ・マルケスを交換地として相互に交換する取極めが行われ、日本—ロレンソ・マルケス間の往復の航海を浅間丸（外にコンテベルデ号）がその任に当たることとなった。

軍靴で荒された浅間丸を、何とか客船用に復元、調えるため、同船は五月下旬から六月上旬にかけ、三菱長崎造船所に入渠、整備が行われた。

六月十七日、駐日グルーアメリカ大使を始めとする交戦相手国民約四百名を収容して、浅間丸は横浜港を離れた。外交事情の障害があったため横浜港を出帆したものの、港外、木更津沖に八日の仮泊を余儀なくされ、ようやく六月二十五日離日した。目的地までの間、途中、香港、サイゴン、昭南（当時日本がシンガポールに付した名称）南方のリンガ等に寄港、当該地の交戦相手国民を収容、インド洋を横断、七月二十二日、ロレンソ・マルケスに入港した。

この港は、父が南米東岸航路の河内丸時代帰港したことのある旧知の地であった。

同地でアメリカからの交換船グリップスホルム号で到着した、野村、来栖大使ら在米抑留邦人約八百名が浅間丸に乗船し、七月二十六日、浅間丸は横浜に向け出帆した。途中、昭南に寄港したが、八月二十日無事横浜に帰港した。

戦時中の厳しい海域を、客船として航海するという特異な仕事で、父は大役を果たしたものの、さぞ気骨の折れる毎日のことだったろう。

この日米交換船「浅間丸」について、昭和十七年八月十二日の『朝日新聞』は、次のように報じている。

「今回の歴史的な日米交換船浅間丸の航海は昭和四年

日米交換船コンテベルデ号（昭和17年）

進水以来第六十六回目にあたるそうだ。

横浜より敵国人たる八百五十名のアメリカ人をつれてアフリカのポルトガル植民地モザンビクの港ロレンソマルケスに直航し、入れ代りにアメリカで監禁の苦労を重ねた野村、来栖大使以下官民七百名を乗せて祖国へ帰へる任務は実に重大である。平時でもこれだけの大航海（往復一万六千浬）には少くも片道に数回は寄港して、油の補給と食料品の積込みを行ふ必要があるのに、今回は戦争の最中で敵潜水艦や浮遊水雷の危険を突破しながら途中何処にも寄港せず、かつ昼夜不断の非常警戒をつづけつつ、酷熱の赤道下を航行するのであるから、藤田船長以下〇〇名の乗組員の努力は涙ぐましいものがあった。

『交換船浅間丸船上にて中野特派員十日発（於昭南）』

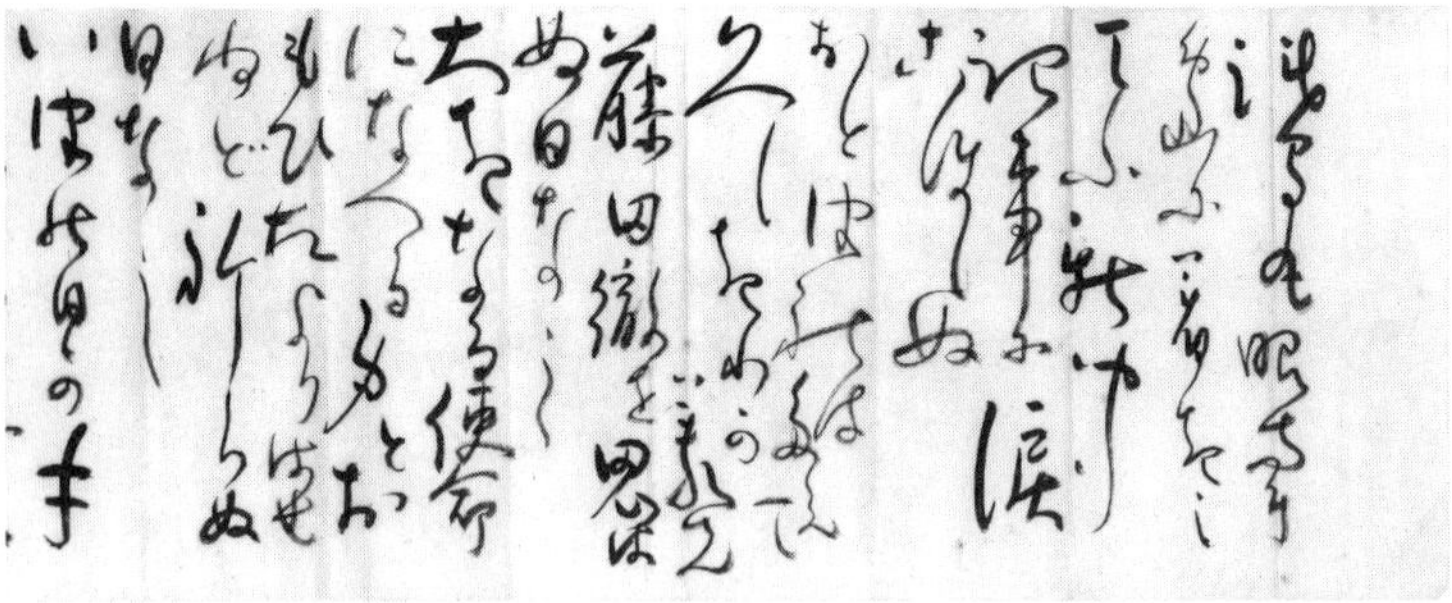

昭和17年8月20日相馬御風からの書翰
徹は9月16日の返信で「永く家宝に残す心組」としている。

徹は昭和十七年九月、浅間丸の日米交換船業務を果たしたのち、呉港在泊中に相馬御風宛に、御風からの激励、慰労の書翰に対し、別記の礼状を、あらたまって巻紙に墨書を認め返信している。書中、某港とあるが、発信地から推察するに呉港と思われる。

なお、本信は相馬文子から、写しを操が貰い受けたものである。

拝啓　残暑尚酷しき折柄益々御清適大慶存候、偖而小生其後御便り申上げず罪万死に値す、御海容を願ふのみ

先般　交換船任務完了帰朝の際は激励と慰労の御歌賜はり誠に感佩、扁額にして永く家宝に残す心組に御座候

さて帰来休む間も無く、また〳〵海軍に

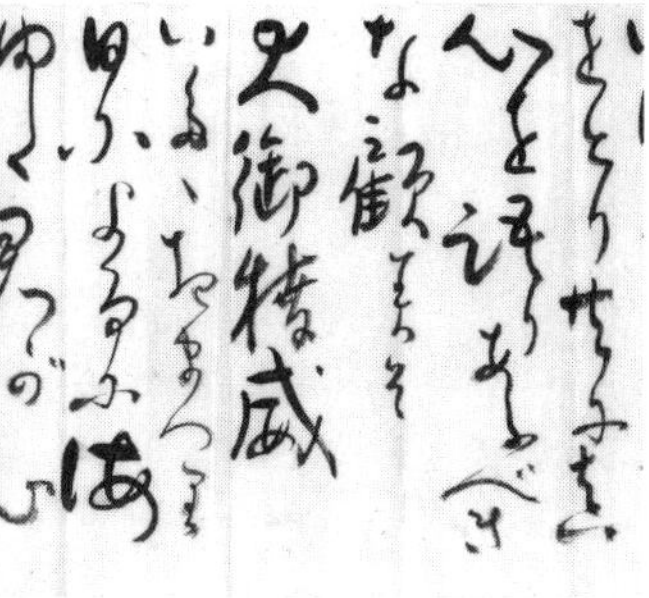

浅間丸昭南島に着きしてふ新聞記事に涙こほしぬ　おとつれはたえて久しきわが義兄藤田徹を思はぬ日なし　大きなる使命になへる身とおもひたよりはせねど祈らぬ日なし　いつの日か手をとり共に真心を語りあふべきな顧みそ　大御稜威　いたたきまつり日によるに海ゆく君が心をそおもふ　大きなるつとめはたしてかへり来し君をたたへむ言の葉のなき　八月廿日　相馬御風拝具　藤田徹様

徴傭と相成只今某港在泊、これより戦雲漲る○○方面に出動の予定に有之、聖戦遂行作戦上老躯御役に立たば光栄之に如くものなしと覚悟致し居り候へば乍他事御休心被下度

雪の糸魚川の景色忘れ難く、次回無事帰還せば拝顔の機を得度しと思ひ居り候

当方家族一同息災、長男操は不日卒業の上三菱鉱業会社へ就職決定、朝鮮へ赴任の筈に有之、

日下一家も先づ〳〵無事、照夫も先日陸軍司政官の末席としてビルマ方面へ赴任致し候

先は御礼まで如斯候

九月十六日（昭和十七年）

藤田　徹

相馬御風様

机下

浅間丸の日米交換船についてはその航海の全容が『日米交換船』（平成十八年、新潮社）に詳細が記述されているが、他にも浅間丸に纏わるいくつかの挿話が、記録に残っているので披露してみよう。

○日野原重明さんと浅間丸

長寿でご活躍の高名な日野原さんは、若かりしころ、グルー大使の主治医を勤められていた由で、「一〇一歳・私の証　あるがまま行く」（平成二十五年六月二十二日付be版、朝日新聞）の表題の下で、「グルー大使との思い出」として次のように書いておられる。

「グルー大使を横浜港に停泊中の浅間丸まで送ったのでしたが、浅間丸の船長は、アフリカに送られる外交官以外には、誰も乗船していないと思い込み、私がグルー大使の貴賓室でのディナーの真っ最中にドラの予告なしに出帆してしまったのです。

それに気づいた私は船長のいる操舵室に駆け込み停船して欲しいと頼みました。船は東京港外にまで出て、やっと一時停船し、私は横浜埠頭から送られたランチの迎えを受け、深夜の横浜港に帰り着くことができたのです」

しかし、前述のように、浅間丸は横浜港外に八日間も仮泊していたので、日野原さんのご心配は杞憂に終ったことは幸いだった。

亡き父が日野原さんととんだ御縁があったとは。私も長寿を日野原さんにあやかりたいものだ。

○駐日グルーアメリカ大使との別れ

父手元の「知己録」に、父の描いた白十字のファンネルの浅間丸の墨絵、これに英文、

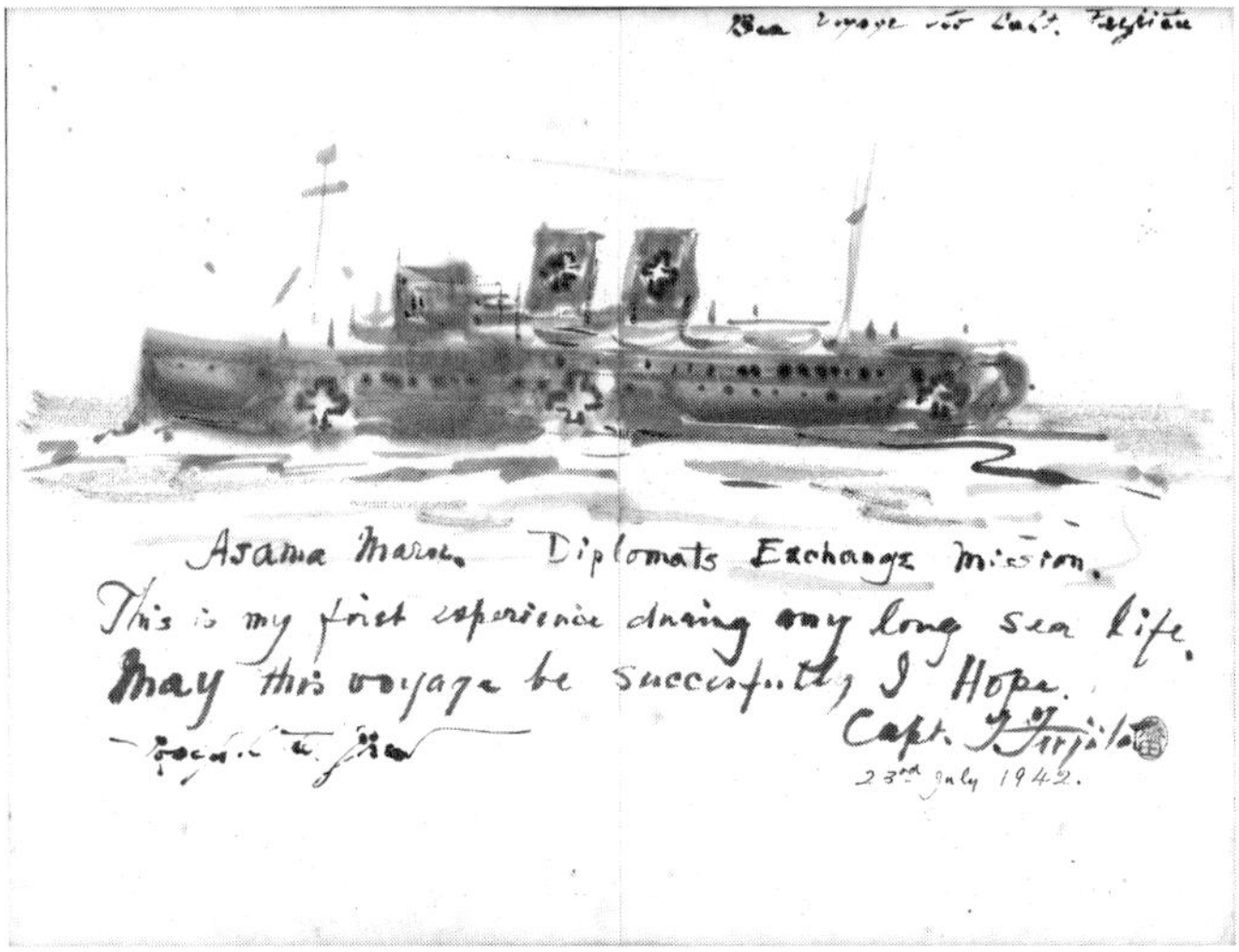

父、徹が描いた浅間丸

"Asama Maru Diplomats Exchange Mission. This is my first experience during my long sea life. May this voyage be successful, I hope. Capt. T. Fujita"（浅間丸外交官交換の任務。これは私の長い船員生活で初めての体験である。この航海が成功しますように、そう願う。船長藤田）の添書、これにグルー大使の

"Bon voyage to Capt. Fujita"（藤田船長、どうかご無事で）

という別れのことばと、署名が残っている。

グルー大使が七月二十三日、ロレンソ・マルケスで無事浅間丸を下船するに際し、挨拶に船長室に父を訪ね、父は別れの盃で大使をもてなし、その折に、互いの先行の航海の無事を祈りつつ、父は大使の署名を得て、この図がつくられたのではないかと、私は想像し

ている。

○父と酒

駐ブラジル大使だった石射猪太郎は、交換船グリップスホルム号でリオデジャネイロから交換船の中継地アフリカのポルトガル領のロレンソ・マルケス港へ東航、同港で交換船浅間丸と同航したコンテベルデ号に乗り換え帰国したが、同港で停泊中の浅間丸を往訪している。

『石射猪太郎日記』（平成五年、中央公論社）の昭和十七年七月二十四日の項には次の記事がある。

「浅間丸を往訪し、船長藤田徹氏に面会す。不相変のんで居る。事務長南條氏もそのまゝ居る。」

石射大使は昭和十五年六月四日横浜出帆の浅間丸で、アメリカ経由ブラジル大使として赴任しており、父とは旧知であった。

船長室で、棚からウィスキーの瓶を取り出し、訪客にハイボールをすすめていた情景を私は偶々父を船内に訪ねた折見たことがある。愛酒家というと美称だが、子供から見ても父は酒呑みだった。聞いた訳でもないが、日本郵船の船長仲間でも十指に入ったに違いない。

日米交換船グリップスホルム号（昭和 17 年）

石射大使にも酒好きを見破られていた。

長い航海から帰宅して、茶の間で、母の心づくしのご馳走を前に、子供たちを前にして盃を傾けるのが、父にとって至福のときであった。くだを巻いたり、酔いつぶれるような姿は見たことがないので、いい酒呑みだった。

○来栖大使の書

前述の「知己録」の中に、来栖三郎大使自筆の歌が遺されている。

天かける翼によせし身はかろし
　我大君にさゝげつくして
　　昭和十七年八月一日
　　　浅間丸船上にて　来栖三郎

来栖大使は、昭和十六年十一月、日米交渉の最終局面で、野村大使補佐の任を帯び、台湾、香港、マニラ等を乗り継ぐ困難な飛行（当時日米間の交通は既に途絶）によって、任地ワシントンに向かった。

日米交渉に際し、君国のため、全ての力を尽くし、思い残すことは何もないとの感慨を占領地昭南に戻ってきた今、この歌に託したのであろう（浅間丸は八月一日昭南に寄港した）。

三　浅間丸、再び軍務に

日米交換船の任務を終えて、浅間丸は再び海軍徴傭船となった。
昭和十七年九月から十月にかけて、サイパン、パラオ、アンボン、マカッサル、バリックパパン方面へ往復、その後、横浜の浅野ドックに入渠後、十二月二日横須賀を出港、大阪、呉経由南方向け輸送作戦に参加する途次、関門海峡周辺で沈船に接触、そのため、三菱長崎造船所に入渠修理するという事故を起こしている。

修理後、昭和十八年一月に入り、トラック島往復や、上海への民需輸送を実施、三月以降五月の間は佐世保を基地とし、二回の南方輸送に当たった。

七月になり、南方向船団として「ヒ〇三船団」が編成され、浅間丸はこれに組込まれた。船団に加入するのは浅間丸としては初めてのことであった。

ちなみに「ヒ」とは比島の「比」からの呼称、そして「三」は出港順序、奇数は往航を意味した。

七月二十二日、佐世保を出港、高雄を経由昭南に向かったが、東シナ海で、敵潜水艦の攻撃を受け、六隻の船団のうち、西阿丸（大阪商船）が脱落した（同船は沈没は免かれ曳航されたが、翌十九年八月セレベス島で空爆を受け沈没している）。

浅間丸のこの航海には、ビルマ政府の最高顧問となる小川郷太郎（商工・鉄道大臣を歴任）一行が乗船していた。小川郷太郎は帰国の際、緑十字の救恤船、阿波丸（日本郵船）に乗船、昭和二十年四月一日、アメリカ潜水艦の雷撃により同船が沈没した際、亡くなった。

八月一日、浅間丸は難を免れ、無事昭南、セレター軍港に錨をおろしたものの、思わぬ不祥事に巻き込まれた。

船内にコレラ患者が発生し、敵潜水艦ならぬコレラ菌の攻撃を受けたのである。

昭南基地の海軍病院の軍医陣の懸命の防疫処置によって、セントジョーンズ検疫所への患者の隔離、全船の消毒等が行われ、事態は収束したが、真性コレラ患者一〇名が死亡した。この間、約一ヶ月の昭南停泊

小川郷太郎を団長とする視察団一行（昭和18年7月、浅間丸にて）
豪華船も戦争によりだいぶ汚れ、船客の服装も草履履きの姿となっている。

を余儀なくされた。

コレラ椿事も一件落着、浅間丸は再び軍務に復し、九月六日出港、バリックパパンへの往復を終え、九月二十七日セレター軍港を出港、仏印サイゴンを経由十月十四日、神戸港に帰港した。

浅間丸事件後、昭和十五年一月に乗船、北米サンフランシスコ航路の通常航路を経て海軍徴傭船時代等の約二年を含め、三年十ヶ月に亘り在船した浅間丸を、父徹は今回の内地帰港の機に下船の命を受け、久し振りに休養の機会を得ることができた。

父は、開戦後、ほぼ二年間に亘り、日本近海、南方海域の危険水域を、日夜敵潜水艦、空襲の脅威に晒されながら困難な航海を乗り切り、何とか無事に職責を果たしてきた。

浅間丸を去るに当たって、戦時航海を振り返りどんな感慨をもっただろうか。

彼我の攻撃、防禦の戦闘能力に格段の差が存在することを身を以て知らされ、僚船の海没を目のあたりにして、今更ながら、旧態依然たる、日本海軍の船舶護送の実態に憤懣やるかたない想いをもったことであろう。

日本郵船の誇る優秀客船、浅間丸の姉妹船たる竜田丸（昭和十八年二月八日沈没）、鎌倉丸（昭和十八年四月二十八日沈没）はともに既に亡く、同じ仲間のそれぞれの船長、木村庄平、栗田達也はともに船と運命を倶にした。

暗雲の垂れ籠む戦局下のこれから先の輸送船の姿に思いを馳せ、父は暗澹たる気持を懐いていたことだろう。

昭和十八年の手紙が二通だけ残っている。以下の通りである。

発信日付　昭和十八年二月十六日
宛先　小石川区小日向台町一ノ八　藤田裕《ボク》
発信　大阪市港区南海岸通一ノ三　郵船会社築港事務所内
はがき

其後、一同変りなきや。小生無事、御安心あれ。上海にてもとめたるチョコ、ドロップ、羊羹（五本）、缶詰数個小包にて送付仕候間笑味あれ。

僕さんのキラヒなものばかりで御気の毒様。

目下大阪にあれど、いつ、何処へゆくやら不明。従つて帰宅は予定たて難し。

関西地方も寒気凜冽。少々風邪気味なれど大した事なし。小枝子を訪ねる筈。　以上

浅間丸は一月二十七日横須賀出港、上海向けの民需輸送に従事、二月七日横浜に帰港した。

小枝子は昭和十五年穐本家に嫁し、神戸に居住していた。

—　発信日付　昭和十八年七月十二日

宛先　（前信に同じ）藤田たか子
発信　神戸・日本郵船会社支店海務課　藤田徹
封書（巻紙に墨書）

昨夕、神戸着。途中、名古屋より急に暑さ加はり、京都、大阪真夏の温度なり。神戸は稍涼しく、港内の本船の温度二七度位。蚊も居ず、犬も吠えず、鶏も啼かず、安眠出来る。

本日、弁当箱、化粧石鹸一打、牛缶一、ワイシャツ生地二枚分等小包にて送付したるに付、御落手相成度。

相馬御風先生の揮毫武田氏へ発送方御忘れ無き様。小枝子には会ふ暇なかるべし。皆によろしく。出港前認む

徹

たか子殿

この手紙は南方戦線から神戸へ帰港、神戸在泊中、一旦帰京し、神戸へ戻ったときのものである。「出港前認む」とあるが浅間丸は、「ヒ〇三船団」に編入され、七月二十二日、昭南に向け佐世保を出港することとなる。

本信は、浅間丸在船中の最後の手紙である。家族に出す通信も、戦時中のこととて、軍事機密や種々の制約があり、父としても思うに任せず、苦労があったことだろう。

第六章　父の最期

休暇中に茂子と銀座へ
（昭和 17 年 11 月か）

一　帝亜丸、バシー海峡に消ゆ

自昭和十九年一月
至昭和十九年八月

〈帝亜丸〉

昭和十九年の正月は、戦時下寂しいながら、久し振りに小石川の小日向台町の自宅で、家族ともども（操は軍務に服し不在）新年を迎えることができたが、それも束の間、一月十五日付を以て、父徹は帝亜丸船長を命ぜられた。

帝亜丸は、もとフランスのM・M汽船所属の極東航路に就航していた貨客船アラミス号（ARAMIS　総トン数一七、五三七トン）で、昭和十七年四月サイゴンに停泊中、日本政府により接収、帝国船舶所有となり、日本郵船が運航を委託されていた。二本の四角形のファンネルを備えた優美な船容をもち、浅間丸と同程度の大型船であった。

父が乗船する前には、同船は在日外国人等の交換船業務に従事したり、また陸軍の輸送船として航海していた。

太平洋戦争の四年目を迎えたこの年は、戦局は日を増して緊迫の度を加え、それに伴い海上輸送もアメリカ潜水艦の攻撃がいよいよ強化され、輸送船の被害は急激に増大した厳しい時期であった。

六月十九日には、マリアナ沖海戦で日本艦隊は空母の大半を失い、大損害を蒙り、七月七日にはサイパン島がアメリカ軍の手に帰し、守備隊は玉砕、それどころか、多くの非戦闘員の国民が集団自決するという生地獄の悲劇すら生まれた。

大陸では、七月八日、南方インパール攻略が失敗、作戦中止という戦況に陥っていた。

一方、ヨーロッパでは、六月六日に連合軍がノルマンディーに上陸、ドイツ軍への反撃を開始、東部戦線では、ドイツ軍はソ連軍の大攻勢に遭い、敗退を重ねていた。

このような世界戦局の中で、日本の戦争指導層は、対米攻防の死命を制する比島戦線を死守すべく、その兵力増強を図るため、アメリカ潜水艦が跳梁、既に制海権の大半を日本海軍が失っていた南方海域に次々と兵員、軍需品輸送の大船団を編成、内地から送り出したのである。

一か八か、いくらかの船舶が、マニラに辿りつけば僥倖だとばかりに、乗員、船舶を戦争消耗品視した、海事に疎い軍指導部の無責任な輸送計画の下に「死を鴻毛より軽しと覚悟」（軍人勅諭）させられた陸軍部隊がルソン島に送り込まれたのである。

ちなみに、操本人も昭和十九年一月、船舶部隊の主計として、摩耶山丸（大阪商船所属）に乗船、宇品港から南方戦線に船出した体験をしている。

父の帝亜丸は「ヒ七一船団」の主力船として、これに編入された。「ヒ七一船団」というのは、タンカーを含む比島向けの重要船団につけられた往航第三六次の船団で、空母「大鷹」（日本郵船の新造客船に予定されていた春日丸を改装した空母）を護衛旗艦とし、駆逐艦、海防艦七隻が護衛する大型船団であった。帝亜丸、能登丸、能代丸、阿波丸、玉津丸、摩耶山丸、北海丸、日昌丸タンカー船など選り抜きの徴傭船によって編成され、正に「虎の子船団」ともいうべき輸送船団であったろう。

父の帝亜丸は、因ノ島でのドックを終え、七月下旬、瀬戸内海で試運転を無事終了、神戸へ回航した。

七月三十一日、部隊将兵四、七九五名、軍人軍属一四一名、邦人二八六名、乗組員二一六名の外、軍需品、諸資材を満載して神戸を出帆、門司を経由、伊万里湾に集結した船団に加わり、八月十日比島に向け出発、途中、馬公に入港、高雄から来援した駆逐艦、海防艦五隻を加え、八月十七日、いよいよ目的地マニラに向かって発進した。

帝亜丸、神戸在泊中に、七月二十九日付で父は母たか宛に、いつもながらこまめに近況を書き送った。家族が、三十年近くに亘って父の航海先から数知れず受信した手紙の中、神戸発信のこの手紙（全文後掲）が父の絶筆となってしまった。抜粋すると、

「今、私は出帆まで、やゝ暇はあるけれど、今度、陸軍の第一線に送るべき大部隊輸送の軍務に没頭してゐる。」

「空襲は東京に必ずあると思はねばならぬ。狼狽せぬ様に、万端準備を調て置く事。灯火管制、

火災予防、鎮火の段取りを子供にまで教へて置く事。」

そして、この手紙の最後に、

「今度の航海は随分困難らしい。充分注意して任務を全うしたいと思つて居る。皆さんに宜敷く。　以上」

と結んでいた。

翌八月十八日の漆黒の暗夜、船団はバシー海峡にさしかかり、漸くルソン島の北西端に辿りついたが、既にアメリカ潜水艦に動向を察知され、アメリカ攻撃陣に包囲されていた船団は、まず空母「大鷹」が雷撃を受け沈没、護衛艦艇の掃蕩も効なく、船団は支離滅裂、壊滅状態となり、帝亜丸も午後十一時十五分、二本の魚雷を受け、十一時四十分、瞬時に轟音とともにその巨体は沈没、深海に姿を消した。

将兵二、三一六名、乗組員五三名が戦没という悲惨な結末であった。

『日本郵船戦時船史』によれば、

「生存者のなかに船長　藤田　徹の姿は見えず、後聞によると、最後まで船橋を離れずに、沈没の直前にはトーチランプを振って漂流者に別れを告げ、輸送指揮官と共にピストルで自決したといわれている」

と記述されている。

しかし、雷撃による沈没という極限の環境の中、しかも暗夜のブリッジ上、父の挙動を見知っていた生存者がいたのかどうか。真相を知るすべもない。

普段から航海中も暇を見つけては、家族へやさしい便りを送り続けていた家族思いの父は、ブリッジでの最期の瞬間どういう思いでいたのだろうか。

何千人という大事な命を一身に預っていた船長としての責務を心に銘じながらも、また一方で、最愛の妻の、そして六人の子供たちの姿を一人ひとり脳裡に刻みつつ、幸あれかしと念じながら、漆黒の南溟の波にのまれて逝ったのではなかろうか。

かくて、栄光と苦難の織りなした三十有余年に亘る父のシーマン生活は、無念の裡に終止符を打った。

南溟に没した父の遺骨はない。船出のときひそかに自宅に遺した遺髪が、骨壺に入って武蔵野の小平霊園の地に葬られている。

帝亜丸の遭難事故については、乗船員総員五、四三八人のうち二、三六九名が戦死するという、戦時海難史上でも最悪の一つに数えられる大惨事であった。

平時であれば、自衛艦と漁船が衝突して死者が一人でも出れば世間の大事件となるところが、戦争中は一瞬にして幾千人という死者が出ても、公にはされず、何もかもが闇に包まれたまま葬り去られてしまうという理不尽さ、非情さに改めて戦争の愚かさを知らされるとともに、国民が知らぬ間に、そしてウムを言わせずに、国民を戦場に駆りたてた昭和の権力者、指導層たちの無責任な蛮行といってても言いすぎでない政治、戦略、そして作戦に、戦後七十年の今になっても、憤りを禁ずることはできない。

帝亜丸船長時代の家族宛の手紙三通を以下に記録する。

発信日付　昭和十九年一月二十二日
宛先　東京都小石川区小日向台町一の八　藤田たか子
発信　神戸市海岸通　日本郵船会社支店海務係気付　藤田徹
封書（墨筆）

危険海面無事突破神戸着。御安心あれ。要務の余暇穐本訪問。……さち子〔小枝子の娘〕甚だ丈夫にて頬はリンゴのホッペになり、よく肥え、まだ独り歩行は困難なれど、ものにつかまれば、どん〳〵あるく。両親の言葉はよく聴きわけ、お父さんは、おかあちゃんは、おぢいちゃんは、あなたのお鼻は……等の質問に対し正確に指さす。……

昭の病気には小枝子も心痛し居れり。其後の病状小枝子宛詳しく報告ありたし。子供達によろしく。

封書
発信　福岡県門司市海岸通　日本郵船会社支店　藤田徹
宛先　東京都小石川区小日向台町一ノ八　藤田茂子
発信日付　昭和十九年五月十一日

茂子チヤン、君は沢山の名前ガアリマスネ。内《ウチ》の人々はボーヤ、御父さんはバイバイチヤン（これは茂子が小さい時、食糧品凡てをバイバイと呼称したからであります）、それで茂子嬢よ、いかに近頃バイバイの少ない事よ。
御父さんは御船で勤めてバイバイは欠乏して居ませんが、陸上でつとめて居る御父さんの友達や、其の家族はやはりバイバイが足りないそうです。東京も、神戸も、横浜も早くバイバイが一杯になつたらよいと思ひます。

東京より神戸へ戻る道中の模様を記している。戦時中の車窓がどんなであったか面白いので、父のこの手紙、いささか冗長であるが、記録として残しておく。関西のどこかの港から帰京したのち任地に戻る車中からではないかと思うが、帰京した理由は何だったのか、休暇と思われる。

御父さんは五月一日の汽車で御母さんと裕に送られて、東京駅から出発しました。それから一時間半余り行列をして幸ひに二十五、六番目の席を取る事が出来ました。（二等車の定

員六十四名）

自分の席を取つて手荷物を片附けて間もなく発車、既に満員になつた二等車は座席がなく、大きな荷物を抱へた人が七、八名立つて居ました。品川から四、五名乗りましたが、皆可哀《カハイ》さうに立つて居ました。

茂子が小さい時から通学の途中、世の中の出来事の観察する習慣があるのを思ひ出し、まだ眠くないので周囲を見廻したら、御父さんが乗車するとき、四、五番目に列について居た二人の三十四、五位の男の人が適当な席を取つて、荷物もなしに筋向ふの座席にをさまつて居ました。どうも二等の乗客らしくないので、それとなく見て居ますと、やがて汽車は横浜に着きました。僅か七、八名の乗客が乗り込んで来ました。こゝで茂子が犬を見たり、おそばやさんの出前持を、ゆつくり見送つたりした事を思ひ起し、しばらく形勢を見て居ると、実に面白い事件が起つたのであります。

茂子とこの手紙を見ながら、思い出ばなしをお互にしたら楽しかっただろうな。茂子はもう亡し。

品川と横浜の間に、乗車券、急行券の検査があつて、勿論、無事通過した乗客の、而も御父さんの向ふに居た二人のツメエリを着た男が、座席を確保（窓際の）しながら、窓を開けて横浜駅のプラットホームを見廻しながら「奥さん、おぼつちやん、こゝです、早く」とさけびました。呼ばれた奥さんとおぼつちやんは、直ぐ車室に入つて来ました。勿論、空の座席は一つもありません。おそく東京駅または品川から乗つた人々は荷物を抱へて立つて居ます。さうしたら、その御父さんの筋向ふに居た詰襟のその二人の男の人は、自分達の席を奥さんと子供に渡し、ポケットから急行券と乗車券を奥さんに渡し、奥さんは帯の間から入場券を家来に交付して、まことに鮮かに座席のすりかへを完了しました。

多くの乗客は気が付きませんでしたが、近所の立つて居る人達は「ひどい事をしやがる」「あゝ云ふ手もあるな」などと批評して居ました。きつと奥さんの御主人から御褒美を貰つたでせう。

ところが、そんな悪い事（御父さんは、これは規則を破る事だから、わるいことゝ思ひます）をした奥さんがどんな人か定めて自分の子供にもひどい事をする人ではないかと、また茂子の様に観察の眼を光らして居ると、また驚くべき事実を発見しました。

東京を出る時、不順の気候だから、夜汽車で風邪を引いては、と思つて毛のシャツを着て居た御父さんは、少し暑くなつたので外套を脱いでしまゐました。おぼつちやんは、白い房をつけた三角帽を被つて年はうちの僕さんと同じ位の少年で、いかにも可愛らしい顔をした子でした。高師附属国民学校の徽章をつけて居ました。奥さんは四十五、六位、ひどい近眼と見えて眼鏡をかけて居ました。親子であることは一目瞭然です。その親子の会話から、この二人は姫路の聯隊に御兄さんに面会に行くことが旅行の目的らしく、困難な汽車旅行も、家来が座席を取つて呉れたので、座席を得た事を喜んで居る様でした。汽車は急行だから、小田原、熱海に止まらず、沼津に向けて走つて居ます。横浜から乗つた坊ちゃんは、眠くなつたと見え、こつくり〳〵居眠りを始めました。すると御母さんは、自分のして居た襟巻をとつて子供にかけてやりました。御坊ちゃんは、まだほんとに熟睡して居なかつたと見え、忽ち眼を覚まして「お母さん、こんなもの僕はいやだ」と言つて毛の襟巻を丸めて御母さんに投げ返へしてしまひました。御母さんは黙つてそれを受け取り乍ら微笑を以て我儘な息子を眺めて居ます。そのうち、子供はほんとに熟睡してしまひました。すると御母さんは、立ち上り棚の上から、小さな風呂敷包を出して、御坊ちゃんの頭にあてがひ、そつと、子供の靴をぬがせて、自分は膝を延ばして、子供の両脚を上へのせて、狭い場所ながら楽に寝られる様にしてやりました。

そのうち御父さんも眠気を催し、いつの間にか眠つて汽車が止つたので目が覚めて時計を見ると午前二時少し前です。俄かに寒さを感じたので外套を脱《ハズ》して身に覆ひました。列車は静岡を出て浜松に向ひます。今まで立つて居た人達もやり切れなくなつて、自分の荷物を通路に置いて、其の上に腰掛け、ぐうぐう眠り始めました。午前二時を過ぎました。浜松、豊橋を過ぎる頃、低気圧の関係か、だん〳〵温度が下つて来ました。寒くなりました。すると例のお母さんは、自分の上等のコートを脱ぎ始めました。「おや、この人は暑いのかしら」

と思つて静かな車内で私《ヒソ》かに観察して居ると、そのコートを子供の体に巻きつけ、子供の目を覚さないように巧《タク》みにくるんでやりました。御坊ちゃんは愈々い丶気持で熟睡して居ます。御父さんも、またうとうとしながら、其儘眠つて目が醒《さ》めたのは、大垣あたりでせうか、六時過ぎでした。腹が空いたので、持参の御弁当と御茶で、おいしい朝飯を食べることが出来ました。

外の乗客も、それぞれ弁当を食べ始めました。御坊ちゃんはまだ温《あた》かさうに寝て居ます。御母さんは信玄袋から紙包を出して自分だけ御飯を食べだしました。握り飯と梅干の質素な弁当です。子供と一しよに食べたかつたのでせうが、眠りを妨げるのは可哀さうだと思つたのでせう。子供は八時前、完全に目をさまして「こ丶、何処《どこ》」「大津？京都？もう直き御兄さんの所へ行けるね。あつ、また御母さん、こんなものかけたな。いやだつて言ふのに‼」と云ひ乍らコートと襟巻を汚ならしい物の様に母親に渡し、夜中温い思ひをしたことも知らず、少し小さい声で「オシッコ」と言ひました。御母さんは隣の人達に挨拶をして、息子を便所にやり、子供が座席に帰つて来ると「お母さんは先きに御飯を頂いてしまひましたよ。あんた御腹が空いたのでせう」「ウン、ペコ〳〵ダヨ、ハヤク、クレヨ」御母さんは弁当を出してやりました。之はまた、御母さんの御弁当とちがつて、お菜《カズ》は玉子焼、牛肉の煮込、焼魚少量とても大した御弁当（御父さんは近くに居るので自然わかります）、御坊ちゃんは大喜びで時々御母さんのついでくれる御茶（紅茶？）を飲み乍ら、弁当を全部平げて

「おいしかつたよ、御母さん」と言つて居ました。

高師附属の国民学校も今は休暇でないのだから、この旅行も屹度《キット》特別に許しを得たものでせう。横浜駅の不法座席確保も、部下の忠義立で、奥さんも、御坊ちやんも知らないで、あたり前の事と思つたのでせう。この親子の和やかな情景に外の乗客も別に抗議を申込むものもなく、無事大阪着、すぐ姫路行に乗りかへて目的地へ行けたのは結構な事でした。

うちの昭なども入院瀕死の情況にある時、うちのお母さんがどんなに心配して居たか知らないでせう。昭も、和子も、茂子も、裕も御母さんを有難いと思はねばなりません。御父さんが見た汽車中の御坊ちやんも矢張り末つ子の「特別扱ひ」の一人らしく、可愛い、活溌な少年らしく見受けました。

御父さんは、神戸着、只今、内地某要港に待機中、不日南方に向ふ予定。

（茂子にあてた報告、終り）

各基地に於て、船団の編成上、御父さんの同僚、後輩、年寄り船長や、機関長に会合する機会が沢山あります。皆子供のある人が多く、未婚の御嬢さん（十九―二五才）は大抵然るべき役所、大会社、陸海軍司令部其他に挺身、就職して、大体俸給（四〇円―六〇円手当其他を合せて八〇円位）頂戴している模様、その使ひみちを御父さん連中が「あんな役にも立たない娘を使つてくれるのは有難いが、その金はどうするのか、君の所はどうして居るか」との話が出ました。

……

家の子、操、昭、茂子、和子の四人は、小学校は高師附属小学校であった。

待機中、暇があつたので、この通信が出来た。

皆勉強してえらくなる様に。

大塚の御祖母《バア》ちゃん其他皆様によろしく。

昭和十九年五月

父より

茂子バイバイちゃん

次の通信は前述の父から家族宛の最後の手紙である。

発信地は神戸、巻紙三メートル近くの墨書の手紙であり、昭和十九年七月二十九日の日付であった。戦没する二十日前のことであり、遺書となってしまった。

発信日付　昭和十九年七月二十九日

宛先　東京都小石川区小日向台町一ノ八　藤田たか子

発信　神戸市海岸通　日本郵船会社支店海務課　藤田徹

一　封書（巻紙に墨書）

前略、二十一日東京発、二十二日午後一時大阪着、電車にて陸軍暁部隊、郵船支店等歴訪、用務を済まし、一旦、陸軍暁部隊船員寮に携帯品を託し、自身神戸駅に行き、尾の道行乗車券、急行券を購入（公用証明によりたる故容易に買へたり）同夜船員寮に一泊、翌二十三日一番の急行にて八時半、下関行に乗車出来たるも、満員立ちん坊、漸く岡山より座席を得たり。但し急行なれば二時間立ち、二時間坐り、四時間経てば尾の道着。荷物とて無ければ、少しの苦痛も無かりき。折よく午後一時半発の因の嶋行の便船に間に合ひ、午後三時には無事帰船したり。

東京、大阪間の汽車はあの時間にて、やはり二等既に行列済みなりしも、三十番目位に占位する事を得、座席を確保、大阪迄楽に旅行する事が出来ました。

列車所感

東京駅プラットホームに行列した時、私の前の二番目先きに、一人にしては多すぎる荷物を携帯した人が居ましたが、発車間際に、しきりに列から離れて（其人は五十年輩の老人でした）、そは〳〵出たり、入つたりして居ましたが、やがて二十一時十五分位に、若い夫婦と子供が三人（七、五、三ツ？）が沢山の荷物と見送り一人と共に私の二番目前の列に闖入して、「やつと間に合つた、席を取つて貰つたからよかつた」と大声で話して居ます。この時は行列の人数は約七十名位（二等は一輌六四名しか座席がない、二輌連結だけど後の車も同様既に満員です）。私は其の連中の五六人加はつても座席は楽に得られるのだから敢て影響を被らないけれども、最初から六十番目位に居た人は、御蔭さんで、大阪まで立ちん坊に下落させられたのだから被害は大きい。果然、後の方から「アンナ事をしてもい、のか？」「怪しからん」「吾々の後ろにつくべきだ」等の罵声が聞えました。その家族は馬耳東風、知らん顔をして幸ひ直接談判に来る勇者もなく、ずる〳〵べつたり最優等席を占領してしまひました。

然し心臓が強いものが勝ちだと云つても、沼津あたりから客がいよ〳〵立てこんで、赤ちやんにまで大人一人前の席を占領して居た時、立つて居た御客から「奥さん、赤ちやんは抱つこして其の席を空けて頂けませんか」とやられ、東京から御蔭さんで立ちん坊をさせられて居る連中は此の時とばかり「さうださうだ、一体あなた方は横暴だよ、東京から乗る時だつて近頃あんな事は許されないんだ」夫婦も、老人も黙然、席は一つあけられ、家族の中に知らぬ人が一人どつかと腰を下した時は、一寸気味のよい様な、また気の毒の様な異様な感に打たれました。

＊　＊　＊

二十四日（七月）試運転成績良好、二十五日神戸回航、目下神戸にて次の航海積荷強行、出帆は近日中。

……

＊＊＊

疎開は急ぐ必要なし。強制とならば是非もなし。官憲、其他管理者の命に従ひ、善処すべし。

横浜、神戸にても各家庭、疎開に関しては知人皆心配中。大方、老弱、不具者は郷里、若くは当局に具申、適当な場所に避難して居る模様なり。

……

＊＊＊

今、私は出帆まで、やゝ暇はあるけれど、今度、陸軍の第一線に送るべき大部隊輸送の軍務に没頭してゐる。と云ふても、部下が全部、配乗兵員の割当てやら、何から何までやつて呉れるので、本人は一向汗水たらさず、楽をさして貰つてるわけだが、大綱を統べ、裁断を下す責任があるから、やはり緊張して居なければならぬ。家庭の事はあまり関係して居られない状態にある。

＊＊＊

空襲は東京に必ずあると思はねばならぬ。狼狽せぬ様に、万端準備を調て置く事。灯火管制、火災予防、鎮火の段取りを子供にまで教へて置く事。

要　領

一、あらゆる用器に水を常に蓄へて置く事。

二、バケツ其他注水用器を貯水桶附近に備へて置く事。
三、ホースをいつでも水道栓に接続出来る様にして置く事。
四、灰、砂、これは鎮火に極めて有効だから忘れぬ様。
五、味方の地上砲火の砲声に驚かぬ事。

戦線に於ける経験により、其地に敵機が襲来せる時、味方の砲声は近距離のせいか恰も敵の攻撃であるかの如く聞え、それを確認するまでは誰しも不安に陥るを免れざる様に思はる。

敵の砲声、爆音にせよ、あれは味方の防禦砲火だと安心して泰然行動すべし。

六、自宅に掘つてあるあんな防空壕に入るな。空襲があつたらまづ火の元用心、火災防止の手段を講じ、素早く空地に退避、新設（もし出来て居れば）の防空壕に入り、上長者の指揮を待つべし。

以上

＊＊＊

今度の航海は随分困難らしい。
充分注意して任務を全うしたいと思つて居る。
皆さんに宜敷く。

七月二十九日

徹

たか子殿

二　追憶

（一）義兄、藤田徹を偲んで――相馬御風

我が家は、アメリカ軍の本土空襲が激しくなりつつある昭和二十年の初め、徹亡く、長男操は南方出征の中、相馬御風の好意によって、住みなれた小石川の家から糸魚川へ疎開した。
相馬は亡き義兄、徹を偲び、雑誌『野を歩む者』（相馬御風の不定期刊行、昭和二十一年十一月十日発行号）に次の一文を載せている。

「『野を歩む者』
私たちは今この豊穣の秋に逢ひ得て過ぎ来し春夏を顧る時、天の恩地の恵の前に粛然として頭を下げずに、どうして居られようか。
しかも、今や多くの人々は天佑の二字を忘れ果てたかのやうに口にだにしない。そして感謝の二字の目に触れることいと稀に、耳にすることすら極めて少い。
いつたいこれでい丶だらうか。

冬ぢう籠りつゞけてゐた私は、春になつても門外に出ること殆どなかつた。只一回三月廿七日、程遠からぬ停車場まで義兄藤田徹の遺骨を迎へに行つた。徹さんは一昨年八月十八日夜南方で船と運命を共にし、南海の底に水漬く屍となり了せたのであつた。海上生活三十余年、藤田船長の名は、おそらく内外多数の人々の記憶に残つてゐることであらう。遺族は昨年春まで東京に住んでゐたが、今はこちらに疎開してゐる。三十年近く住み慣れてゐた小石川小日向台町の家も今は焼けて無くなつた。

徹さんの遺骨を糸魚川に迎へようとは、全く空想したこともなかつた。今から三十六年前、練習船大成丸に乗つて初航海に出た徹さんを見送りに、私は彼の妹すなはち私の亡妻と当時一歳であつた私の長男昌徳を伴ひ、彼等の伯母と共に小舟を傭うて横浜港外まで行つたことまでおもひ出さずにゐられなかつた。しかも一行のうち今生き残つてゐるのは私たゞ一人だけである。

徹さんはあの航海中予想外の名文で航海記を送つてよこした。そしてそれは学友原田譲二兄の好意で「東京朝日」に連載して貰ひ、かなり好評を博した。徹さんは文章もうまかつたが、洋画は一層うまかつた。船がロンドンに碇泊中、わざ〳〵画の展覧会を観にパリまで行くことを楽みにしてゐたほど絵が好きであつた。

一昨年夏当時新潟県知事であつた前田多門さんが拙宅をお訪ねくださつた際、前田さんが徹君の画を東京のお宅に懸けて居られることを伺つた。おそらく徹君の其の遺作も焼失してしまつたことであらう。

昭和十三年〔十五年〕一月十三日、風荒れ雪降る日におもひがけなく徹さんが訪ねて見えた。少しばかり休暇を貰つたので照子のお墓まいりにやつて来たと徹さんは元気に、しかし淋しさうに云つた。

折あしく私は寝てゐたが、意外の珍客に炬燵に起きて長時間大に談じた。徹さんは雪ふる中を丘の墓地に案内者と共に行つた。そしてその日のうちに東京へ帰つて行つた。

あれが此の世での逢ひをさめであつた。

あれから間もなく徹さんは問題のあつた浅間丸船長となつたのであつた。

徹さんの遺骨（？）は、今なほ此の地に遺族たちに護られてゐる。生れた東京の土に葬られるのはいつのことであらうか。

霊前に捧げる追悼歌一首でも詠みたい思は頻であるが、悲みが新らしすぎてまだ歌にはならない。」

（二）　遺された家族たち

徹亡きあと、長男の操は出征中で南方インドネシアの戦地にあり、家族は母を中心に戦時下の苦難の日々を過すこととなった。

昭和二十年一月には、空襲を避け、小石川の自宅から新潟糸魚川に疎開した。糸魚川居住の相馬御風の配慮によるものだった。女手ひとつで、戦時中の疎開は、母にとっては大変な仕事だったと思うが、幸い糸魚川で終戦を迎えることができ、操も二十一年六月に復員、無事帰還し、母は操の許で暮すことができるようになった。操は復員後、三菱鉱業（現三菱マテリアル）に復職したので、母はその後、操の勤務先で生活を営むこととなった。

夫が職業柄不在が多い家庭生活にあって、家政を司り、六人の子を養育、それぞれに相当の教育を享けさせ、十九年八月には夫を南海に亡くし、悲しみの中で生き抜いた、その人生には、優しさと強靭を兼備した明治女の典型を見る想いがする。昭和四十九年八月、母は七七歳で生涯を終えたが、今更ながら、その姿に頭がさがり、畏敬の念を憶える。

母は心底から戦争を憎んでいた。戦争については、聞くのも、映像を見るのも嫌っていた。つらい戦時生活を体験し、夫を亡くした母にとっては、それが当然の行きつく先であった。

世は安全保障法制を廻り、甲論乙駁、保革両勢力が対立、渾沌としている。

しかし、過去を省み、前車の轍を踏まず、七十年に亘り、営々として築きあげてきた平和の大道を逆行しない為政者の真っ当な政治こそが、戦に無念の死を遂げた人たち、そして戦により愛する人たちを亡くした人たち、誰でもの想いに違いない。

父徹、母たか子から生を享けた六人の子供の、略歴を参考までに掲げて、筆を擱く。

長男　藤田　操

大正七年生。静岡高等学校（旧制）を経て、昭和十七年九月、東京大学法学部を卒業、直ちに軍務に服し、陸軍主計将校としてインドネシア地域に転戦、昭和二十一年六月復員帰国、三菱鉱業社（現三菱マテリアル社）、菱光コンクリート社に勤務。健在。（操と和子のみ健在。みな亡くなってしまった、淋し。）

長女　穐本小枝子

大正九年生。昭和十三年、東京府立第二高等女学校卒業、大阪商船社員に嫁す。平成二十五年没。

次女　西川和子

大正十二年生。昭和十六年跡見学園高等女学校卒業、三菱鉱業社員に嫁す、健在。

次男　藤田　昭

昭和二年生。昭和二十二年、東京物理学校（現東京理科大学）卒業、山之内製薬社、東京美装社に勤務、平成二十二年没。

三女　白方茂子

昭和五年生。東京女子大学（短大）を卒業、横須賀学院教員などを経、大阪商船社員に嫁す。平成二十一年没。

三男　藤田　裕

昭和九年生。昭和三十二年、北海道大学農学部卒業、帯広畜産大学に勤務（同大学名誉教授）農学博士、平成十五年没。

おわりに

本書に収めた数々の資料を顧みると、明治中期の子供、中学生の生活記録あり、商船学校時代の帆船による初の世界一周航海記あり、第一次世界大戦下の欧州航路体験記あり、昭和に入ってからは、内外の航海記、そして欧州、南米、北米等の各寄港地からの家族宛の手紙、絵はがきあり、第二次世界大戦下の航海或いは日米交換船の記録あり、そしてバシー海峡での戦没直前の絶筆の書簡あり、本書は父の航海人生の一代記であるとともに、その裏には妻と子の物語が見え隠れする船員家族の生活史でもある。

本書のもとになる諸々の資料は、亡き母が戦禍を越えて、父が商船学校時代に愛用していた小さな柳行李に大切に保存してきたもので、いわば我が家の家宝である。

これらは、公刊を予め想定しているような日記とはちがい、他人に見せるため残されたものではない。今ここに一冊の本に纏めて、あるがまま曝け出して刊行することには、私個人としても気にかかるところでもある。といって、そのままいつまでも大事に仕舞っておいても、私の代で纏めて残しておかねば、折角の資料も何れは散逸霧散してしまうであろう。後に残る人たちにとっていくらかでもお役に立てばとの想いから、思い切って出版に踏み切った。泉下の父と母には許しを乞うしかない思いである。

それにしても、本書を編むについて、あまりにも時期が遅すぎたことが悔やまれる。父の死後、既に七十有一年、父の知己、職場を同じくした方々はもとより、身内の人たちも殆ど亡くなり、父身辺の挿話を聴きとることができなかったことである。

あれこれ思いながらも、何とか古い資料を収集、整理、判読し纏め上げ、戦後七十年の節目に一冊の本に仕上がったことは嬉しいことだった。だが、私を措いて先に逝いた小枝子、昭、茂子、裕の弟妹とともにこの本を手にすることができなかったことは心残りだった。

南溟に心ならずも最期を遂げた父と、一家の大黒柱を亡くし、戦後の苦難を生き抜いた亡き母の俤を偲び、二度と再び戦火の日々が到来しないことを祈りつつ結びのことばとしたい。

なお、本書には現在では不適切、差別的な表現があるが、書かれた当時の時代状況を理解していただくことであえてこのままの掲載とした。また、本書自体が決して差別を助長するものではないことをおことわりしておく。

帆船事項については、水先人（東京湾水先区）勝見平八郎さんに数々の御教示をいただいた。心より感謝を申し上げる。また、書物をつくることに不慣れな私を、終始御支援下さった中央公論事業出版の神門武弘さんと加藤歩美さんに紙上更めてお礼を申し上げる。

二〇一五年十二月

藤田　操

参考資料

『日本の客船1　1868-1945』（世界の艦船別冊）海人社、一九九一年
『日本客船の黄金時代1939～41』（世界の艦船別冊）海人社、二〇〇四年
『日本郵船株式会社五十年史』日本郵船、一九三五年
『七十年史』日本郵船、一九五六年
『日本郵船戦時船史』日本郵船、一九七一年
『二引の旗のもとに　日本郵船百年の歩み』日本郵船、一九八六年
『航跡』日本郵船、二〇〇四年
相馬文子『相馬御風とその妻』青蛙房、一九八六年
内藤初穂『太平洋の女王浅間丸』中央公論社、一九九八年
細川護貞『細川日記』中央公論社、一九七八年
丸山真男『「文明論之概略」を読む』岩波書店、一九八六年
堀江謙一『ひとりぼっちの世界一周航海記』理論社、二〇〇五年
大成丸史編集委員会編著『練習帆船大成丸史』成山堂書店、一九八五年
野間恒編著『商船が語る太平洋戦争　商船三井戦時船史』野間恒、二〇〇二年

写真協力

「藤田徹」（口絵1頁、本文9頁）：朝日新聞社撮影
「浅間丸」（本文394頁）：野間恒氏提供
「楽洋丸」「平洋丸」「箱根丸」船体写真：『日本客船の黄金時代1939～41』（世界の艦船別冊）より
他、写真の多くは日本郵船歴史博物館より

著者略歴

藤田　操（ふじた　みさお）

大正七年（1918）生まれ。藤田徹の長男。
昭和 17 年（1942）9 月、東京大学法学部を卒業。
卒業後軍務に服し、陸軍主計将校としてインドネシア地域に転戦。
昭和 21 年 6 月復員帰国後、三菱鉱業社（現三菱マテリアル社）、菱光コンクリート社に勤務。

船長《せんちょう》 藤《ふじ》田《た》徹《とおる》

明治《めいじ》・大正《たいしょう》・昭和《しょうわ》を生《い》きた船乗《ふなの》りの遺《のこ》した記録《きろく》

2016 年 1 月 15 日　初版発行

著　　者　藤田　操

制作・発売　中央公論事業出版

〒 101-0051　東京都千代田区神田神保町 1-10-1　IVY ビル 5 階
電話　03-5244-5723
URL　http://www.chukoji.co.jp/

印刷／理想社
製本／松岳社
装丁／竹内宏江

Printed in Japan
ISBN978-4-89514-453-7 C0095